本书得到国家电网有限公司总部科技项目"'一带一路'背景下跨境电力贸易格局与建设时序研究",国家自然科学基金面上项目"与'一带一路'沿线国家跨境电力贸易的潜力评估、效应模拟与设计研究"（项目编号：71873029），江苏省社会科学基金项目"江苏推进开放型经济高质量发展的内涵和对策研究"（项目编号：18JD008），中央高校基本科研业务费专项资金的资助

"一带一路"

跨境电力贸易研究

顾 欣 ◎著

RESEARCH ON CROSS-BORDER
ELECTRICITY TRADE ALONG

THE BELT AND ROAD

经济管理出版社
ECONOMY & MANAGEMENT PUBLISHING HOUSE

图书在版编目（CIP）数据

"一带一路"跨境电力贸易研究/顾欣著.—北京：经济管理出版社，2020.3

ISBN 978-7-5096-7047-7

Ⅰ.①一… Ⅱ.①顾… Ⅲ.①电力工业—国际贸易—研究—中国 Ⅳ.①F426.61

中国版本图书馆 CIP 数据核字（2020）第 022004 号

组稿编辑：郭丽娟

责任编辑：郭丽娟　乔倩颖

责任印制：黄章平

责任校对：王淑卿

出版发行：经济管理出版社

　　　　　（北京市海淀区北蜂窝 8 号中雅大厦 A 座 11 层　100038）

网　　　址：www.E-mp.com.cn

电　　　话：（010）51915602

印　　　刷：北京玺诚印务有限公司

经　　　销：新华书店

开　　　本：720mm×1000mm/16

印　　　张：15

字　　　数：251 千字

版　　　次：2020 年 4 月第 1 版　　2020 年 4 月第 1 次印刷

书　　　号：ISBN 978-7-5096-7047-7

定　　　价：68.00 元

前　言

　　"一带一路"（The Belt and Road）是"丝绸之路经济带"和"21世纪海上丝绸之路"的简称。2013年9月和10月中国国家主席习近平在出访中亚和东南亚国家期间，先后提出共同建设"丝绸之路经济带"和"21世纪海上丝绸之路"的重大倡议，对中国自身和周边区域的经济发展都有着深刻的影响。

　　全球能源互联（Internet of Energy）构想的提出，代表着能源发展方式转变的未来方向，也是通过全球共同开发、共享资源推动能源革命的必然趋势。电能作为不同能源形式相互转化的枢纽，能将位于不同维度和坐标系的事物"一线相联"，跨境电力贸易成为构建全球能源互联的关键环节。在2015年联合国发展峰会上，习近平主席倡议"探讨构建全球能源互联网，推动以清洁和绿色方式满足全球电力需求"。近年来，电力贸易发展迅速且广受关注，一方面是由于互联技术的快速发展，电能实现了大规模生产和远距离输送，电力的不易储存决定了其天然追逐贸易的特性；另一方面随着可再生能源开发效率的提高，以电力为中心、清洁化为特征的能源结构调整加快推进，实施以清洁替代和电能替代为主要内容的"两个替代"是世界能源可持续发展的重要方向（刘振亚，2015）。电力贸易很有可能逐步取代化石能源贸易，成为全球能源贸易的主体。

　　自提出"一带一路"倡议6年来，现在已经进入全面务实合作、推动高质量发展的新阶段，推动基础设施的联通成为推进"一带一路"建设的首要条件。能源基础设施的互联互通是降低贸易成本、促进产业结构转型的重要因素，电力需求也是"一带一路"沿线国家国民经济发展中最重要的基础能源需求。"一带一路"沿线国家人口稠密，人口总量占全球的62%，国内生产总值却只占全球GDP总量的31%，大多数国家的经济发展仍停留在低速增长阶段。据国际能源署（IEA）统计数据显示，"一带一路"沿线区域的整体用电量近年来增速低于 5%，人均用电量不到 1700 千瓦时，低于全球平均水平 3000 千瓦时，也低于我国平均水平 4000 千瓦时，其中南亚、东南亚及非洲的用电水平最低；"一带一路"沿线国家的人均电力装机为 330 瓦，远低于世界平均水平 800 瓦，其中南亚人均装机容量水平只有 150 瓦左右；"一带一路"沿线大部分国家仍处于工业化、城市化进程发展缓慢阶段，电网等基础设施建设普遍存在设备老化、超负荷运转及管理不善等问题（齐正平，2017）。"一带一路"沿线亚非国家及新兴国家，由于所处的发展阶段缺乏生产资本的积累且自身技术基础较弱，对电力的跨国投资和贸易合作的需求强烈。同时，这些国家能源资源丰富，通过开发可再生能源和电力互联技术，可以实现资源优势的互补，开展跨境电力贸易潜能巨大。

值得注意的是，"一带一路"沿线国家并不限定和划分范围，是个动态发展、开放包容的国际合作平台，初期以亚欧大陆为重点，逐渐延伸到世界其他区域。根据中国"一带一路"官方网站的统计，截至 2019 年 7 月底，已有 136 个国家和 30 个国际组织与中国签署了 194 份共建"一带一路"合作文件。本书为数据统计方便，"一带一路"数据统计范围仅包括东亚 2 国（中国、蒙古国）、东南亚 11 国（新加坡、印度尼西亚、马来西亚、泰国、越南、菲律宾、柬埔寨、缅甸、老挝、文莱和东帝汶）、南亚 8 国（印度、巴基斯坦、斯里兰卡、孟加拉国、阿富汗、尼泊尔、马尔代夫和不丹）、西亚及北非 19 国（阿联酋、科威特、土耳其、卡塔尔、阿曼、黎巴嫩、沙特阿拉伯、巴林、以色列、也门、埃及、伊朗、约旦、叙利亚、伊拉克、巴勒斯坦、阿塞拜疆、格鲁吉亚和亚美尼亚）、中东欧 20 国（俄罗斯、波兰、阿尔巴尼亚、爱沙尼亚、立陶宛、斯洛文尼亚、保加利亚、捷克、匈牙利、北马其顿、塞尔维亚、罗马尼亚、斯洛伐克、克罗地亚、拉脱维亚、波黑、黑山、乌克兰、白俄罗斯和摩尔多瓦）和中亚 5 国（哈萨克斯坦、吉尔吉斯斯坦、土库曼斯坦、塔吉克斯坦和乌兹别克斯坦）共 65 个国家。

全书共分为以下十章：

第一章梳理"一带一路"沿线国家的电力供需格局，通过影响电力供需的主要因素预测该区域电力供需的发展趋势，对区域跨境电力贸易进行了展望。

第二章分析"一带一路"沿线国家现有跨境电力贸易的网络结构及主要特征，并对区域内电力贸易子网络进行了分类研究，以探究电力贸易的局部特征和电力贸易子网络的形成原因。

第三章介绍了"一带一路"沿线国家现有的电力互联进程，同时以案例形式对"一带一路"沿线国家中主要在建电力项目及规划布局进行分析。

第四章识别跨境电力贸易涉及的相关成本，包括基本成本（电力生产成本、输电成本、辅助服务费用等）和贸易成本，并在区分不同发电类型的基础上对各类成本进行讨论，提出对应的成本计算模型。

第五章阐述国际成熟的跨境电力合作模式，分析几个主要发达国家电力市场的输配电定价机制，探讨"一带一路"沿线国家跨境电力合作模式和定价机制，并对沿线国家的价格水平进行比较分析。

第六章分析市场竞争条件下的价格形成机制，讨论现有电力定价模式和电力定价制度对电价的影响。

第七章从微观和宏观两个角度构建跨境电力贸易的均衡模型，微观上基于模型对"一带一路"部分沿线国家进行成本优势比较，宏观上讨论影响电力价格的影响因素及其作用程度，为建设区域电力互联平台、选取贸易中心合作国家和制定宏观发展策略提供理论依据。

第八章以"一带一路"沿线国家 2000~2017 年的跨国面板数据为样本，系统评估"一带一路"倡议对"一带一路"沿线国家电力贸易的经济收益的影响。

第九章探讨国内外区域电力互联平台情况和贸易中心建设进程，构建"一带一路"沿线国家电力互联贸易潜力指标评估体系，刻画区域电力互联平台和贸易中心的建设路径与时序。

第十章为研究结论，并对未来"一带一路"沿线国家的电力互联进行展望。

目　录

第一章 "一带一路"沿线区域电力供需格局分析

本章将对"一带一路"沿线国家的电力供需格局进行分析，主要分为四部分：一是从宏观经济学视角分析目前"一带一路"沿线各国的整体发展水平，包括社会发展水平（指标：人类发展指数）和经济发展水平（指标：国内生产总值、人均国内生产总值、人口、人口密度、城市化率）；二是对目前"一带一路"沿线国家的电力供给现状进行分析，从发电量、装机容量、电力生产结构和电力生产能源储备情况四个角度来综合分析"一带一路"沿线国家的电力供给能力；三是对目前"一带一路"沿线国家的电力需求现状进行分析，从电力消费总量、人均电力消费水平和基于人均 GDP 的电力需求潜力三个角度来分析"一带一路"沿线国家的电力消费水平及未来的电力需求水平；四是基于前三部分的分析内容对"一带一路"沿线国家的电力供需格局特点，以及电力贸易网络的技术水平、发展可行性以及我国目前"一带一路"倡议实施情况进行总结。结果表明，"一带一路"沿线国家整体发展水平中等，经济增长存在较大的上升空间，同时这些国家能源丰富，通过开发可再生能源和电力互联，可以实现资源优势互补，电力贸易将是可行的解决方式。

第一节 社会经济发展现状及主要衡量指标

已有文献表明，一国的电力消费及电力供给能力与自身的经济规模及发展水平息息相关。本节将分析目前"一带一路"沿线各国的社会和经济发展水平。对于一国的社会发展水平，本书采用人类发展指数（Human Development Index，HDI）这一指标来衡量；对于一国的经济发展水平，本书选取国内生产总值（GDP）、人均国内生产总值（GDP per capita）、人口总量、人口密度和城市化率等宏观经济指标来评估。

一、社会发展水平：人类发展指数

人类发展指数是联合国开发计划署（UNDP）在《1990年人文发展报告》中提出的，用以衡量联合国各成员国经济社会发展水平。人类发展指数（HDI）由三个指标构成：预期寿命、平均受教育年限和人均国民总收入。这三个指标分别反映了人的长寿水平、知识水平和生活水平。人类发展指数（HDI）是三个指标中每个指标的归一化指数的几何平均数。图1-1展示了人类发展指数（HDI）的具体含义及计算标准。依据联合国开发计划署人类发展报告对全球国家发展程度的划分标准，可以划分为极高、高、中等和低发展程度国家，表1-1显示的是2017年人类发展指数（HDI）的数据，"一带一路"沿线国家的平均人类发展指数（HDI）为0.75，高于0.73的世界平均水平，略低于高发展程度国家的水平。从构成指标数据上看，"一带一路"沿线国家的预期寿命略低于高发展程度国家，基本处于世界平均水平，但平均受教育年限和人均国民总收入都超过了高发展程度国家的平均水平。"一带一路"沿线国家在预期寿命、平均受教育年限和人均国民总收入这三个指标上具有相对的比较优势。

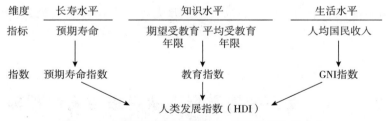

图1-1　人类发展指数（HDI）的计算指标及含义

资料来源：联合国开发计划署 Human Development Data。

表 1-1　2017 年社会发展指标一览

	人类发展指数	预期寿命 （年）	平均受教育年限 （年）	人均国民总收入 （美元）
极高发展程度国家	0.89	79.5	12.2	40041
高发展程度国家	0.76	76.0	8.2	14999
中等发展程度国家	0.65	69.1	6.7	6849
低发展程度国家	0.50	60.8	4.7	2521
世界平均	0.73	72.2	8.4	15295
"一带一路"平均	0.75	73.8	9.3	20702

注：中东欧的北马其顿国数据缺失，因此未列入表内。

资料来源：联合国开发计划署 Human Development Data，人均国民总收入以 2011 年购买力平价水平为基准。

二、经济发展水平

根据过去的研究，电力消费和电力供给与一国的经济发展水平呈正相关关系，本小节将着重分析"一带一路"沿线国家的经济规模指标，观测该区域的经济活跃程度。依据世界银行对全球主要国家的收入划分标准，可以将"一带一路"沿线各国划分为高收入国家、中高收入国家、中低收入国家和低收入国家，如表 1-2 所示。在"一带一路"国家中，高收入国家有 18 个，占比 28.1%；中高收入国家最多，达到 22 个，占比 34.4%；中低收入国家有 19个，占比 29.7%；低收入国家有 5 个，占比 7.8%。"一带一路"沿线各国基本呈现高、中高及中低收入国家数量占总体数量的比重相当，其中中高收入国家数量略高的格局。从表 1-2 中可知，高收入和中高收入国家以中东欧、西亚和东亚地区为主，中低收入国家以东南亚和南亚地区为主，而低收入国家平均分布在中亚、南亚和西亚地区。总体而言，从收入角度看，"一带一路"沿线国家整体处于中等水平，但内部分化较为明显。

表1-2 2017年"一带一路"沿线国家按人均国民收入分类一览

高收入国家 （≥ \$12055）	中高收入国家 （\$12055>x≥ \$3896）	中低收入国家 （\$3896>x≥ \$996）	低收入国家 （< \$996）
新加坡 （Singapore）	中国 （China）	蒙古国 （Mongolia）	尼泊尔 （Nepal）
文莱 （Brunei Darussalam）	俄罗斯 （Russian Federation）	印度尼西亚 （Indonesia）	也门 （Yemen）
阿联酋 （United Arab Emirates）	泰国 （Thailand）	越南 （Vietnam）	叙利亚 （Syrian Arab Republic）
科威特 （Kuwait）	马尔代夫 （Maldives）	菲律宾 （Philippines）	阿富汗 （Afghanistan）
卡塔尔 （Qatar）	土耳其 （Turkey）	柬埔寨 （Cambodia）	塔吉克斯坦 （Tajikistan）
阿曼 （Oman）	黎巴嫩 （Lebanon）	缅甸 （Myanmar）	
沙特阿拉伯 （Saudi Arabia）	伊朗 （Iran）	老挝 （Laos）	
巴林 （Bahrain）	约旦 （Jordan）	东帝汶 （Timor-Leste）	
以色列 （Israel）	伊拉克 （Iraq）	印度 （India）	
波兰 （Poland）	阿塞拜疆 （Azerbaijan）	巴基斯坦 （Pakistan）	
爱沙尼亚 （Estonia）	亚美尼亚 （Armenia）	斯里兰卡 （Sri Lanka）	
立陶宛 （Lithuania）	阿尔巴尼亚 （Albania）	孟加拉国 （Bangladesh）	
斯洛文尼亚 （Slovenia）	保加利亚 （Bulgaria）	不丹 （Bhutan）	
捷克 （Czech Republic）	北马其顿 （The Republic of North Macedonia）	埃及 （Egypt）	
匈牙利 （Hungary）	塞尔维亚 （Serbia）	格鲁吉亚 （Georgia）	

续表

高收入国家 (≥ \$ 12055)	中高收入国家 (\$ 12055>x≥ \$ 3896)	中低收入国家 (\$ 3896>x≥ \$ 996)	低收入国家 (< \$ 996)
斯洛伐克 (Slovakia)	罗马尼亚 (Romania)	乌克兰 (Ukraine)	
克罗地亚 (Croatia)	波黑 (Bosnia and Herzegovina)	摩尔多瓦 (Moldova)	
拉脱维亚 (Latvia)	黑山 (Montenegro)	吉尔吉斯斯坦 (Kyrgyzstan)	
	白俄罗斯 (Belarus)	乌兹别克斯坦 (Uzbekistan)	
	哈萨克斯坦 (Kazakhstan)		
	土库曼斯坦 (Turkmenistan)		
	马来西亚 (Malaysia)		

注：由于巴勒斯坦在世界银行数据库中缺失收入数据，因此未在该表内列出。
资料来源：世界银行 WDI 数据库，由笔者整理。

为了更详细地分析"一带一路"沿线国家的经济发展水平，本章将分别从国内生产总值（GDP）、人均国内生产总值（GDP per capita）、人口总量、人口密度和城市化率五个角度进行分析，表 1-3 选取了最新统计数据，以 2017 年为样本列出了"一带一路"沿线国家的经济发展指标。

表 1-3 2017 年"一带一路"沿线国家的经济发展水平指标一览

地区	国家	GDP 总量 （亿美元）	人均 GDP （美元）	人口总量 （万人）	人口密度 （人/平方公里）	城市化率 （%）
东亚 2 国	中国	101610	7329	138640	148	58
	蒙古国	124	4046	308	2	68

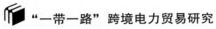

续表

地区	国家	GDP 总量 （亿美元）	人均 GDP （美元）	人口总量 （万人）	人口密度 （人/平方公里）	城市化率 （%）
东南亚 11 国	新加坡	3100	55236	561	7916	100
	印度尼西亚	10905	4131	26399	146	55
	马来西亚	3646	11528	3162	96	75
	泰国	4229	6126	6904	135	49
	越南	1753	1835	9554	308	35
	菲律宾	3034	2891	10492	352	47
	柬埔寨	182	1137	1601	91	23
	缅甸	795	1490	5337	82	30
	老挝	119	1730	686	30	34
	文莱	109	31440	43	81	77
	东帝汶	35	2672	130	87	30
南亚 8 国	印度	26604	1987	133918	450	34
	巴基斯坦	2409	1223	19702	256	36
	斯里兰卡	825	3849	2144	342	18
	孟加拉国	1800	1093	16467	1265	36
	阿富汗	207	584	3553	54	25
	尼泊尔	215	732	2931	204	19
	马尔代夫	39	8971	44	1454	39
	不丹	23	2897	81	21	40
西亚 北非 19 国	阿联酋	3873	41197	940	132	86
	科威特	1388	33546	414	232	100
	土耳其	12060	14936	8075	105	75
	卡塔尔	1734	65694	264	227	99
	阿曼	741	15977	464	15	84
	黎巴嫩	432	7103	608	595	88
	沙特阿拉伯	6842	20771	3294	15	84
	巴林	331	22149	149	1918	89
	以色列	2992	34333	871	403	92
	也门	196	693	2825	54	36
	埃及	2717	2785	9755	98	43

续表

地区	国家	GDP 总量 （亿美元）	人均 GDP （美元）	人口总量 （万人）	人口密度 （人/平方公里）	城市化率 （%）
西亚 北非 19 国	伊朗	5609	6911	8116	50	74
	约旦	314	3238	970	109	91
	叙利亚	—	—	1827	99	54
	伊拉克	2086	5450	3827	88	70
	巴勒斯坦	121	2591	468	778	76
	阿塞拜疆	573	5810	985	119	55
	格鲁吉亚	159	4271	373	65	58
	亚美尼亚	124	4219	293	103	63
中东欧 20 国	俄罗斯	16817	11452	14450	9	74
	波兰	6009	15823	3797	124	60
	阿尔巴尼亚	140	4868	287	105	59
	爱沙尼亚	254	19257	132	30	69
	立陶宛	476	16839	283	45	68
	斯洛文尼亚	530	25667	207	103	54
	保加利亚	590	8331	708	65	75
	捷克	2411	22755	1059	137	74
	匈牙利	1536	15696	979	108	71
	北马其顿	109	5254	208	83	58
	塞尔维亚	421	5993	702	80	56
	罗马尼亚	2163	11046	1958	85	54
	斯洛伐克	1081	19882	544	113	54
	克罗地亚	632	15326	412	74	57
	拉脱维亚	302	15532	194	31	68
	波黑	195	5570	351	69	48
	黑山	49	7838	62	46	66
	乌克兰	1273	2996	4483	77	69
	白俄罗斯	620	6529	950	47	78
	摩尔多瓦	77	2165	355	124	43
中亚 5 国	哈萨克斯坦	1960	10868	1804	7	57
	吉尔吉斯斯坦	66	1071	620	32	36

地区	国家	GDP 总量 (亿美元)	人均 GDP (美元)	人口总量 (万人)	人口密度 (人/平方公里)	城市化率 (%)
中亚 5 国	土库曼斯坦	421	7318	576	12	51
	塔吉克斯坦	91	1020	892	64	27
	乌兹别克斯坦	658	2031	3239	76	51

注：叙利亚 GDP 总量与人均 GDP 总量数据缺失，因此未列入表内。

资料来源：世界银行 WDI 数据库，国内生产总值及人均国内生产总值数据以 2010 年购买力平价水平为基准。

（一）国内生产总值

国内生产总值（Gross Domestic Product，GDP）是指在一定时期内（一个季度或一年），一个国家或地区的经济中所生产出的全部最终产品和服务的价值，常被公认为是衡量一个国家总体经济状况的重要指标。从国家层面看，表1-3 第一列数据为 2017 年中国及"一带一路"沿线国家的国内生产总值（GDP）数据。其中，中国、印度、俄罗斯、土耳其和印度尼西亚分别以101610 亿美元、26604 亿美元、16817 亿美元、12060 亿美元和 10905 亿美元位列前五，这五个国家也是"一带一路"沿线区域内五个国内生产总值量级达到万亿美元的国家，其余国家的国内生产总值量级则低于万亿美元。"一带一路"沿线区域总共有 27 个国家国内生产总值量级处于千亿美元水平，30 个国家处于百亿美元水平，塔吉克斯坦、摩尔多瓦、吉尔吉斯斯坦、黑山、马尔代夫、东帝汶和不丹这 7 个国内生产总值低于百亿美元的国家以 91 亿美元、77 亿美元、66 亿美元、49 亿美元、39 亿美元、35 亿美元和 23 亿美元分列"一带一路"沿线国家中国内生产总值最后六位（叙利亚国内生产总值缺失不计入）。

从区域层面看，"一带一路"沿线涉及的 65 个国家包括中国，按照其所在区域划分，可以分为东亚的蒙古和中国 2 国、东南亚 11 国（新加坡、马来西亚、印度尼西亚、缅甸、泰国、老挝、柬埔寨、越南、文莱、东帝汶和菲律宾）、西亚北非 19 国（伊朗、伊拉克、土耳其、叙利亚、约旦、黎巴嫩、以色列、阿塞拜疆、格鲁吉亚、巴勒斯坦、沙特阿拉伯、也门、阿曼、阿联酋、卡塔尔、科威特、巴林、亚美尼亚和埃及的西奈半岛）、南亚 8 国（印度、巴基斯坦、孟加拉、阿富汗、斯里兰卡、马尔代夫、尼泊尔和不丹)、中亚5国(哈萨克斯坦、乌兹别克斯坦、土库曼斯坦、塔吉克斯坦和吉尔吉斯斯坦)、东欧20国(俄罗斯、乌克兰、白俄罗斯、摩尔多瓦、波兰、立陶宛、爱沙尼亚、拉脱维亚、捷克、斯洛伐克、匈牙利、斯洛文尼亚、克罗地亚、波黑、黑山、塞尔维亚、阿尔巴尼亚、罗马尼亚、保加利亚和北马其顿)。图1-2为2017年"一带一路"按区域划分的各国国内生产总值(GDP)。东亚由于加入了中国这样一个世界国内生产总值(GDP)排名第二的大体量经济体,数据明显比其他区域高,当去掉中国,东亚区域则只有蒙古一个国家,其国内生产总值(GDP)仅为中国的千分之一。东欧、西亚北非及南亚各国的国内生产总值水平相当,中亚区域相对而言是经济发展较为落后的地区。

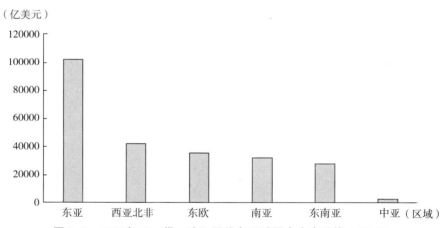

图1-2 2017年"一带一路"沿线各区域国内生产总值(GDP)

资料来源:世界银行WDI数据库,国内生产总值以2010年购买力平价水平为基准。

(二)人均国内生产总值

人均国内生产总值即"人均GDP",是人们了解和把握一个国家或地区的宏观经济运行状况的有效工具,也是最重要的宏观经济指标之一。人均国内生产总值将一个国家核算期内(通常是一年)实现的国内生产总值与这个国家的常住人口(或户籍人口)相比进行计算,得到人均国内生产总值,为了更加客观地衡量,通常与购买力平价结合反映一个国家或地区人民的生活水平。相比国内生产总值(GDP),人均国内生产总值更能反映一国居民的实际收入水平。表 1-3 第二列数据展示了 2017 年"一带一路"沿线各国的人均国内生产总值。卡塔尔、新加坡、阿联酋、以色列和科威特分别以 65694 美元、55236 美元、41197 美元、34333 美元和 33546 美元位列前五；相比之下，虽然近年来有了快速的增长，而中国的人均国内生产总值仅有 7329 美元，居第 27 位，与美国（53356 美元）、日本（48567 美元）等发达国家仍存在较大差距；"一带一路"沿线各国中人均国内生产总值最低的五个国家分别是阿富汗、也门、尼泊尔、塔吉克斯坦和吉尔吉斯斯坦，它们的人均国内生产总值分别是 584 美元、693 美元、732 美元、1020 美元和 1071 美元。图 1-3 显示了 2017 年"一带一路"沿线各区域人均国内生产总值分布情况。由于区域人口众多，GDP 总量表现突出的东亚地区，其人均 GDP 反而不高，西亚地区与东欧地区的人均 GDP 相对较高，南亚与中亚地区人均 GDP 则是沿线区域中最低的。西亚北非区域的平均值为 15351 美元，与 2017 年位于世界人均 GDP 第 59 名的波兰（15823 美元）水平相当。"一带一路"中南亚与中亚地区的人均 GDP 值较低，其整体平均水平与位于世界人均 GDP 第 78 名的哈萨克斯坦（10868 美元）相近，处于全球中等水平。

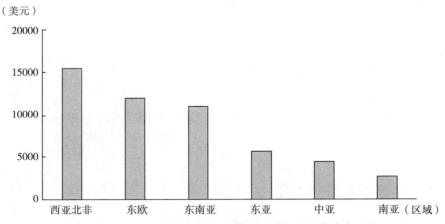

图 1-3　2017 年"一带一路"沿线各区域人均国内生产总值

资料来源：世界银行 WDI 数据库，人均国内生产总值以 2010 年购买力平价水平为基准。

（三）人口总量

人口总量是指一个地区在一定时间内的人口总和，一般以人口普查的统计结果为依据。人口规模的增长方式可以作为一国经济发展现状的衡量指标。适度的人口增长可促进人类对自然资源的开发和经济增长，可为经济社会发展提供充足的劳动力，经济和社会的可持续发展需要一定数量和质量的适龄劳动人口，这有利于随着社会的发展调整经济结构。从表1-3第三列可见2017年"一带一路"沿线国家的人口总量数据，中国、印度、印度尼西亚、巴基斯坦和孟加拉国分别以138640万人、133918万人、26399万人、19702万人和16467万人位列"一带一路"沿线国家人口总数前五，其中中国与印度总人口超过世界总人口的35%，可见超过世界1/3的人口集中在"一带一路"区域。在增长率方面，选取2017年的统计数据，在"一带一路"沿线国家范围内，人口增长速度最快的国家是阿曼，增长率为4.78%，同时阿曼也是2017年全球人口增长率最高的国家。此外，"一带一路"沿线国家中巴林和巴勒斯坦人口增速也位于世界前列，分别为4.73%和2.93%。图1-4显示了2017年"一带一路"沿线区域的人口总量对比情况。东亚与南亚因为中国与印度的原因在"一带一路"沿线区域中处于人口规模较大的区域。除此之外，东南亚11国的人口总量也值得关注，中亚和东欧区域人口规模则较小。总的来说，"一带一路"沿线所有国家的人口总量超过世界人口总量的60%，且该区域包含中国和印度两个人口大国，还包含了人口增长率第一的国家阿曼，该区域庞大的人口规模具有难以估计的经济潜力，其未来的电力需求潜力也是可观的。

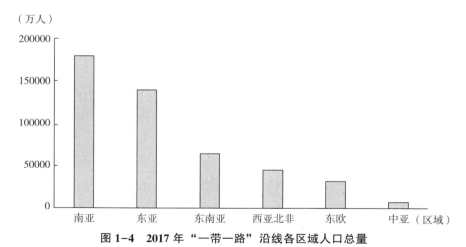

图1-4 2017年"一带一路"沿线各区域人口总量

资料来源：世界银行WDI数据库。

（四）人口密度

人口密度是单位土地面积上的人口数量，它是衡量一个国家或地区人口分布状况的重要指标。世界人口密度最高的是亚洲，其中有日本、朝鲜半岛、中国东部、中南半岛、南亚次大陆、伊拉克南部、黎巴嫩、以色列和土耳其沿海地带；在非洲人口密度较高的有尼罗河下游、非洲的西北、西南以及几内亚湾的沿海地区；在欧洲，除北欧与俄罗斯的欧洲部分的东部地区以外，都属于人口密度较高的地区；在美洲人口密度较高的主要是美国的东北部、巴西的东南部，以及阿根廷和乌拉圭沿拉普拉塔河的河口地区。可见"一带一路"区域覆盖了世界人口密度最高的几大区域，将世界人口密度较高的几大地带串联了起来。相比于人口总量这一指标，人口密度不仅能反映一个地区人口数量的多少，还能反映人口地理分布的疏密程度。表1-3第四列展示了2017年"一带一路"沿线国家的人口密度数据。新加坡、巴林、马尔代夫、孟加拉国和巴勒斯坦分列"一带一路"沿线区域前五，其人口密度分别为7916人/平方公里、1918人/平方公里、1454人/平方公里、1265人/平方公里和778人/平方公里。中国的人口密度为148人/平方公里，居"一带一路"沿线国家中第16位。印度作为世界人口总量第二大国，其人口密度也居高不下，以450人/平方公里居"一带一路"沿线国家中第7位。相比较而言，"一带一路"沿线国家中人口密度最低的五个国家分别为蒙古国、哈萨克斯坦、俄罗斯、土库曼斯坦和阿曼，其人口密度分别为2人/平方公里、7人/平方公里、9人/平方公里、12人/平方公里和15人/平方公里。蒙古国不仅是"一带一路"沿线区域人口密度最低的国家，同时也是世界范围内有统计数据的人口密度最低的国家。图1-5显示了2017年"一带一路"沿线区域的人口密度分布情况。由于中国人口数目众多，东亚区域的人口密度位于前列；南亚和东南亚两个区域的人口密度分别是"一带一路"沿线区域人口密度最高区域与次高区域；中亚地区和中东欧区域人口密度较低。总的来说，"一带一路"沿线区域中，人口密度较高的区域主要集中在东南亚、南亚和东亚。

（五）城市化率

城市化率（也叫城镇化率）是城市化的度量指标，一般采用人口统计学指标，即城镇人口占总人口（包括农业与非农业）的比重。城镇化是城市数

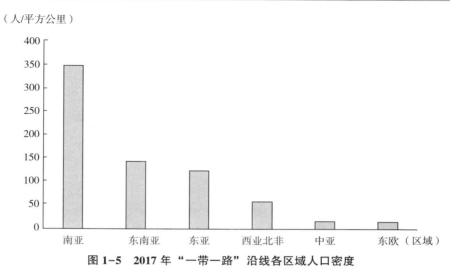

（人/平方公里）

图 1-5 2017 年 "一带一路" 沿线各区域人口密度

资料来源：世界银行 WDI 数据库。

量的增加和城市规模的扩大，人口在一定时期内向城市聚集的过程。此外，城镇化又表现为地域景观的变化、产业结构的转变和生产生活方式的变革，是人口、地域、社会经济组织形式和生产生活方式由传统落后的乡村型社会向现代城市社会转化的多方面内容综合统一的过程，是衡量一个国家或地区经济社会发展进步的重要指标。有关资料显示，城镇人口每提高 1%，GDP 增长 1.5%；城镇化率每递增 1%，经济就增长 1.2%。表 1-3 第五列展示了 2017 年 "一带一路" 沿线国家及中国的城市化率数据。从表中可以看出，新加坡、科威特、卡塔尔、以色列和约旦分别以 100%、100%、99%、92% 和 91% 的城市化率位列 "一带一路" 沿线国家前五，这五个国家的城市化率是相对较高的，即使在世界范围内也位居前列。该区域城市化率较低的五个国家分别是斯里兰卡、尼泊尔、柬埔寨、阿富汗和塔吉克斯坦，它们的城市化率分别为 18%、19%、23%、25% 和 27%。中国的城市化率为 58%，居 "一带一路" 沿线国家第 32 位，低于 "一带一路" 沿线国家的平均水平，同时也低于世界的平均水平。图 1-6 显示了 2017 年 "一带一路" 沿线区域城市化率的分布情况。其中西亚北非、东亚、东欧、东南亚都是 "一带一路" 沿线区域城市化率较高的区域，南亚与中亚则是城市化率较低的区域。总的来说，"一带一路" 沿线各国平均城市化率为 59%，略低于世界平均水平（60%），说明 "一带一路" 沿线区域在城市化率这一指标上整体达到世界平均水平，但是该区域内各国存在较大的差异，其城市化率高的国家与地区达到了世界最高水平，城市化进程较慢的国家处在世界落后水平。

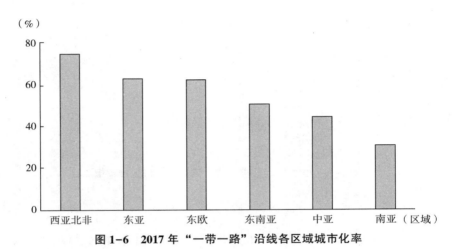

图1-6　2017年"一带一路"沿线各区域城市化率

资料来源：世界银行WDI数据库。

第二节　"一带一路"沿线国家电力供给现状

电力作为现代能源体系的主体，也是能源行业传导至其他行业的主要枢纽和载体。本节将从发电量、装机容量、电力生产结构和电力生产能源储备情况四个方面分析目前"一带一路"沿线国家的电力供给能力。

一、发电量

发电量是指发电机进行能量转换产出的电能数量。由于电力供给与消费存在实时平衡的特点，发电量实质上是与电力消费达到实时对接的。从含义上看，发电量是被发电能力、能源储备量、发电技术和电力实际消费影响的综合指标，因而发电量指标一定程度上可以说明一国的电力供给情况。英国石油公司（BP）《世界能源统计年鉴》数据显示，2017 年世界总发电量达到 25676.6 太瓦时，较 2016 年增长了 2.9%。"一带一路"沿线国家中，东欧的波兰、俄罗斯、土耳其和乌克兰，西亚的伊朗、沙特阿拉伯和阿联酋以及亚太地区的印度、印度尼西亚、泰国、越南和巴基斯坦都有超过 100 太瓦时的发电量。其中，俄罗斯和印度的发电量较大，分别为 1089.6 太瓦时和 1470.3 太瓦时。中国在 2010 年超越美国，成为世界上发电量最大的国家。2017 年，中国的总发电量达到 6604.5 太瓦时，较 2016 年增长了 6.2%。近年来，全球电力供给主要的增长来自于亚太地区，其中很多国家地处"一带一路"沿线区域。2017 年亚太地区的发电量达到 11462.9 太瓦时，占全球总发电量的 44.9%，同比 2016 年增长 5.1%。其中，地处东南亚的越南在水电开发中获得了较大的发电量，增长速度最快，2017 年增长速度达到 9.2%。相反，同样具有大量水电资源的泰国由于电力储备过剩，发电量同比 2016 年降低了 1.5%。

二、装机容量

装机容量，全称"发电厂装机容量"，亦称"电站容量"，指火电厂或水电站中所装有的全部汽轮或水力发电机组额定功率的总和，是表征一座火电厂或水电站建设规模和电力生产能力的主要指标之一。装机容量一般应根据当时当地的客观条件和电力工业建设发展计划的需要，由电力设计院或其他有关技术部门针对各种不同方案进行全面考虑，并经政治、技术、经济等多方面的综合分析比较才能确定。目前全球发电装机主要分布在亚洲、北美洲及欧洲等地，其中亚洲、欧洲在煤电、水电、气电和风电的总装机容量占世界总装机容量比重较高。由于英国石油公司（BP）《世界能源统计年鉴》的数据覆盖面较窄，缺失大部分"一带一路"沿线国家的发电数据，因此本节采用联合国统计司能源统计数据库的装机容量数据来对"一带一路"沿线国家的电力供给能力进行进一步分析。表 1-4 显示的是 2012～2016 年发电厂总净装机容量数据，与从英国石油公司（BP）《世界能源统计年鉴》数据分析得到的结论相似，俄罗斯、印度、土耳其、伊朗、泰国和印度尼西亚等几个"一带一路"国家具有较强的发电能力。根据表 1-4 可知，东南亚国家由于拥有丰富的水电开发资源，大部分国家有较强的发电能力，整体发电水平较高。南亚、中亚及中东欧大部分国家的发电能力则较低。

表1-4 2012~2016年"一带一路"国家发电厂总净装机容量

地区	国家	发电厂总净装机容量（千瓦）				
		2012年	2013年	2014年	2015年	2016年
东亚 2国	中国	1228747	1342467	1473101	1628711	1762138
	蒙古国	1226	1278	1341	1341	1359
东南亚 11国	新加坡	10304	11437	13073	13055	13446
	马来西亚	29198	31817	29974	30440	33090
	印度尼西亚	53125	55563	60937	73696	59033
	缅甸	3726	4146	4805	5259	5390
	泰国	52547	54438	55452	58007	60257
	老挝	2973	3020	3098	5813	6418
	柬埔寨	584	1157	1513	1659	1683
	越南	28240	28240	34080	38553	42135
	文莱	806	811	811	819	820
	东帝汶	51	139	287	161	272
	菲律宾	17052	17349	17839	18596	21043
南亚 8国	印度	278275	294873	316379	287130	377122
	巴基斯坦	22918	23636	23759	25889	29944
	斯里兰卡	3371	3301	4043	3948	4012
	孟加拉国	8100	8562	9346	11039	11750
	阿富汗	431	431	431	519	519
	尼泊尔	762	772	829	798	979
	马尔代夫	156	156	271	271	271
	不丹	1497	1499	1499	1622	1624
西亚北非 18国	阿联酋	27180	27374	28829	28745	28761
	科威特	14803	15719	15819	17891	18952
	土耳其	57059	64007	69541	73147	78497
	卡塔尔	8751	8751	8751	8751	8751
	阿曼	5808	6598	8214	7868	7898
	黎巴嫩	3262	3535	3537	3543	3137

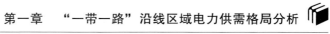

续表

地区	国家	发电厂总净装机容量（千瓦）				
		2012 年	2013 年	2014 年	2015 年	2016 年
西亚北非 18 国	沙特阿拉伯	53589	58463	65507	69156	74703
	巴林	5868	5868	6050	6978	6977
	以色列	14413	14985	16220	17221	17585
	也门	1535	1535	1519	1519	1519
	埃及	31487	32702	35907	39544	45695
	伊朗	68894	70236	73148	74185	74104
	约旦	3511	3385	4199	4455	4825
	叙利亚	8206	8206	9603	9122	9686
	伊拉克	16952	27110	25589	31111	32177
	阿塞拜疆	6420	7352	7359	7806	7910
	格鲁吉亚	4350	3471	3471	3718	3919
	亚美尼亚	4055	4095	4091	4088	4113
中亚 5 国	哈萨克斯坦	21219	22222	25011	25149	25223
	乌兹别克斯坦	12722	12722	12722	12722	12813
	土库曼斯坦	3400	3800	4000	4000	4674
	塔吉克斯坦	6168	6185	6280	6283	6577
	吉尔吉斯斯坦	3859	3861	3864	3865	3865
中东欧 19 国	俄罗斯	232685	239423	259020	257075	266526
	波兰	35283	35815	35989	37327	38105
	阿尔巴尼亚	1767	1918	1865	1938	1940
	爱沙尼亚	2923	2910	3030	2857	2567
	立陶宛	4237	4323	4037	3587	3665
	斯洛文尼亚	3351	3434	3454	3360	3536
	保加利亚	11684	11651	11425	11016	10904
	捷克	20520	21079	21920	21866	21989
	匈牙利	9400	8418	8655	8636	8750
	塞尔维亚	7204	7163	7326	7358	7410
	罗马尼亚	21774	23033	24054	23943	23692
	斯洛伐克	8412	8458	8092	7782	7742
	克罗地亚	4222	4312	4428	4764	4794

地区	国家	发电厂总净装机容量（千瓦）				
		2012 年	2013 年	2014 年	2015 年	2016 年
中东欧 19 国	拉脱维亚	2660	2911	2924	2933	2928
	波黑	4304	4304	4135	4304	4364
	黑山	877	870	870	870	870
	乌克兰	55001	55914	55843	55904	57335
	白俄罗斯	9006	9214	10221	9794	10009
	摩尔多瓦	487	487	483	491	463

注：北马其顿与巴勒斯坦缺乏电力数据，因此未在表中列出。
资料来源：联合国统计司能源统计数据库。

三、电力生产结构

电力生产结构是指各类能源发电在电力总生产量中的比例。本节采用电力生产结构来说明该国电力供给所依赖的能源。表 1-5 显示了 2015 年世界银行 WDI 数据库中关于"一带一路"国家电力生产结构的统计。从表中可知，"一带一路"沿线大部分国家依赖于化石燃料发电。核能发电比超过 30%的国家主要集中在独联体和中东欧地区，比如乌克兰、捷克、斯洛伐克、匈牙利和保加利亚。其中，斯洛伐克和匈牙利核能发电占比超过了 50%，分别为 57.3% 和 52.9%。水资源较为丰富的东南亚、中亚和一部分独联体国家以水力发电为主。缅甸、柬埔寨毗邻湄公河，水资源优势突出，水力发电占比分别为 58.9% 和 45.5%。尼泊尔、塔吉克斯坦、吉尔吉斯斯坦和阿尔巴尼亚几乎完全依赖于水力发电，占比接近 100%。在清洁能源方面，较为领先的是中东欧的一些发达国家，此外，菲律宾也有超过 10%占比的清洁能源发电。

表 1-5 2015 年"一带一路"国家电力生产结构

地区	国家	化石燃料发电 （%）	清洁能源发电 （%）	水力发电 （%）	核能发电 （%）
东亚 2 国	中国	73.0	4.8	19.1	3.1
	蒙古国	96.9	3.1	0.0	0.0

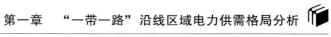

续表

地区	国家	化石燃料发电（%）	清洁能源发电（%）	水力发电（%）	核能发电（%）
东南亚9国	新加坡	96.9	1.8	0.0	1.3
	印度尼西亚	89.3	4.7	5.9	0.1
	马来西亚	90.0	0.7	9.3	0.0
	泰国	91.5	5.9	2.6	0.0
	越南	63.3	0.1	36.6	0.0
	菲律宾	74.6	14.8	10.5	0.1
	柬埔寨	53.6	0.9	45.5	0.0
	缅甸	41.1	0.0	58.9	0.0
	文莱	99.9	0.1	0.0	0.0
南亚5国	印度	81.9	5.3	10.0	2.8
	巴基斯坦	63.0	0.8	30.7	5.5
	斯里兰卡	51.5	3.2	45.3	0.0
	孟加拉国	98.7	0.3	1.0	0.0
	尼泊尔	0.0	0.2	99.8	0.0
西亚北非18国	阿联酋	99.8	0.2	0.0	0.0
	科威特	100.0	0.0	0.0	0.0
	土耳其	67.8	6.3	25.7	0.2
	卡塔尔	100.0	0.0	0.0	0.0
	阿曼	100.0	0.0	0.0	0.0
	黎巴嫩	97.4	0.0	2.6	0.0
	沙特阿拉伯	76.2	0.0	0.0	23.8
	巴林	100.0	0.0	0.0	0.0
	以色列	97.7	1.9	0.0	0.4
	也门	100.0	0.0	0.0	0.0
	埃及	91.7	0.9	7.4	0.0
	伊朗	93.9	0.1	5.0	1.0
	约旦	99.0	0.7	0.3	0.0
	叙利亚	97.7	0.0	2.3	0.0
	伊拉克	50.1	0.0	3.7	46.2
	阿塞拜疆	92.6	0.4	6.6	0.4

续表

地区	国家	化石燃料发电（%）	清洁能源发电（%）	水力发电（%）	核能发电（%）
西亚北非18国	格鲁吉亚	22.0	0.0	78.0	0.0
	亚美尼亚	35.9	0.1	28.3	35.7
中亚5国	哈萨克斯坦	91.1	0.2	8.7	0.0
	乌兹别克斯坦	79.3	0.0	20.7	0.0
	土库曼斯坦	100.0	0.0	0.0	0.0
	塔吉克斯坦	1.5	0.0	98.5	0.0
	吉尔吉斯斯坦	14.8	0.0	85.2	0.0
中东欧20国	俄罗斯	65.5	0.1	15.7	18.7
	波兰	86.1	12.7	1.1	0.1
	阿尔巴尼亚	0.0	0.0	100.0	0.0
	爱沙尼亚	7.2	14.1	0.3	78.4
	立陶宛	52.9	31.2	8.2	7.7
	斯洛文尼亚	32.4	3.7	25.7	38.2
	保加利亚	50.4	6.4	11.6	31.6
	捷克	55.9	9.2	2.2	32.7
	匈牙利	36.6	9.8	0.7	52.9
	马其顿	64.1	2.9	33.0	0.0
	塞尔维亚	73.1	0.1	26.7	0.1
	罗马尼亚	42.6	14.5	25.2	17.7
	斯洛伐克	20.0	8.2	14.5	57.3
	克罗地亚	33.2	10.0	56.8	0.0
	拉脱维亚	49.8	16.6	33.6	0.0
	波黑	64.5	0.0	35.5	0.0
	黑山	50.3	0.0	49.7	0.0
	乌克兰	41.3	1.1	3.3	54.3
	白俄罗斯	98.9	0.5	0.3	0.3
	摩尔多瓦	94.6	0.3	5.1	0.0

注：老挝、东帝汶、阿富汗、马尔代夫、不丹和巴勒斯坦的数据由于 WDI 数据库未收录暂缺，因此未列入表中。

资料来源：世界银行 WDI 数据库。

根据世界银行对世界主要国家的划分，表1-6统计了2015年不同经济发展水平国家组的电力生产结构。其中，高收入国家的电力能源结构更为分散也更为合理，其中化石燃料发电仅占59.4%，而水力发电和核能发电的占比均超过了10%。“一带一路”国家的电力能源结构更接近中等收入国家的水平，主要依赖于化石燃料发电，清洁能源发电和核能发电占比较小。作为“一带一路”战略的倡导者，中国目前仍主要依赖于化石燃料发电，水力发电的占比也较高，有19.1%。随着中国清洁能源发电技术的不断提高以及核能发电的推广，未来电力能源结构也会朝着更清洁、更高效的方向发展。

表1-6　2015年各类发电能源占总发电量比重

	化石燃料发电（%）	清洁能源发电（%）	水力发电（%）	核能发电（%）
中国	73.0	4.9	19.1	3.0
经合组织国家	58.0	10.3	12.7	18.2
高收入国家	59.4	9.6	11.5	17.3
高中等收入经济体	69.6	4.3	21.0	0.1
中等收入经济体	70.9	4.3	19.4	0.1
低中等收入经济体	75.9	4.3	13.6	6.2

资料来源：世界银行 WDI 数据库。

四、电力生产能源储备情况

电能生产来源多种多样，其生产结构由各类能源种类构成，其中包括化石能源与清洁能源。化石能源资源储量较大，但由于其具有不可持续性，正面临资源枯竭、污染排放严重等问题。清洁能源中的水能储量大、可再生，发电技术成熟，可开发潜能大，清洁能源中的其他能源如太阳能、风能、核能，虽然储量大、可再生能力强，但目前存在技术差、成本高、稳定性差等问题。本节将分析“一带一路”沿线区域内的化石能源和清洁能源的蕴藏量及分布情况。

（一）化石能源

电能发电结构中，化石能源以煤炭能源和天然气能源为主。煤炭是世界上蕴藏量最丰富的化石能源，目前煤炭储量最高的地区是亚太地区，其次是欧洲及欧亚大陆。根据英国石油公司（BP）《世界能源统计年鉴》的数据统计结果，截至2017年底，世界煤炭资源剩余探明可采储量约为1.035万亿吨，亚太地区储量为4242.34亿吨，其中"一带一路"沿线范围内中国、印度、印度尼西亚、蒙古、巴基斯坦、泰国和越南的煤炭储量可观，分别为1388.19亿吨、977.28亿吨、225.98亿吨、25.2亿吨、30.64亿吨、10.63亿吨和33.6亿吨；欧洲及欧亚大陆储量为3236.33亿吨，其中"一带一路"沿线范围内俄罗斯、乌克兰、哈萨克斯坦、波兰和土耳其的储量较大，分别为1603.64亿吨、343.75亿吨、256.05亿吨、258.11亿吨和113.53亿吨。煤炭产量方面，亚太地区同样也是世界范围内最主要的产区，2017年亚太地区的煤炭产量占全球的71.7%，其中中国是世界最大的煤炭产地，2016年中国的煤炭产量占全球的46.4%。除此之外，"一带一路"沿线国家中还有印度、俄罗斯和印度尼西亚煤炭产量较大，分别占全球产量的7.8%、5.5%和7.2%。天然气是相对清洁的化石能源，世界天然气资源分布很不均衡，主要集中在中东地区、欧洲及欧亚大陆地区。根据英国石油公司（BP）《世界能源统计年鉴》的数据统计结果，截至2017年，中东地区剩余探明可采储量为79.1万亿立方米，占全球总量的40.9%，其中"一带一路"沿线国家中的伊朗、卡塔尔两个国家天然气储量庞大，分别为33.2万亿立方米和24.9万亿立方米；欧洲及欧亚大陆剩余探明可采储量为62.2万亿立方米，占全球总量的32.1%，该地区天然气储量最大的两个国家分别是俄罗斯与土库曼斯坦，分别为35万亿立方米和19.5万亿立方米，这两个国家正好属于"一带一路"区域。总体而言，"一带一路"沿线范围内化石能源储量较为可观，世界范围内较大储量的煤炭能源及天然气能源基本都在"一带一路"沿线区域内，但这些能源的分布很不均衡。

（二）清洁能源

清洁能源以水能、太阳能、风能和核能为主。水能是目前已开发规模最大的清洁能源，2013年世界能源理事会的调查报告显示，全球水能资源蕴藏量约为39万亿千瓦·时/年，其中亚洲占比最大，为18万亿千瓦·时/年，占世界总量的46%，水能资源集中在长江、雅鲁藏布江、恒河等流域。"一带一路"沿线国家中，中国、印度、俄罗斯和印度尼西亚占了世界前五中的四个，分别达到6.08万亿千瓦·时/年、2.64万亿千瓦·时/年、2.30万亿千瓦·时/年和2.15万亿千瓦·时/年。太阳能资源量主要由阳光照射角度和大气散射两个因素决定，因此以赤道为中心、南北回归线之间以及高原地区的太阳能资源最为丰富。非洲地区与亚洲地区的太阳能资源量最多，在"一带一路"沿线区域内，中国、沙特阿拉伯和哈萨克斯坦的太阳能资源量较多，其中中国年辐照强度达到1600千瓦·时/平方米以上，沙特阿拉伯达到2200千瓦·时/平方米以上，哈萨克斯坦达到1300~1800千瓦·时/平方米。风能在全球发电量中的比重较小，仅为3%，但风电的开发成本飞速下降，随着风能发电的经济性和技术水平的上升，风能将成为全球重要的能源品种之一。世界风能资源主要分布在非洲、亚洲和北美洲，分别占全球风能资源的32%、25%和20%，其中中国、俄罗斯、哈萨克斯坦和埃及等"一带一路"沿线国家拥有较为丰富的风能资源，平均风速能达到4~10.5米/秒。核能主要指天然铀资源，该资源在世界范围内分布较为集中，目前已探明的核能资源主要分布在澳大利亚、哈萨克斯坦、俄罗斯、加拿大、尼日尔、纳米比亚、南非、巴西、美国和中国等国家，其中哈萨克斯坦、俄罗斯和中国为"一带一路"沿线国家。总的来说，"一带一路"沿线区域在清洁能源的蕴藏量方面具有较大的优势，尤其是水能、太阳能和风能，占世界范围内的比重较大。

第三节 电力需求现状

电力需求是"一带一路"沿线国家国民经济发展最重要的基础能源需求。近年来，电力消费在终端能源消费和一次性能源供应中所占的比重持续上升，电力需求占能源需求的比重也不断增加。本节将用电力消费总量、人均电力消费和电力需求潜力这三个变量作为电力需求的指标，分析"一带一路"沿线国家的电力需求现状。

一、电力消费总量

电力消费是指生产和生活所消耗的电能。联合国能源统计数据库的电力消费总量数据如表1-7所示，从国家层面的电力消费量看，中国的电力消费量居首位，2016 年中国的电力消费量达到了 5101661 太瓦时，是俄罗斯的 5 倍，约占"一带一路"沿线国家总量的 50.8%。其次电力消费总量较高的为印度、俄罗斯、沙特阿拉伯、伊朗、土耳其和印度尼西亚，分别为 1066268 太瓦时/年、744684 太瓦时/年、294669 太瓦时/年、240955 太瓦时/年、228398 太瓦时/年和 215781 太瓦时/年。从区域层面的电力消费量看，南亚地区和东南亚地区的电力消费总量较大，中亚和中东欧地区各国的电力消费总量较小。从增长趋势来看，除叙利亚、乌克兰和塔吉克斯坦外，"一带一路"沿线的绝大部分国家的电力消费均呈增长趋势，增速最快的地区为东南亚地区，柬埔寨、老挝、越南等国在增速上位于最前列。

表 1-7 2000~2016 年"一带一路"沿线国家电力消费总量

单位：太瓦时

地区	国家	2000 年	2005 年	2010 年	2015 年	2016 年
东亚2 国	中国	1155530	2002085	3449920	4831403	5101661
	蒙古国	2326	2534	3376	5284	5446
	地区总和	1157856	2004619	3453296	4836687	5107107
东南亚11 国	新加坡	27304	32379	42252	47514	48626
	印度尼西亚	79187	107032	147299	212767	215781
	马来西亚	61156	80693	110853	132199	144024
	泰国	97756	120779	148947	183627	194248
	越南	22692	47109	85669	143683	159791
	菲律宾	36554	45600	55266	67808	74154
	柬埔寨	355	858	2038	4984	6053
	缅甸	3269	4264	6312	13397	15482
	老挝	640	1011	2441	4239	4660
	文莱	2519	3069	2914	3391	3227
	东帝汶	22	52	102	254	333
	地区总和	331432	442846	604092	813863	866379
南亚8 国	印度	316600	474451	694392	1029080	1066268
	巴基斯坦	45587	67604	77099	90429	95529
	斯里兰卡	5443	6893	9209	11741	12715
	孟加拉国	12468	22257	34521	48570	52945

续表

地区	国家	2000年	2005年	2010年	2015年	2016年
南亚 8国	阿富汗	617	860	2400	3888	4366
	尼泊尔	1299	1955	2740	3896	4925
	马尔代夫	136	236	339	557	593
	不丹	399	613	1573	2057	2009
	地区总和	382549	574869	822273	1190218	1239350
西亚北非 18国	阿联酋	33868	53874	84422	111076	113929
	科威特	20028	28143	37224	43296	45711
	土耳其	95873	128641	170014	214809	228398
	卡塔尔	8501	12125	24618	36378	37134
	阿曼	7040	8895	16134	28912	30359
	黎巴嫩	9768	11302	15088	16614	16966
	沙特阿拉伯	98986	134990	202819	292765	294669
	巴林	5516	7897	22193	27815	27752
	以色列	38574	42481	48719	54373	56209
	也门	2079	3294	5036	3471	4034
	埃及	62596	92085	126934	154205	162275
	伊朗	98203	135464	186058	232820	240955
	约旦	6041	8808	12837	16528.42	16804
	叙利亚	14576	22273	33654	12965	13133
	伊拉克	29160	24762	40038	42035	38733
	阿塞拜疆	15403	18028	12235	17619	17618
	格鲁吉亚	6286	6176	7288	9907	10487
	亚美尼亚	3591	4251	4667	5368	5328
	地区总和	556089	743489	1049978	1320956	1360494
中亚 5国	哈萨克斯坦	39496	46040	57394	68198	65898
	乌兹别克斯坦	39766	40581	42795	46472	46974
	土库曼斯坦	5833	7436	9191	12473	12473
	塔吉克斯坦	13268	14508	14093	12446	12922
	吉尔吉斯斯坦	9076	9348	7078	10587	10160
	地区总和	107439	117913	130551	150176	148427

续表

地区	国家	2000 年	2005 年	2010 年	2015 年	2016 年
中东欧19国	俄罗斯	608526	649973	726683	726318	744684
	波兰	98073	105005	118690	127819	132839
	阿尔巴尼亚	3629	5163	5668	5897	5095
	爱沙尼亚	5015	6040	6908	6852	7299
	立陶宛	6197	7977	8332	9342	9750
	斯洛文尼亚	10521	12742	11945	12788	13025
	保加利亚	24251	25716	27103	28326	28898
	捷克	49381	55291	54223	54638	56050
	匈牙利	29441	32338	34207	36291	37118
	塞尔维亚	—	25663	27569	26947	27332
	罗马尼亚	33939	38859	41317	43030	43257
	斯洛伐克	22010	22850	24135	24371	24987
	克罗地亚	11833	14417	15862	15343	15300
	拉脱维亚	4477	5729	6215	6461	6482
	波黑	5860	7734	10347	10675	11088
	黑山	—	3765	3211	2679	2671
	乌克兰	113491	123104	134025	118989	117440
	白俄罗斯	26790	27672	29382	29288	29376
	摩尔多瓦	2480	2904	3288	3686	3622
	地区总和	1055914	1172942	1289110	1289740	1316313

注：巴勒斯坦和北马其顿数据缺失，因此未列入表中。
资料来源：联合国能源统计数据库。

二、人均电力消费

人均电力消费（即人均用电量）是衡量一个国家经济发展和人民生活水平的重要标志。根据世界银行的统计数据，"一带一路"沿线国家的电力缺口较为严重，沿线国家人口总量规模接近中国总人口的 3 倍，但人均用电量较低。2016 年全球人均用电量为 3295 千瓦时/人，中国 2016 年的人均用电量达到 3938 千瓦时/人,"一带一路"沿线国家的人均用电量尚未超过全球平均水平,仅为 2825 千瓦时/人。其中,西亚北非 19 国以及中东欧 20 国的人均年电力消费都处于较高水平,分别达到 3159.42 千瓦时/年和 4095.32 千瓦时/年。东南亚、中亚地区国家人均电力消费在"一带一路"沿线国家中处于中间水平,平均在 1000~2000 千瓦时/年。南亚 8 国的人均电力消费最低,电力缺口最严重,2016 年人均电力消费勉强超过 500 千瓦时。印度作为超级人口大国,2016 年人均电力消费仅有 805.60 千瓦时,但这一数据较 2003 年 431.84 千瓦时/人的年人均电力消费水平已有接近 1 倍的增幅。

图 1-7 显示了"一带一路"沿线国家 2000~2016 年人均电力消费情况。具体来说,"一带一路"沿线国家的电力消费具有较强的区域性特征,中亚、南亚和东南亚区域的人均电力消费量在 2000~2016 年几乎没有出现大的波动,仍处于较低水平的区间;东亚 2 国(主要是中国)、西亚北非 19 国的人均电力消费量快速增长,得益于经济水平的发展过程中电力需求的增长和电力供给能力的提高;中东欧的人均电力消费水平保持在较高水平,维持在平均 4000千瓦时/人的高位。

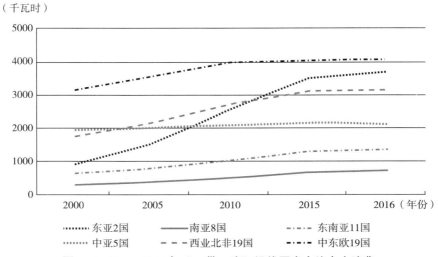

图 1-7   2000~2016 年"一带一路"沿线国家人均电力消费

资料来源:IEA 数据库。

三、基于人均 GDP 指标的各国电力需求分析

"一带一路"沿线国家的电力需求潜力是考察未来跨境电力贸易潜力的重要指标，未来电力需求存在增长的地区更有可能参与到跨境电力贸易中来。现有文献普遍认为经济增长与能源消费、经济增长与电力消费之间存在着正相关关系。由此，本节采用"一带一路"沿线 65 个国家的人均国内生产总值展望数据来对电力需求的规模及未来发展趋势进行分析（见表 1-8），其中 2016 年为实际经济增长率，2017~2021 年数据为 EIU Countrydata 数据库对经济增长的预测数据。从人均 GDP 的平均增长率数据来看，年平均增长率高于 7% 的国家有印度、中国、缅甸、不丹、孟加拉国和老挝，其中印度的人均 GDP 年均增长率最高，为 7.72%，其次是中国，为 7.57%，即未来电力需求增长最快的国家将可能是印度、中国、缅甸、不丹、孟加拉和老挝。"一带一路"沿线国家中人均 GDP 平均增长率高于 4% 的国家数量超过半数，从世界银行的人均 GDP 增长率数据来看，2015~2017 年世界人均 GDP 增长率在 1.3%~1.92% 波动。对比世界与"一带一路"沿线国家的人均 GDP 增长率数据，"一带一路"区域的经济增长潜力巨大，远高于世界平均水平，是快速发展的新兴经济体集聚的区域，可以预见的是，"一带一路"沿线区域未来电力需求规模的增长潜力和速度将高于世界平均水平。

表 1-8   2016~2021 年"一带一路"沿线各国人均 GDP

单位：美元

地区	国家	2016 年	2017 年	2018 年	2019 年	2020 年	2021 年	平均增长率（%）
东亚2 国	中国	15680	16690	18120	19580	21090	22580	7.57
	蒙古国	12233	12844	13550	14460	15390	16300	5.91
东南亚11 国	新加坡	91158	97818	102415	105480	109090	113610	4.50
	印度尼西亚	11736	12443	13220	14010	14860	15770	6.09
	马来西亚	28152	29911	31630	33280	34970	36870	5.54
	泰国	16987	17916	19040	20060	20910	21970	5.28
	越南	6303	6790	7360	7950	8530	9110	7.65

续表

地区	国家	2016 年	2017 年	2018 年	2019 年	2020 年	2021 年	平均增长率（％）
东南亚11国	菲律宾	7799	8353	8942	9500	10050	10660	6.45
	柬埔寨	3738	4011	4310	4620	4930	5270	7.11
	缅甸	5825	6231	6730	7260	7860	8510	7.87
	老挝	6557	7038	7550	8110	8710	9351	7.36
	文莱	78016	78604	79380	80090	81130	81925	0.98
	东帝汶	7870	7210	7360	7530	7750	7721	-0.38
南亚8国	印度	6634	7162	7740	8340	8960	9620	7.72
	巴基斯坦	5244	5530	5880	6070	6270	6480	4.32
	斯里兰卡	12690	13310	14010	14710	15560	16500	5.39
	孟加拉国	3580	3880	4230	4620	5020	5440	8.73
	阿富汗	1937	1980	2144	2321	2512	2720	2.23
	尼泊尔	2490	2740	2940	3170	3420	3703	8.26
	马尔代夫	14858	15820	16860	17530	18140	19069	5.12
	不丹	8380	9090	9650	10430	11340	12231	7.86
西亚北非18国	阿联酋	73097	73090	74710	76620	79650	82230	2.38
	科威特	69190	65470	65340	66220	66970	67670	-0.44
	土耳其	26191	28210	29250	28960	30400	31670	3.87
	卡塔尔	127646	128648	130220	135990	140470	144400	2.50
	阿曼	42995	42032	43570	44640	45510	46360	1.52
	黎巴嫩	14196	14518	14890	15360	15870	16460	3.00
	沙特阿拉伯	55277	54680	55703	56390	57060	57770	0.89
	巴林	47298	47450	49340	49960	50200	50830	1.45
	以色列	37522	38887	40390	41840	43130	44910	3.66
	也门	2440	2240	2180	2060	2050	2070	-3.24
	埃及	11722	11895	12560	13220	13880	14610	4.50
	伊朗	19971	20885	20180	19060	18940	19250	-0.73
	约旦	8870	8910	9030	9170	9350	9550	1.49
	叙利亚	3250	3290	3520	3800	4180	4460	6.53
	伊拉克	17460	16937	16690	16970	17020	17000	-0.53
	阿塞拜疆	17336	17546	18030	18560	19150	19800	2.69

续表

地区	国家	2016 年	2017 年	2018 年	2019 年	2020 年	2021 年	平均增长率（%）
西亚北非18 国	格鲁吉亚	9490	10172	10910	11650	12400	13210	6.84
	亚美尼亚	8847	9649	10320	11050	11740	12440	7.05
中亚5 国	哈萨克斯坦	24386	25572	27015	28330	29510	30710	4.72
	乌兹别克斯坦	6730	7080	7510	7950	8420	8920	5.80
	土库曼斯坦	11380	11570	11900	12270	12740	13104	2.86
	塔吉克斯坦	2660	2720	2810	2900	3010	3105	3.14
	吉尔吉斯斯坦	3645	3827	3960	4140	4370	4573	4.64
中东欧19 国	俄罗斯	23980	25715	26896	27760	28780	29770	4.42
	波兰	27464	29714	31965	33920	35710	37560	6.46
	阿尔巴尼亚	11672	12694	13450	14150	14920	15720	6.14
	爱沙尼亚	30564	32582	34400	36210	37960	39550	5.29
	立陶宛	29885	32540	34617	36630	38640	40800	6.42
	斯洛文尼亚	32414	34526	36780	38660	40460	42350	5.49
	保加利亚	19490	20921	22260	23520	24780	26130	6.04
	捷克	35067	37983	39948	41800	43590	45440	5.32
	匈牙利	26985	28944	31190	33260	34800	36220	6.06
	北马其顿	14546	14844	15515	16270	16888	17530	3.80
	塞尔维亚	15615	16433	17600	18570	19610	20680	5.78
	罗马尼亚	23776	26471	28221	29900	31680	33510	7.10
	斯洛伐克	30820	32321	34310	36320	38150	39970	5.34
	克罗地亚	24291	25621	27058	28460	29910	31360	5.24
	拉脱维亚	18613	20115	21650	22750	24100	25430	6.44
	波黑	12503	13207	13930	14630	15360	16110	5.20
	乌克兰	8317	8720	9220	9670	10200	10700	5.17
	白俄罗斯	18103	18910	19990	20760	21650	—	4.57
	摩尔多瓦	5351	5689	6030	6360	6700	7060	5.70

注：2017 年以前为真实值，2017 年以后为预测值；黑山共和国、巴勒斯坦数据缺失，因此未列入表中；数据按照购买力平价（GDP at PPP）计算。

资料来源：BVD EIU Countrydata。

本章小结

　　"一带一路"沿线区域覆盖的区域涉及国家众多，所处发展阶段各异，"一带一路"沿线的部分亚非国家及新兴国家处于缺乏生产资本积累、技术基础较弱的发展阶段，对电力的跨国投资和贸易合作需求强烈。总的来说，目前"一带一路"沿线国家电力供需格局存在以下特点：

　　（1）从国家整体发展水平看，"一带一路"沿线国家的社会发展水平略高于世界平均水平，但仍未达到发达国家水平，区域内部国家与地区之间差异较大，如中东欧、西亚和东南亚的部分国家社会发展水平较高，而南亚、中亚和东南亚的大部分地区则属于社会发展水平较低的国家。世界银行 WDI 数据显示，"一带一路"沿线国家的经济发展水平处于世界中等水平，GDP 数据显示南亚区域整体 GDP 水平较高，中亚相对较低。从量级上看，以 2017 年中国（10.1 万亿美元）、印度（2.7 万亿美元）和俄罗斯（1.7 万亿美元）这三个国家为首，总共有 5 个国家达到了万亿美元量级，21 个国家国内生产总值量级处于千亿美元水平，30 个国家处于百亿美元水平。"一带一路"沿线国家的人均 GDP 较高，处于世界中高水平。值得注意的是，"一带一路"沿线国家中 GDP 总量较高的几个国家人均 GDP 表现并不突出，如中国（7329 美元）、印度（1987 美元），人均 GDP 较高的几个国家分别是卡塔尔（65694 美元）、新加坡（55236 美元）和阿联酋（41197 美元），大部分人均 GDP 较高的国家集中在西亚地区，人均 GDP 较低的几个国家分别是阿富汗（584 美元）、也门（693 美元）和尼泊尔（732 美元），集中在南亚和中亚地区。"一带一路"沿线国家的人口总量规模较大，占世界总量的 60%。其中中国、印度和印度尼西亚是人口总量最大的三个国家，人口数量分别是 13.8 亿人、13.2 亿人和 2.6 亿人，加起来占"一带一路"沿线国家总体人口规模的 64%。"一带一路"沿线区域同时也覆盖了世界范围内人口密度最高的几大区域，其中东南亚和南亚人口密度较高，包括新加坡（7909 人/平方公里）、马尔代夫（1426 人/平方公里）等高人口密度国家。"一带一路"沿线国家整体城市化水平接近世界平均水平，但区域内各国差异较大。城市化程度高的国家如新加坡和卡塔尔，其城市化率在98%以上，城市化程度较低的国家如斯里兰卡和尼泊尔，其城市化率在20%以下。

（2）从电力供给层面看，"一带一路"区域供电水平分布不均匀。亚太地区发电量的年增长处于世界领先水平，部分国家发电能力较强，年发电量达到了较高水平，如东欧的波兰、俄罗斯、土耳其和乌克兰，西亚的伊朗、沙特阿拉伯和阿联酋以及亚太地区的印度、印度尼西亚、泰国、越南和巴基斯坦的年发电量均超过了100太瓦时，其中印度的年发电量高达1400.8太瓦时，俄罗斯的年发电量高达1087.1太瓦时。东南亚国家的装机容量较高，而南亚、中亚及中东欧大部分国家的装机容量较低。俄罗斯、印度、土耳其具有较高的装机容量，分别为23366万千瓦/年、27172万千瓦/年、6949万千瓦/年。印度、新加坡等装机容量基础较大的国家近年增长率较为可观。从电力生产结构的角度看，大部分"一带一路"国家依赖于化石燃料发电，如沙特阿拉伯、也门、土库曼斯坦等国家完全采用化石能源发电。部分水资源较为丰富的地区如东南亚、中亚和一部分独联体国家以水力发电为主。乌克兰、捷克和斯洛伐克等国家发电结构里核电达到了一定比例（30%）。从能源储备情况来看，"一带一路"沿线国家电力生产能源蕴藏储备存在分布不均衡的特点，如化石能源中的煤炭能源主要集中在亚太地区和欧亚大陆；天然气能源主要集中在中东地区，清洁能源中的水资源主要集中在亚洲长江、雅鲁藏布江、恒河等流域；太阳能则集中在亚洲靠赤道地区和非洲地区；核能的分布更为集中，目前发现并采集天然铀的"一带一路"沿线国家仅有哈萨克斯坦、俄罗斯和中国。

（3）从电力需求层面看，大部分"一带一路"沿线国家未达到世界平均电力消费水平，有较高的电力需求增长潜力。尽管"一带一路"沿线国家中有几个电力消费总量规模较大的国家，如中国、印度、俄罗斯、沙特阿拉伯等，但是区域内南亚、东南亚及独联体的大部分国家都未能达到全球平均的电力消费水平，甚至远低于发达国家的平均电力消费水平。西亚18国、中东欧16国的人均电力消费水平相对较高，其中西亚国家的人均电力消费水平与欧盟各国持平，中东欧国家达到了全球平均水平（3125千瓦时/年）。然而，"一带一路"沿线国家平均人均电力消费水平仅达全球平均人均电力消费水平的一半，部分国家的人均电力消费水平极低。尤其是作为人口大国的印度，2014年的人均电力消费甚至不足1000千瓦时，但印度的电力供给能力在"一带一路"国家中却属于较高水平，因此，类似于印度这样的国家，其未来电力需求的增长空间非常可观。从未来经济增长的角度看，"一带一路"区域的经济增长高于世界平均水平，电力需求增长潜力较大。基于经济增长与能源消费、经济增长与电力消费之间存在普遍的因果关系，年均经济增长率一定程度上可以用来分析电力需求潜力。"一带一路"国家中未来经济增长比较快速的国家有印度、中国、缅甸、不丹等，以东南亚、南亚国家为主。

（4）"一带一路"沿线国家电力供给与需求存在错配，电力贸易将是可行的解决方式。"一带一路"沿线区域的电力供给和需求之间未能达到平衡，目前仍存在相当数量的国家有较大的电力缺口，南亚、西亚以及东南亚的部分区域，电力匮乏国家的电能供给很难满足国内生产和居民生活的需要，此外，还有部分国家本身电力消费水平落后，生产生活电能消耗水平远低于世界平均水平。为了解决目前电力供需错配现象，电力贸易将成为实现电力供需相对均衡的最有效方式，理由有三：一是远距离大范围输电技术——特高压技术已经非常成熟，尽管特高压输电技术并不是中国首创，但率先大规模应用这种技术、开发全球行业标准的是中国的企业。目前特高压技术不仅在中国国内实现了高电压等级、大输送容量、远距离输送的特高压输电工程（昌吉—古泉±1100千伏特高压直流输电工程），更走向了世界（巴西美丽山水电±800千伏特高压直流输电一期项目）。二是电力贸易已经在部分区域市场实现（如北欧市场），并被证明是可行的。目前欧洲电力贸易规模最大，并形成了由欧洲大陆电网、北欧电网、波罗的海电网、英国电网和爱尔兰电网组成的跨国同步互联电网。此外，较为成熟的跨境电力贸易网络还有由美国东部电网、西部电网、得克萨斯电网和加拿大魁北克电网四个同步电网组成的北美联合电网。三是"一带一路"倡议将为推动电力贸易带来前所未有的优势，同时电力贸易也会反哺"一带一路"沿线经济网络。"一带一路"能源合作不仅有利于电力基础设施项目投资建设，更是为建立标准化的统一市场打下良好的基础。作为"一带一路"倡议的主要发起国家，中国目前的电力生产能源储量、电力领域技术水平以及对外投资能力都满足主导建设"一带一路"跨境电力贸易网络的条件。推动"一带一路"沿线区域跨境电力贸易发展，不仅可以有效地拉动中国内需，还可以通过满足"一带一路"沿线国家进一步发展经济的电力需求来反哺中国经济发展，为区域经济增长开辟了新的空间。

第二章 "一带一路"沿线国家电力贸易的网络结构分析[*]

上一章梳理了"一带一路"沿线国家的电力供需格局,本章将通过两个角度分析该区域现有跨境电力贸易的网络结构及主要特征:一是利用"一带一路"沿线国家的历史跨境电力贸易数据,从贸易网络演化过程的角度分析"一带一路"跨境电力贸易的网络结构;二是从空间网络结构的角度分析"一带一路"电力贸易网络的主要特征,并对区域内电力贸易子网络进行分类研究,以探究电力贸易的局部特征和电力贸易子网络的形成原因。

本部分首先描述了"一带一路"沿线国家电力贸易的规模及流量,如图2-1

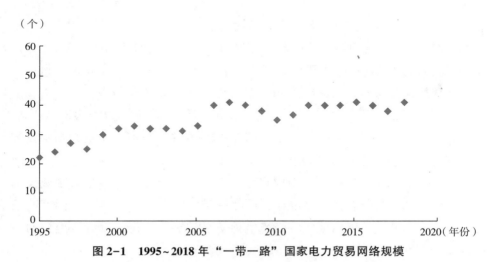

（个）

图2-1 1995~2018年"一带一路"国家电力贸易网络规模

资料来源:联合国商品贸易统计数据库。

---

* 本章部分内容系作者 2019 年为期刊撰写的论文,本章内容和标题较发表原稿有调整。

所示描述的是参与"一带一路"电力贸易的国家数量,每个参与贸易的国家都是一个节点,节点与节点之间通过电力贸易相连,构成电力贸易网络的边。

由图2-1可知,1995~2018年,"一带一路"沿线国家间的电力贸易发展迅速,越来越多的国家和地区参与到"一带一路"沿线的电力贸易网络中来,电力贸易规模逐年增大,由1995年22个节点发展为2018年的41个节点,涵盖了"一带一路"接近80%的国家。

图2-2描绘了"一带一路"国家1995~2018年电力贸易现金流和实物流的变化趋势。在贸易现金流方面,贸易额从1995年的32184.88万美元增长至2018年的483617.68万美元,增长了将近15倍。在贸易实物流方面,贸易额从1995年的4.64太瓦时(TWh)增长至2018年的92.54太瓦时(TWh),"一带一路"国家间的电力贸易不论是从现金流还是实物流的角度来说,增长的势头均很迅猛。虽然增长趋势在2010年达到顶峰后出现下滑,但参与贸易的国家在逐渐增多,区域内的电力贸易网络愈发复杂,交易也更为灵活和活跃。

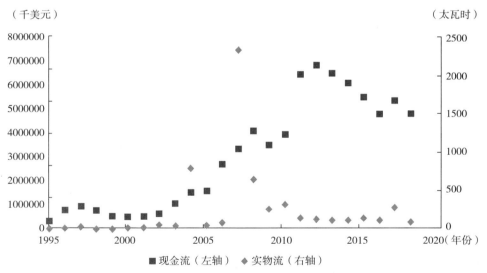

图2-2 1995~2018年"一带一路"国家电力贸易现金流与实物流变化趋势

资料来源:联合国商品贸易统计数据库。

由表2-1可以看出,最大点入度和最大点出度在2010年即达到峰值11和2000年、2018年的10,说明单一国家对应的电力出口国家和电力进口国家分别不超过 11 和 10 个。2015 年和 2018 年的最大点度数都来自东欧的捷克。捷克的电力能源供给需要大量从塞尔维亚、斯洛伐克等国家进口，同时也将一部分电能输送到波兰和马其顿等国家。2015 年和 2018 年的最大点强度分别来自匈牙利和捷克，并且最大点强度在 2018 年相比 2015 年前的水平上升了不少，大额电力贸易的水平降低了一国对他国电力能源的依赖性，"一带一路"范围内的电力贸易正在变得更加分散。

表 2-1 1995~2018 年"一带一路"国家电力贸易有向加权网络特征数据

指标	1995 年	2000 年	2005 年	2010 年	2015 年	2018 年
节点数	22	32	33	35	41	41
边数	22	66	79	105	119	118
平均电力实物流（MWh）	210726	283752	753494	2946399	1113310	784254
最大点入度	2	4	8	11	10	9
最大点出度	3	10	9	9	9	10
最大点度数	4	10	12	11	11	11
最大点强度	167450768	89630160	268074118	561850061	713969358	824845850

资料来源：联合国商品贸易统计数据库。

通过 1995~2018 年的电力贸易网络图说明区域内跨境电力贸易的发展演化过程。图 2-3~图 2-8 是"一带一路"沿线国家 1995~2018 年相互电力贸易的数据，是利用可视化分析软件 Netdraw 绘制的，图中箭头所指方向为电力出口方向。

最早的"一带一路"沿线国家电力贸易并没有很强的聚集性，主要参与国家也仅是与相邻的国家间有电力贸易。从图 2-3 可以看出，1995 年"一带一路"范围内还没有成形的电力贸易网络，结构比较单一，主要集中在独联体国家间，东欧的波兰、匈牙利、斯洛伐克和捷克之间也有相互间的电力交易，其他国家和地区的电力贸易则缺乏典型的网络特征。

2000 年，经过五年的发展，"一带一路"国家间的电力贸易开始频繁起来。单一国家的电力供需难以达到平衡，越来越多的国家寻求通过跨区域的电

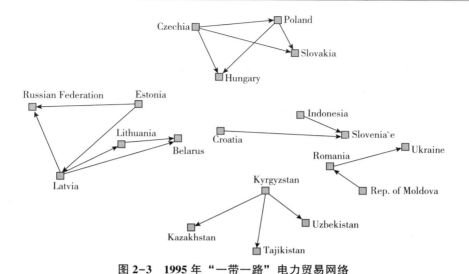

图 2-3 1995 年"一带一路"电力贸易网络

资料来源：联合国商品贸易统计数据库。

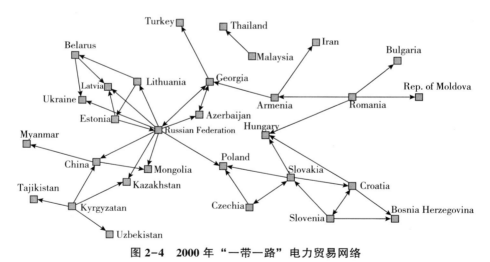

图 2-4 2000 年"一带一路"电力贸易网络

资料来源：联合国商品贸易统计数据库。

力传输来实现电能的错峰调配和使用，以优化资源配置。从图 2-4 可以看出，中东欧和独联体国家之间的电力贸易往来开始活跃起来，其中俄罗斯在贸易网络中扮演着非常重要的角色。俄罗斯是电力生产大国，2016 年的总发电量居世界第四位，仅次于中国、美国和印度。并且，俄罗斯相当一部分电能都会输往邻近的东欧和独联体国家。中国很早就开始与俄罗斯开展电力贸易往来，第一轮贸易协商开始于 1988 年，1992 年在区域范围内达成了电价一致协定。从图中不难看出，这一时期的"一带一路"电力贸易网络集中在东欧和东北亚地区。俄罗斯、捷克、斯洛伐克、波兰、匈牙利以及拉脱维亚是贸易网络中几个比较重要的节点，起到串联相关区域内电力贸易往来的作用。

2005 年的"一带一路"电力贸易网络图在 2000 年的基础上有了新的特征。从图 2-5 可以看出，一方面，参与东欧和东北亚地区电力贸易的国家逐渐增多；另一方面，西亚和东南亚国家之间也渐渐有了小范围的电力贸易往来。其中，沙特阿拉伯是能源大国，发电量居世界前列，是西亚地区的主要电力输出国。东南亚地区，泰国、马来西亚以及印度等国家之间的电力贸易也开始逐渐活跃起来。

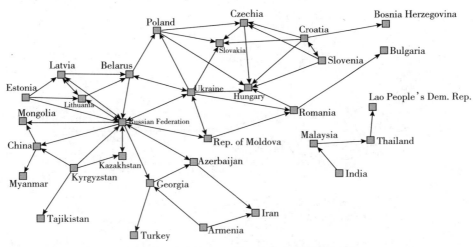

图 2-5 2005 年"一带一路"电力贸易网络

资料来源：联合国商品贸易统计数据库。

从电力贸易实物流和现金流的角度来说，2010 年的贸易量是近 20 年电力贸易的峰值。从图 2-6 可以看出，这一时期的电力贸易已经进一步演变为一个非常错综复杂的网络，并形成了东欧国家、独联体国家、西亚地区以及东南亚地区四大区域性的电力贸易网络。其中希腊连接了东欧和西亚地区，乌克兰和俄罗斯则与东欧和东南亚国家之间都有着密切的电力贸易往来。

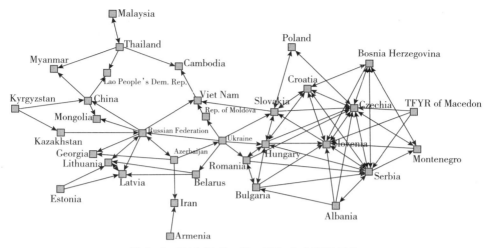

图 2-6　2010 年 "一带一路" 电力贸易网络

资料来源：联合国商品贸易统计数据库。

图 2-7 是 2015 年 "一带一路" 国家之间的电力贸易网络快照。虽然在贸易量上 2015 年相较于 2010 年有小幅度下滑，但参与贸易的国家数量从 2010 年的 46 个增长到了 55 个。在进出口往来的关系数量上，从 2010 年的 129 对增长到了 2015 年的 152 对。这一时期的电力贸易网络呈现出更多的群聚性，

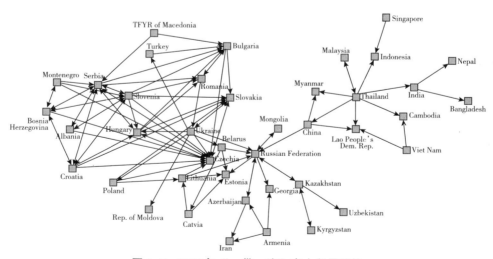

图 2-7　2015 年 "一带一路" 电力贸易网络

资料来源：联合国商品贸易统计数据库。

东欧、独联体、东南亚以及西亚四大区域内部的电力贸易网络要明显多于跨区域的电力交易。

图 2-8 是 2018 年"一带一路"国家之间的电力贸易网络快照。虽然从贸易总量上出现小幅度下滑，但参与贸易的国家数量仍保持为 41 个。电力贸易网络继续保持群聚性特征，俄罗斯和东欧的斯洛文尼亚、塞尔维亚、保加利亚和斯洛伐克等国家间的电力贸易较为活跃。

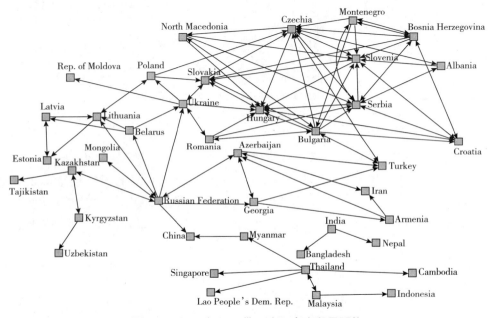

图 2-8　2018 年"一带一路"电力贸易网络

资料来源：联合国商品贸易统计数据库。

总的来说，"一带一路"范围内国家之间的电力贸易在过去的近 30 年有着飞速的发展，并渐渐演化成区域性的电力贸易网络。通过对比"一带一路"沿线国家跨境电力贸易的不同阶段，可以总结出此类跨境电力贸易发展的一般规律：第一，由快速的经济增长触发跨境电力贸易的产生。发展中国家快速发展的经济刺激了电力需求急速上升，而本国的电力工业又较为落后，进而引进跨区域的电力贸易手段达到在短时间内解决电力短缺问题的目的。第二，电能使用过程中的错峰问题以及本国长距离电力传输的损耗问题，进一步促进跨境电力贸易发展。跨区域的电力贸易能够很好地解决上述两个问题，从而提高能源的利用效率。

第一节　电力贸易网络的主要特征及衡量指标

本节借鉴王悦等（2016）对全球电力贸易以及肖建忠等（2013）对天然气国际贸易网络的建模方法，从社会网络的角度，描绘了"一带一路"沿线国家间电力贸易的拓扑网络和权重网络。拓扑网络刻画的是国家 i 和国家 j 之间的连接关系（出口或进口），各个国家间的电力贸易可以由 n 个节点以及相互连接的 k 条边所组成的网络来表示，如果两国之间有电力贸易往来，则 $a_{ij}=1$，否则 $a_{ij}=0$。权重网络包含进口和出口的交易量，以交易量的大小来表示边的强度，更能够反映贸易主体在网络中的重要程度，本书构建了有向加权网络，对于加权矩阵，$Q^t_{(i,j)}$ 表示在 t 年由国家 i 向国家 j 出口的电力实物总额，权重为进出口电力贸易的实际交易量。

基于 1995～2018 年"一带一路"沿线国家相互电力贸易的数据，本节通过社会网络分析法中三个典型网络特征衡量指标（度分布、聚集系数和网络结构熵）对"一带一路"沿线国家跨境电力贸易网络的度分布、聚集性和异质性等特征进行分析（陆东篱，2018）。社会网络分析法是对社会网络的关系结构及其特征进行定量分析的一种研究方法。该方法通过对网络结构特征指标的计算，能够有效地从多角度、多层次考察电力贸易网络。

一、度分布

点度数是指在网络关系图中与某节点直接相连的节点数目之和，反映与该国进行电力贸易的国家数目。在定向加权网络中，根据第 i 国出口（进口）到其他国家的数量，点度数对应点出度（点入度）。点出度测量的是贸易节点与其他国家之间的进口关系，将邻接矩阵中同列值相加，即 $k_{out,i}=\sum_j a_{i,j}$。点入度测量贸易节点之间的出口关系，将邻接矩阵中同行值相加，即 $k_{in,i}=\sum_j a_{j,i}$。点强度是指在网络关系中节点与相邻节点的连接强度,反映该国与其他国家进行电力贸易的流量大小。

通过考查"一带一路"区域内各个节点之间的节点度数和节点强度分布,可以描绘出电力贸易网络中各个国家之间的非标度性特征。非标度性,即网络的连接度分布服从幂法则,网络被少数具有大量连接的核心节点支配。在非标度网络中,各节点之间的连接情况有严重的不均匀分布,少数节点拥有极多的连接,而大多数节点只有少量连接。如图2-9和图2-10所示,"一带一路"国家在2005年、2010年、2015年及2018年的点度数和点强度分布。在"一带一路"电力贸易网络中,少数国家贡献了较多的电力贸易额。虽然东欧及独联体的一些国家在电力贸易网络中处于中心位置,但"一带一路"国家之间的电力贸易往来仍是普遍存在的,不存在大多数国家仅通过少数国家完成电力贸易的情况,从这个角度来说,电力贸易网络不是严格意义上的非标度网络。

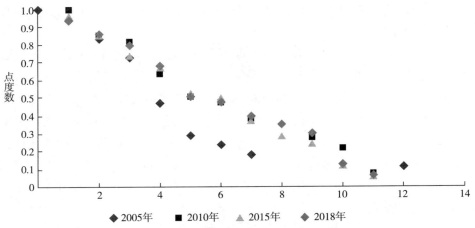

图 2-9 2005~2018 年"一带一路"国家电力贸易节点度数概率分布

资料来源:联合国商品贸易统计数据库。

从贸易网络演化的角度来看,节点度数分布有随着时间的推移向右侧移动的趋势,说明"一带一路"电力贸易网络中参与交易的主体在不断增加,区域内的国家倾向于与更多的国家进行电力贸易往来。表2-2给出了2005~2018年"一带一路"国家的平均节点度数,2015年比2005年增加了0.9个节点。与此

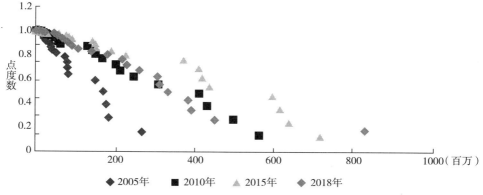

图 2-10 2005~2018 年"一带一路"国家电力贸易节点强度分布
资料来源：联合国商品贸易统计数据库。

同时，节点强度分布有更为明显的位移，这说明在过去的十年，区域内的电力贸易规模有着较大幅度的增长。2005 年的平均节点强度仅为 48730255MW·h，2018 年这一数据上升到 117955531MW·h，增长的很大一部分来源于东南亚及南亚的发展中国家，如匈牙利、俄罗斯、捷克、波兰、泰国和中国等。随着这些人口大国的经济不断增长，工业化和城市化发展带来用电量的激增，该区域内的电力贸易会有更活跃的表现。

表 2-2 2005~2018 年"一带一路"国家电力贸易节点度数与节点强度相关系数

指标	2005 年	2010 年	2015 年	2018 年
平均节点度数	3.15	4.35	4.05	4
平均节点强度（MW·h）	48730255	112636995	134595874	117955531
相关系数	0.4556	0.6422	0.6552	0.4258

资料来源：联合国商品贸易统计数据库。

对比图 2-9 和图 2-10，可以发现节点度数分布和节点强度分布有一定的相似性。节点度数和节点强度的相关系数印证了两者之间的对应关系。2010 年和 2015 年的相关系数均超过了 0.6，分别为 0.6422 和 0.6552，说明拥有同等节点数量的国家趋于拥有同等强度的国家间电力贸易。

图 2-11~图 2-14 给出了 2005 年、2010 年、2015 年和 2018 年"一带一

路"国家间电力贸易节点度数与节点强度的散点关系，二者之间并非是线性关系。事实上，只有少数国家同时拥有较强的节点度数和节点强度，比如俄罗斯、塞尔维亚等，这些国家对"一带一路"国家间电力贸易影响更为显著，并在网络中占据中心位置。因此，尽管"一带一路"电力贸易网络不是典型的非标度网络，但仍具备一定的非标度性特征，少数国家在电力贸易中承担更重要的角色，在系统中作为贸易核心存在。

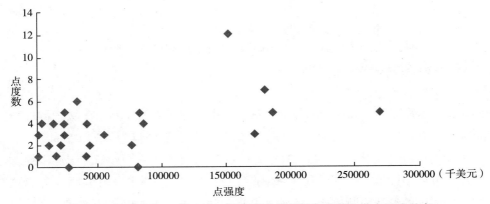

图2-11 2005年"一带一路"国家电力贸易节点度数与节点强度散点

资料来源：联合国商品贸易统计数据库。

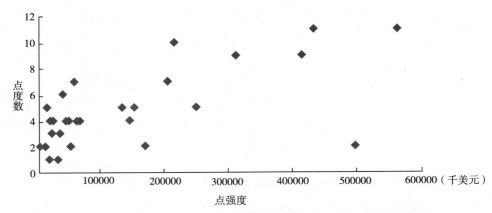

图2-12 2010年"一带一路"国家电力贸易节点度数与节点强度散点

资料来源：联合国商品贸易统计数据库。

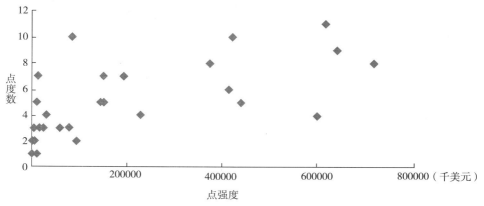

图 2-13 2015 年"一带一路"国家电力贸易节点度数与节点强度散点

资料来源：联合国商品贸易统计数据库。

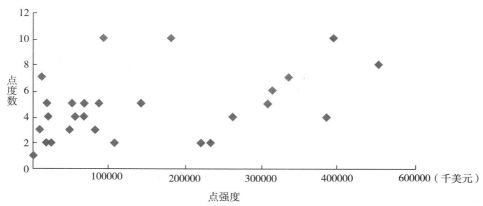

图 2-14 2018 年"一带一路"国家电力贸易节点度数与节点强度散点

资料来源：联合国商品贸易统计数据库。

由表 2-3 可知，节点强度分布显示出区域内的贸易量有更为明显的增长，参与交易的主体不断增加贸易往来，增长的很大一部分原因来源于东南亚及南亚的发展中国家，如泰国、菲律宾、柬埔寨、马来西亚、印度等。这些国家人口密集，经济增长具有相当的潜力，电力需求近年来呈现快速的增长，可以推断该区域内的电力贸易将会有较大的增长空间。

表2-3 "一带一路"沿线电力贸易节点强度排名前十的国家

单位：万美元

2000年 国家	节点强度	2005年 国家	节点强度	2010年 国家	节点强度	2015年 国家	节点强度	2018年 国家	节点强度
乌克兰	8963.02	捷克	26807.41	捷克	56185.01	匈牙利	71396.94	捷克	82484.59
吉尔吉斯斯坦	7978.27	波兰	18442.48	波兰	49662.15	俄罗斯	63632.37	俄罗斯	44976.24
波兰	6659.60	乌克兰	17821.15	斯洛文尼亚	43085.67	捷克	61340.07	保加利亚	39105.54
俄罗斯	6373.99	斯洛文尼亚	16976.22	匈牙利	41108.60	波兰	59456.33	波兰	38166.24
斯洛伐克	4246.12	俄罗斯	14958.27	俄罗斯	30772.81	罗马尼亚	43714.30	乌克兰	33194.21
立陶宛	2507.95	立陶宛	8268.75	波黑	24626.20	斯洛文尼亚	41878.04	波黑	31142.65
罗马尼亚	2343.50	克罗地亚	7979.34	塞尔维亚	21132.26	克罗地亚	41035.18	克罗地亚	30541.05
土耳其	2038.48	不丹	7805.71	乌克兰	20033.67	保加利亚	37111.68	罗马尼亚	25945.01
阿塞拜疆	1934.22	马来西亚	7345.95	爱沙尼亚	16581.90	爱沙尼亚	22719.17	印度	22863.14
亚美尼亚	1902.77	爱沙尼亚	5178.08	保加利亚	14765.40	泰国	19088.98	爱沙尼亚	21767.36

资料来源：笔者统计计算。

二、聚集性

在现实网络图中，围绕一个节点的其他节点可能还存在相互的联系，特别是在特定网络中。密度相对高的节点总是倾向于建立紧密的组织关系以便在网络中聚集，形成簇群。对于拥有 l_i 条边的节点 N，其聚集系数的计算公式为：

$$Z_N = \frac{2x_i}{l_i(l_i-1)} \qquad (2-1)$$

聚集系数分析是研究簇族内各节点之间相互连接关系的一种量化工具。其中，x_i 是 N 的 l_i 个邻居边的数量，聚集系数在 0~1 取值，衡量簇群内容节点的相互连接程度。当某一节点的聚集系数数值越接近于 0，说明在该网络结构中该节点周围节点的聚集程度越低，当某一节点的聚集系数数值越接近于 1，说明在该网络结构中该节点周围节点的聚集程度越高。

表 2-4 是 1995 年、2000 年、2005 年、2010 年、2015 年和 2018 年 "一带一路" 国家的密度和平均聚集系数指标。可以看出，"一带一路" 电力贸易网络的平均聚集系数在 0.3 左右，并且平均聚集系数要远远大于密度，而在一个随机网络中，密度应该与聚集系数相等，这说明 "一带一路" 电力贸易网络中存在着群聚性，印证了前文分析电力贸易网络快照时的观点。正因为贸易网络中存在着群聚性，才会清晰地看到 "一带一路" 电力贸易网络中存在着四个联系更为紧密的小集团，包括东欧、独联体、西亚和东南亚四个子区域，这种贸易网络的群聚性正是由于电力能源分配不均匀、长距离输送成本高造成的。从电力贸易网络快照不难看出，"一带一路" 国家间的电力贸易更倾向于在地理位置相邻、文化较为相近的国家间展开，进而形成了相对聚集的一些贸易子网络。

表 2-4 "一带一路" 国家电力贸易网络密度及聚集系数指标

指标	1995 年	2000 年	2005 年	2010 年	2015 年	2018 年
密度	0.0476	0.0645	0.0616	0.0882	0.0707	0.0707
标准差	0.2130	0.2456	0.2403	0.2836	0.2564	0.2564
平均聚集系数	0.483	0.290	0.306	0.417	0.360	0.343

资料来源：联合国商品贸易统计数据库。

图 2-15 给出了 2018 年"一带一路"国家电力贸易点度数和聚集系数的散点图，二者之间大致呈正相关关系，即节点度数越高的国家其聚集系数也越高，说明拥有较多电力贸易对象的国家其周围国家之间的电力贸易往来也较为活跃。一方面，这与目前全球范围内对于能源安全的重视不谋而合，对单一国家的能源依赖会严重危害一国的国防和经济发展，因此与更多的贸易伙伴进行电力交换能够有效地规避这种风险。另一方面，电力能源有着难存储、损耗大等特点，与石油、天然气等化石能源不同，不适宜长距离传输，因此与毗邻的国家之间进行跨国电力交换甚至要比本国内部长距离电力输送要高效、经济。

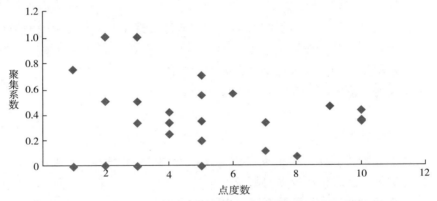

图 2-15 2018 年"一带一路"国家电力贸易点度数与聚集系数散点

资料来源：联合国商品贸易统计数据库。

总的来说，"一带一路"沿线国家间的电力贸易符合核心边缘的结构，大多数国家围绕核心国家建立电力贸易集团网络，同时区域内部不同国家之间贸易往来频繁。而作为核心国家的一些电力能源大国则起到了跨区域沟通的角色，比如俄罗斯、乌克兰等国家。因此，"一带一路"沿线国家间的电力贸易网络同时具备大范围内的分割和小范围内群聚的特征。电力贸易在地缘相邻和文化经济程度相近的国家间更容易展开。

三、异质性

现实中的大部分网络都具有非同质性，不同节点的连接点在网络中具有不同的重要性,将"一带一路"的电力贸易网络视作一个复杂网络,借鉴谭跃进(2004)对网络结构熵的计算方法衡量不同节点的网络异质性,假设一个网络结构中包含 n 个节点,第 i 个节点的节点度为 m_i,$k_i = m_i / \sum_i^n m_i$,称 k_i 为节点 i 的重要程度,定义 $E = -\sum_i^n k_i \ln k_i$。为了研究网络结构中网络结构熵 E 受节点数目 n 的影响,本书进一步增加了归一化处理,即 $E = (E - E_{min})/(E_{max} - E_{min})$。基于上述定义,有 $0 \leq E \leq 1$,E 越接近于 0,网络的异质性越大,当 E = 1 时,网络无异质性。

现实中的绝大多数网络都具有异质性,而网络结构熵是用于研究复杂网络异质性问题的一种研究方法。基于上文研究方法中给出的定义,有 $0 \leq E \leq 1$,E 越接近于 0,网络的异质性越大,当 E = 1 时,网络无异质性。

表 2-5 是联合国商品贸易数据库提供的数据测算的"一带一路"国家电力贸易网络的网络结构熵值,节点年份 1995 年、2000 年、2005 年、2010 年、2015 年和 2018 年的网络结构熵均在 0.171~0.195,说明网络的异质性较强,各国间的电力贸易关系差距较大。从历年的网络快照也能看出,沿线国家的电力贸易在空间上的联系更为紧密,东欧国家以及独联体国家之间的贸易往来更为密切,东南亚、西亚国家也在空间范围上与邻近的国家有更为频繁的电力贸易往来。与石油和天然气贸易不同,电力贸易受空间和地域的影响更大一些。对比三年的网络结构熵数据可以发现,熵值在十年间变化较为稳定,说明"一带一路"区域内的差异性电力贸易保持得较为稳定。对网络结构异质性的检验印证了第二部分的检验结果,"一带一路"沿线国家的电力贸易确实存在差异,电力网络中少数国家扮演着更重要的角色,因此围绕这些国家,区域内的电力贸易形成了若干电力贸易子网络,产生了聚集性,进而实现了小范围内的电力供需相对均衡。

表 2-5 "一带一路"国家电力贸易网络结构熵

指标	1995 年	2000 年	2005 年	2010 年	2015 年	2018 年
网络标准熵	0.171	0.181	0.177	0.189	0.195	0.183

资料来源:联合国商品贸易统计数据库。

第二节　区域电力贸易子网络

通过对"一带一路"电力贸易的主要特征进行分析，结果表明，在"一带一路"沿线国家中，少数电力生产大国和电力能源短缺但贸易活跃的国家成为了网络中的中心节点，并围绕这些国家形成了局部的贸易网络，使电力贸易呈现非标度性、聚集性和异质性的特征。基于对"一带一路"电力贸易供需整体空间特征的理解，本书试图进一步研究区域内的贸易子网络，探究不同的贸易子网络的特征、子网络的电力贸易进一步发展的可能性。下文将以电力贸易子网络为研究对象，探究"一带一路"范围内跨境电力贸易的局部特征。总的来说，有以下两个特点：

第一，"一带一路"电力贸易网络已经形成一个整体，随着参与电力贸易的沿线国家逐渐增多，孤立的、分散的节点在不断减少。从图2—16对比2005年和2018年的网络快照不难发现，区域内部的贸易联系增长很快，从2005年的41条贸易通道增加到2018年的79条贸易连线。与此同时，东欧与亚太以及东欧与西亚国家之间的电力贸易往来也在快速增长，主要的贸易桥梁是俄罗斯、乌克兰、土耳其等国家，这些国家在电力贸易方面极其活跃。

第二，"一带一路"电力贸易网络聚集性开始增强，在网络内部，日益分化出四个较为突出的局部贸易网络，包括东欧及独联体贸易区、东南亚贸易区、西亚贸易区和以中国为核心的贸易区，由于南亚和中亚地区以发展中国家居多，且没有传统的能源大国，电力基础设施也并不发达，目前还未出现较为成形的电力贸易局域网，这些区域的大部分国家更多是依赖与其他地区国家之间进行电力贸易来满足本国发展的需求。

为了更清晰地展示区域性电力贸易的供需情况，下文将对几大电力贸易区进行逐个剖析。

一、东欧地区和独联体国家

东欧地区和独联体国家是"一带一路"沿线最早展开电力贸易的国家和

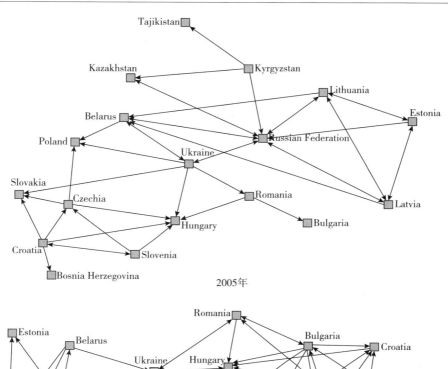

图 2-16 独联体及中欧国家 2005 年与 2018 年电力贸易网络

资料来源:世界银行 WDI 数据库。

地区。由于区域内的国家众多,分布较为密集,同时不同国家之间资源禀赋差
异较大,因此存在较大的电力贸易需求。东欧地区电力贸易网络的核心国家有
捷克、斯洛文尼亚、斯洛伐克、塞尔维亚、罗马尼亚、匈牙利、爱沙尼亚等国

家。其中波兰、捷克、罗马尼亚、匈牙利以及爱沙尼亚是重要的电力能源输出国。英国石油公司（BP）的世界能源统计报告显示，前四个国家在2018年的发电量分别为170.1太瓦时、88太瓦时、65.2太瓦时以及32太瓦时，在欧洲范围内属于发电量较大的国家。乌克兰也是较大的电力能源国家，其发电量在全欧洲排在前十位，2018年的发电量为159.4太瓦时，但由于其自身的电力贸易供需较为平衡，因此并没有与区域内的其他国家展开广泛的电力贸易。从图2-16中2018年的电力贸易网络可以看出，乌克兰与匈牙利、罗马尼亚与斯洛伐克、俄罗斯和白俄罗斯有电力贸易往来。在进口方面，塞尔维亚、捷克、斯洛伐克以及克罗地亚是几个较大的电力能源进口国，2018年的电力进口量分别为1518559 MW·h、12285919 MW·h、16664994 MW·h、12598997 MW·h。塞尔维亚是"一带一路"沿线电力贸易最活跃的国家，其2018年的点度数为10，电力能源出口到周边的6个国家，与4个国家都有电力能源进口。捷克、斯洛伐克和克罗地亚的贸易伙伴相对集中，主要的电力进口来源于乌克兰和斯洛文尼亚。

独联体国家方面，俄罗斯和白俄罗斯是区域电力能源贸易的核心国家。2018年俄罗斯的年发电量为1110.8太瓦时，在世界范围内仅次于中国、美国、印度尼西亚和印度。作为重要的电力能源进口国，白俄罗斯的年发电量为38.8太瓦时，但由于用电量较大，仍需要从其他国家大量进口电力能源。同时，白俄罗斯也是独联体国家中能源结构最不合理的国家，其化石能源发电占比超过99%。从贸易网络结构的特征方面来看，俄罗斯和乌克兰在东欧和东北亚地区的电力贸易网络中扮演着重要的角色。俄罗斯作为电力能源大国，每年仅从立陶宛、哈萨克斯坦和乌克兰等周边国家进口少量的电能，但参与到"一带一路"电力贸易的电力能源输出总额在2018年达到了9734387 MW·h。在贸易格局方面，俄罗斯也是点出度较高的国家，其电力输往的国家有8个，覆盖了东欧、东北亚和中亚地区，主要贸易对象包括立陶宛、乌克兰、中国、白俄罗斯和哈萨克斯坦等国家。乌克兰与东欧国家的贸易往来则更加紧密，其电力能源的出口多是输往波兰、匈牙利和斯洛伐克等国家。在电力能源进口方面，乌克兰主要从俄罗斯进口部分电能，来满足区域性的电能短缺需求。

此外，中亚国家之中电力能源交易较为活跃的是哈萨克斯坦，哈萨克斯坦每年会从俄罗斯进口部分电力能源，并对吉尔吉斯斯坦和乌兹别克斯坦出口。总体来说，中亚5国的发电量都很可观，哈萨克斯坦和乌兹别克斯坦2018年的总发电量分别达到了 107.1 太瓦时和 62.4 太瓦时。由于自身的电力能源供给较为充足，因此中亚国家之间的电力贸易规模并不是很大，交易也没有东欧和独联体国家活跃。

总的来说，东欧和独联体国家的电力贸易在"一带一路"沿线是最为活跃的。东欧国家以捷克、斯洛文尼亚、斯洛伐克、塞尔维亚、罗马尼亚、匈牙利、爱沙尼亚等国家为中心建立了区域性的电力贸易网络，同时独联体国家也围绕俄罗斯和乌克兰开展自身的电力贸易。中亚国家更多的是参与到独联体国家范围内的电力贸易。这几个子区域电力贸易网络则是通过俄罗斯和乌克兰这样的能源大国来建立彼此之间的联系。这两个区域内的电力贸易之所以活跃是因为区域范围内国家众多且都具备较高的社会发展水平。由于资源禀赋的不同，不同国家的电力能源供给存在较大差异，因此，为了满足国内电力能源的供给，很多国家参与到了小范围的电力贸易网络中来，通过电力能源互换来满足生产性和消费性的电力消费。同时，较高的社会经济发展水平为区域内的国家提供了完善的电力基础设施建设，这就为实现区域内的电网互联、发展活跃的电力贸易提供了可能。从结果来看，活跃的电力贸易提高了东欧和独联体国家的人均电力消费能力。相较于其他"一带一路"国家和地区，这些区域的国家在同期实现了更高的电力供需均衡。

二、东南亚地区

东南亚电力局域网络发展速度相对较慢。从图 2-17 可以看出，在 2005 年的时候还未成形，只有 5 个国家参与区域性的电力贸易，其中印度和马来西亚最为活跃。随着东南亚国家的经济不断发展以及电力需求的不断增长，越来越多的国家开始开展跨国电力交易。截至 2018 年，包括中国在内已经有超过 8 个东南亚国家参与到"一带一路"电力贸易中来。在东南亚电力贸易网络中，泰国和印度是主要的电力能源输出国。泰国的电能向周边的 5 个国家出口，老挝、缅甸和柬埔寨每年都从泰国购买大量电能。印度的电网主要连接的是孟加拉国和尼泊尔等相邻的东南亚国家。在能源进口方面，由于国民经济还较为落后，同时本国并没有发展起来较为成熟的电力工业，老挝、柬埔寨、尼泊尔和孟加拉等国是电力能源的纯输入国，电力能源只有单项地从泰国、印度、中国等国家进口。然而老挝、缅甸、柬埔寨等都地处湄公河流域，有丰富的水资源，具备水力发电的潜能。目前，中国和次区域国家（即湄公河流域）已经在展开合作，开展区域性的电力互联。一方面，中国将从云南等地通过特高压输电向次区域国家出口电力能源。另一方面，中国也通过对外投资的方式，在次区域国家兴建电厂，推动老挝、缅甸、柬埔寨等国家发展自身的电力工业。随着这些国家的发电设施和电网建设逐渐成形，当地的水资源将会得到更充分的利用，并且会促进东南亚区域内的电力贸易进一步发展。2019年英国石油公司（BP）能源报告的数据显示，目前世界范围内的发电量增长主要来自亚太地区，其中菲律宾、孟加拉国、越南增长迅速，2018年同比增长分别为5.7%、6.3%和10.6%。从目前来看，东南亚国家的节点度仍较低，尼泊尔、孟加拉国、新加坡、马来西亚和菲律宾等国家还只存在单边的电力贸易。

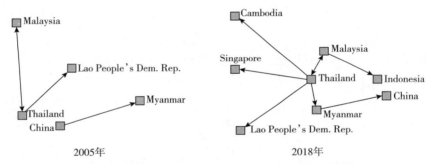

图2-17　东南亚国家2005年与2018年电力贸易网络

资料来源：世界银行WDI数据库。

通过比较东南亚和东欧区域的电力贸易发展不难看出，东南亚的电力贸易网络还未能形成辐射范围大、贸易活跃的区域电力贸易。一方面，由于社会发展水平的限制，东南亚诸国的电力基础设施仍十分落后，很多国家没有能力通过电网互联来满足本国电力能源需求的缺口。另一方面，东南亚地区目前的整体电力能源的供给和需求都处于快速增长的阶段，电力能源供给仍有很多潜在的开发空间，在电力需求方面，随着区域内诸多发展中国家经济的快速发展和电力需求的日益增长，供需缺口才会逐渐显现出来。东南亚地区未来电力贸易的活跃程度将很大程度上取决于区域内电力基础设施建设以及电力供需不同步增长所造成的缺口情况。

三、西亚地区

西亚国家之间也有部分电力贸易往来。图 2-18 左边是西亚国家的电力贸易网络图，从图中可以看出，西亚区域是"一带一路"沿线电力贸易网络建设发展速度较慢的区域。2018 年的网络快照显示也只有 5 个构架参与到电力贸易网络中来。从网络结构上来看，并没有形成较强的聚集性，约旦和沙特阿拉伯是两个分散的节点，分别与 2~3 个国家之间有电力贸易往来，而与其他国家之间没有展开电力贸易，因此聚集系数并不是很强。西亚的电力贸易水平较低，很大程度上是由于该区域的大部分国家都有充足的石油能源储备，化石能源发电基本能够保证本国的电力供给。从世界银行给出的电力生产结构来看，西亚国家的电力生产也是最依赖于化石能源的，化石能源发电占比均在 90% 以上。同时，西亚国家的人口基数远没有达到东南亚国家的水平，本国的化石能源发电足以满足自身的生产和消费需求，不存在较大的电力供需缺口，区域内的国家因此不具备很强的电力能源交换的需求。为数不多的区域内电力贸易更多是为了满足电力错峰使用造成的短暂性、间歇性的电力缺口。中国目前在"一带一路"电力贸易中的参与水平仍较低。图 2-18 的右图给出的是中国在 2018 年与"一带一路"沿线国家展开的电力贸易网络。从图中不难发现，2018 年中国仅与 2 个周边国家展开了电力贸易。其实，中国早在 1992 年就开始了电力贸易，从俄罗斯进口电力能源输往中国东北地区，以满足电力季节性短缺的需要。在电力供给方面，中国在 2011 年超越美国，成为世界上最大的电力生产国，具备很强的电力能源出口能力。在电力需求方面，中国的电力生产能够满足自身的生产和消费需要，不存在对其他国家的电力能源的依赖性。从图 2-18 中也可以看出，中国仅从俄罗斯进口部分电能，更多的是向东南亚国家出口本国电能，而电力贸易的对象以次区域国家为主。因此，中国对于东南亚、中亚等区域的电网互通互联具有很强的战略意义。目前，中国也在积极地开拓相关区域内的电网建设，中国企业在"一带一路"相关的 60 个国家新签对外承包工程合同金额为 926.4 亿美元，其中电力工程建设项目合同额超过了 250 亿美元，其中包括了发电设施和电网建设。电力基础设施建设将作为构建区域电力贸易网络的基础，中国在此基础上将能够在"一带一路"沿线电力贸易中扮演更重要的角色。

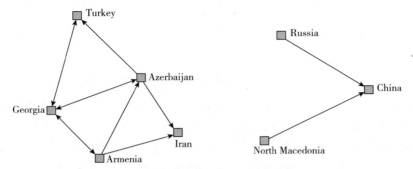

图 2-18 西亚国家及中国 2018 年电力贸易网络

资料来源：世界银行 WDI 数据库。

本章小结

（1）通过社会网络分析法对"一带一路"沿线国家间电力贸易网络的度分布、网络结构熵和聚集系数三个指标进行了实践检验，验证该网络的非标度性、聚集性和异质性等特征。

（2）尽管"一带一路"电力贸易网络不是典型的非标度网络，但仍具备一定的非标度性特征，少数国家在电力贸易中承担更重要的角色，在系统中作为贸易核心存在。

（3）"一带一路"沿线国家间的电力贸易符合核心边缘的结构，大多数国家围绕核心国家建立电力贸易集团网络，同时区域内部不同国家之间贸易往来频繁。而作为核心国家的一些电力能源大国则起到了跨区域沟通的角色。

（4）东欧地区较高的社会经济发展水平促进了更高的电力供需均衡和电力贸易，而东南亚和西亚分别由于基础设施不完善和石油储备充足导致电力贸易网络发展缓慢。中国电力生产基本满足自身需求，电力贸易对象为次区域国家，同时中国还在积极开拓区域内电网建设。

第三章 "一带一路" 沿线国家间电力互联主体的界定及规划布局

电力互联互通是"一带一路"设施联通的重要组成部分，也是全球能源互联网的重要实践体现。目前，构建全球能源互联网的条件已经具备，在世界许多区域和国家已发展了不同程度的跨境电力交易市场。我国电力企业紧密协同协作，以 EPC 总承包为重点，建立了全产业链和资金、技术、标准、管理全方位"走出去"的国际产能合作模式，境内外投资都实现了大幅增长。本章将分析"一带一路"沿线国家间电力互联的现状与特点，整理"一带一路"沿线国家中重点实施的电力建设项目并进行进一步分析。

第一节 "一带一路" 沿线国家间电力互联现状

全球能源互联网合作组织认为，目前，构建全球能源互联网的条件已经具备。特别是特高压、智能电网等关键技术已经成熟，±1100 千伏特高压直流输电距离可达 6000 公里以上、输送能力达到 1200 万~1500 万千瓦。此外，在经济上，清洁能源发电经济性快速提升，2020 年阿联酋、智利光伏项目中标价格已低至 3 美分/千瓦时。预计 2025 年前，风电和光伏发电竞争力将全面超过化石能源。政治上，各国互信不断增强，联合国制定了《2030 年可持续发展议程》，推动各国签署了《巴黎协定》并于 2016 年 11 月 4 日正式生效。全球能源互联网已纳入 2016 年二十国集团杭州工商峰会（B20）政策建议报告。应对气候变化、推动世界能源转型已成为各国共识和共同行动，为构建全球能源互联网创造了良好的政治环境。

构建全球能源互联网，通过大电网的延伸和清洁能源的互联互通解决电力普及和能源供应保障等突出问题，得到了周边和"一带一路"沿线国家的广泛支持，它们纷纷表达了共同建设的积极愿望。在联合国亚太能源委员会会议上，泰国能源部副部长布查翁表示，电网互联互通能够实现资源互补和区域平衡，有效降低电价，对每个国家都有益，这是谁都无法拒绝的理由。印度能源部副部长帕拉萨德表示，印度与中国等周边国家电网互联，可以实现更大范围的电力优化配置和平衡，为印度提供清洁、普及、低成本的电力供应。伊朗能源部副部长法拉哈提安表示，愿意在技术转让、设备制造、工程设计等方面开展务实合作，共同促进伊朗与周边国家的电力贸易和联网工程建设。

目前，在世界许多区域和国家已发展了不同程度的跨境电力交易市场，主要活跃在欧洲与美洲地区，比如欧盟国家间广泛的跨国电力交换、美国、加拿大和墨西哥三国间的长期电力交换。笔者选取了"一带一路"沿线区域国家考察国家间跨境电力贸易发展情况。

如图 3-1 所示，就贸易规模而言，"一带一路"沿线区域与 OECD（Organization for Economic Co-operation and Development，经济合作与发展组织）国家间的电力贸易在大部分年份都存在较大差距，但随着近年"一带一路"国家

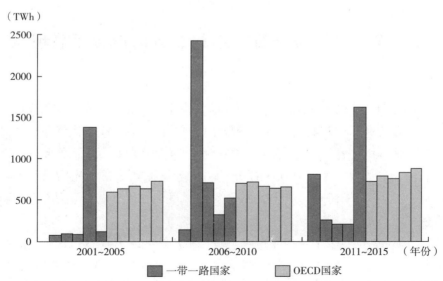

图 3-1　2000~2015 年"一带一路"沿线国家与 OECD 成员国的电力总贸易量比对

资料来源：UN Comtrade、国际能源署。

经济水平的发展和电力建设的推进，与 OECD 国家的规模差异越来越小；就增长趋势而言，相比 OECD 国家规模的逐年稳步上升，"一带一路"沿线区域的电力贸易阶段性特征明显，2004 年、2007 年及 2015 年哈萨克斯坦、马来西亚和印度出现偶发性的大规模电力贸易，在区域分布上存在明显的非均衡特征。由此可见，"一带一路"沿线区域的电力贸易正处于初期发展阶段，还没有形成成熟的电力贸易网络。这与目前大部分"一带一路"国家所处的经济发展水平和阶段直接相关。

通过对 2000~2015 年"一带一路"沿线国家间的跨境双边电力贸易进行统计，表 3-1 列出在总贸易量、出口量和进口量三个指标排名前十五的国家。马来西亚、哈萨克斯坦、印度、捷克、俄罗斯是近年来"一带一路"沿线电力贸易大国，极有可能成为未来电力贸易网络的局部集聚核心国，中国过去十几年在"一带一路"区域电力贸易参与度相对较低。

表 3-1 "一带一路"沿线国家电力贸易参与情况

单位：TWh

国家	总贸易量	国家	出口量	国家	进口量
马来西亚	3855.00	马来西亚	3324.00	印度	1370.00
哈萨克斯坦	1489.00	哈萨克斯坦	769.00	哈萨克斯坦	719.60
印度	1370.00	捷克	126.70	马来西亚	531.20
捷克	213.10	俄罗斯	124.80	匈牙利	115.20
俄罗斯	207.60	波兰	122.20	马其顿	100.60
匈牙利	179.30	乌克兰	98.31	克罗地亚	86.89
波兰	137.70	匈牙利	64.04	捷克	86.46
克罗地亚	117.10	斯洛文尼亚	60.79	俄罗斯	82.78
马其顿	104.20	立陶宛	48.34	白俄罗斯	77.87
乌克兰	102.70	爱沙尼亚	43.22	泰国	75.41
立陶宛	95.69	中国	36.83	立陶宛	47.35
泰国	94.92	斯洛伐克	32.48	中国	30.91
斯洛文尼亚	88.58	克罗地亚	30.18	土耳其	28.88
白俄罗斯	83.48	保加利亚	29.21	斯洛文尼亚	27.79
中国	67.74	吉尔吉斯斯坦	25.48	越南	25.86

就中国与"一带一路"国家间的电力贸易而言，如图3-2所示，从2003年的1.77亿千瓦时快速增长至2010年的66.58亿千瓦时，虽然在2012年出现了短期的下降，但2013~2017年，电力贸易规模总体上保持在62.16亿千瓦时以上，在2017年更是达到了97.94亿千瓦时，创出了历史新高。

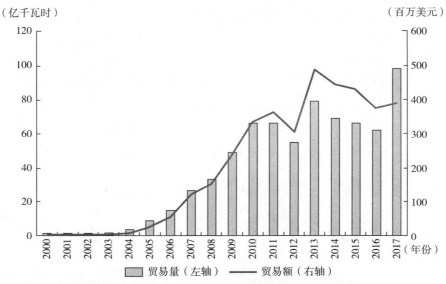

图3-2　中国与"一带一路"国家电力贸易发展趋势

资料来源：UN Comtrade，由笔者整理。

从中国电力贸易整体的贸易规模来看，中国与"一带一路"国家沿线区域电力贸易在出口量和出口额方面与非"一带一路"国家相比，发展趋势趋同，逐年稳步上升。如图3-3和图3-4所示，中国对"一带一路"国家的电力贸易出口量从2000年的0.13亿千瓦时增长至2017年的50.69亿千瓦时；出口额从2000年的1.02百万美元上升至2017年的212.04百万美元。中国对"一带一路"国家的电力出口要少于对非"一带一路"国家的出口，前者不足后者的1/5。

在进口量和进口额方面，如图3-5和图3-6所示，中国与"一带一路"国家沿线区域电力贸易出现了显著的增长，尤其是在2013年之后呈跳跃式增长。值得注意的是，中国与非"一带一路"国家沿线区域的电力贸易在2013年后呈完全相反的变化趋势，出现了明显的下降。由此可见，随着2013年"一带一路"倡议的提出与实施，推动了我国在"一带一路"沿线区域的电力互联

（亿千瓦时）

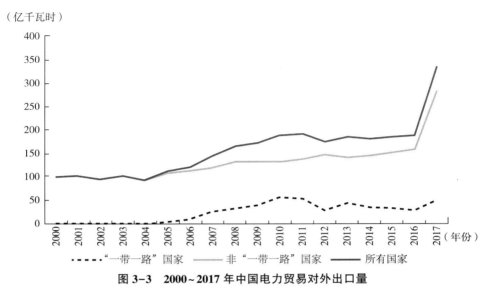

图 3-3 2000~2017 年中国电力贸易对外出口量

资料来源：UN Comtrade，由笔者整理。

（百万美元）

图 3-4 2000~2017 年中国电力贸易对外出口额

资料来源：UN Comtrade，由笔者整理。

贸易。但这种此消彼长的数据显示，近年来中国与"一带一路"国家的进口电力贸易是在倡议引导下做出的贸易转移，贸易创造效应还并不明显。

段 "一带一路" 跨境电力贸易研究

（亿千瓦时）

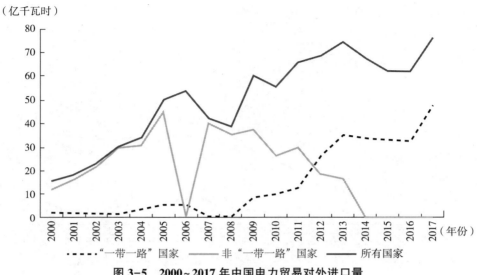

图 3-5　2000~2017 年中国电力贸易对外进口量

资料来源：UN Comtrade，由笔者整理。

（百万美元）

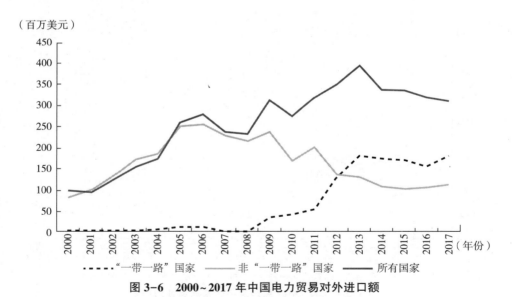

图 3-6　2000~2017 年中国电力贸易对外进口额

资料来源：UN Comtrade，由笔者整理。

　　总的来说，"一带一路" 电力贸易呈现出以下特点：一是随着参与电力贸易的沿线国家逐渐增多，区域内部的贸易通道和连线的数量快速增长，俄罗斯

段 · 62 ·

等能源禀赋丰富的国家表现尤其活跃。二是"一带一路"电力贸易网络随着中国"一带一路"倡议的提出和实施，极可能形成以中国为核心的新贸易区。三是"一带一路"国家的经济增长高于世界平均水平，电力需求增长潜力较大，跨境电力贸易将是解决供需不平衡的可行方式。

第二节 "一带一路"沿线国家间电力在建项目规划布局

2018年7月26日中国电力企业联合会发布的数据显示，2013~2017年，我国主要电力企业在"一带一路"沿线国家签订电力工程合同494个，总金额912亿美元；实际完成投资3000万美元以上的项目50多个，共完成投资80亿美元。我国电力企业的境外资产也实现了大幅增长。截至目前，三峡集团实现境外资产1150亿元，国际业务年收入200亿元、利润50亿元；国家电网公司境外资产达655亿美元；华能集团境外发电装机超1000万千瓦；南方电网公司、大唐集团、华电集团境外总资产分别为437亿元、130亿元、200亿元。

五年来，我国电力企业紧密协同协作，以EPC总承包为重点，建立了全产业链和资金、技术、标准、管理全方位"走出去"的国际产能合作模式。其中，巴西美丽山特高压输电项目全部采用中国技术和标准；英国欣克利角C核电项目采用"华龙一号"技术；三峡集团所有绿地开发投资项目均使用中国技术规范，工程设计、建设、机电产品供应均为中国公司或中国制造。据不完全统计，五年来，我国电力设备直接出口总额62.84亿美元、技术直接出口22.48亿美元，境外工程带动电力设备出口177.68亿美元、带动技术出口51.22亿美元。

为了更好地说明现阶段我国与"一带一路"沿线国家的电力建设项目情况，根据《"一带一路"贸易合作大数据报告（2017）》，表3-2将"一带一路"沿线国家分为六大区域，并针对性地收集各区域内的重点电力项目情况进行分析。主要包括东亚2国（中国、蒙古）、东南亚11国（新加坡、印度尼西亚、马来西亚、泰国、越南、菲律宾、柬埔寨、缅甸、老挝、文莱和东帝汶）、南亚8国（印度、巴基斯坦、斯里兰卡、孟加拉国、阿富汗、尼泊尔、马尔代夫和不丹)、西亚北非 19 国 (阿联酋、科威特、土耳其、卡塔尔、阿曼、黎巴嫩、沙特阿拉伯、巴林、以色列、也门、埃及、伊朗、约旦、叙利亚、伊拉克、巴勒斯坦、阿塞拜疆、格鲁吉亚和亚美尼亚)、中东欧 20 国 (俄罗斯、波兰、阿尔巴尼亚、爱沙尼亚、立陶宛、斯洛文尼亚、保加利亚、捷克、匈牙利、北马其顿、塞尔维亚、罗马尼亚、斯洛伐克、克罗地亚、拉脱维亚、波黑、黑山、乌克兰、白俄罗斯和摩尔多瓦) 和中亚 5 国 (哈萨克斯坦、吉尔吉斯斯坦、土库曼斯坦、塔吉克斯坦和乌兹别克斯坦) 共 65 个国家。

表 3-2   "一带一路" 国家及区域划分 (共 65 个国家)

地域	国家
东亚地区 (含 2 个国家)	中国、蒙古国
中亚地区 (含 5 个国家)	哈萨克斯坦、乌兹别克斯坦、土库曼斯坦、塔吉克斯坦、吉尔吉斯斯坦
西亚北非地区 (含 19 个国家)	阿联酋、科威特、土耳其、卡塔尔、阿曼、黎巴嫩、沙特阿拉伯、巴林、以色列、也门、埃及、伊朗、约旦、叙利亚、伊拉克、巴勒斯坦、阿塞拜疆、格鲁吉亚、亚美尼亚
南亚地区 (含 8 个国家)	印度、巴基斯坦、斯里兰卡、孟加拉国、阿富汗、尼泊尔、马尔代夫、不丹
中东欧地区 (含 20 个国家)	俄罗斯、波兰、阿尔巴尼亚、爱沙尼亚、立陶宛、斯洛文尼亚、保加利亚、捷克、匈牙利、北马其顿、塞尔维亚、罗马尼亚、斯洛伐克、克罗地亚、拉脱维亚、波黑、黑山、乌克兰、白俄罗斯、摩尔多瓦
东南亚 (含 11 个国家)	新加坡、印度尼西亚、马来西亚、泰国、越南、菲律宾、柬埔寨、缅甸、老挝、文莱、东帝汶

资料来源:《"一带一路" 贸易合作大数据报告 (2017)》。

根据表 3-2 的区域划分,表 3-3 对近年来我国与 "一带一路" 沿线国家间的重点电力合作项目信息进行收集,主要包括中国西部的中国—巴基斯坦电力合作项目、中国南部的中国—缅甸—孟加拉、中国—缅甸—泰国电力合作项目、东北亚地区的蒙—中—韩—日、中—韩—俄—日电力合作项目以及中国东部的中—韩电力合作项目。

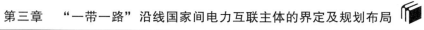

表 3-3　中国参与"一带一路"建设重点项目清单

国别	年份	项目名称	类别	金额	建设内容及带来的经济效应	实施单位（企业）
亚洲大洋洲地区						
蒙古国	2018	额尔登特热电厂改造项目	贷款	—	该项目对现有热电厂进行扩容升级，建成后将有利于蒙古国提高能源利用效率、减少环境污染，可以满足居民区和附近企业用电和供热需求、缓解用电紧张局面，还可以降低蒙古国对外能源依赖，具有良好的环境效益和社会效益	中国进出口银行
		开发蒙古国的分布式可再生能源系统	贷款和捐赠	8560 万美元	该系统计划总容量为 41MW，将利用电池储能和能效管理等手段，把蒙古国丰富的可再生能源电力传输到西部偏远地区，以减少这些地区对高污染火电厂的依赖	亚洲开发银行
马来西亚	2017	巴勒水电站项目	工程承包	—	该项目全面投产后，将为马来西亚增加 1285MW 的可再生能源，为当地经济和社会发展提供充足的电力供应	中国能建旗下企业葛洲坝集团
印度尼西亚	2018	印度尼西亚东加三期燃煤电厂扩建工程项目	工程承包	3.3 亿美元	该项目主要建设内容是燃煤电厂扩建工程建设，项目工期预计 30 个月	江西久盛国际电力工程有限公司
		印尼金光 PD43×70MW 项目	工程承包	1.58 亿美元	该项目位于印度尼西亚距雅加达 80 千米的 KARAWANG，主要建设内容是实施 3×70MW 电站项目工程建设，项目工期为 28 个月	江西江联国际工程有限公司
		印尼金光 2×55MW 电站项目	工程承包	8090 万美元	该项目位于印度尼西亚东南苏拉威西，主要建设内容是实施 2×55MW 电站项目工程建设，项目工期预计 26 个月	江西江联国际工程有限公司
		印度尼西亚 PLTA BATANG TORU-8（巴当多鲁 8）水电站工程	工程承包	3000 万美元	该项目主要建设内容为在印度尼西亚建立一座 BT-8 水电站，装机容量 15MW。项目计划工期 2 年，建成后可连续运营 25 年	江西省水利水电建设有限公司

续表

国别	年份	项目名称	类别	金额	建设内容及带来的经济效应	实施单位（企业）
菲律宾	2018	赤口河泵站灌溉项目	贷款	—	赤口河泵站灌溉项目是在菲律宾北部卡加延省建设一座包括电机泵站、输变电站、供水渠道等在内的灌溉系统，为周边约4350户农民提供农业灌溉服务。该项目建成后不仅可有效改善卡加延省农业灌溉条件，大幅提高当地农民收入水平，促进区域社会经济发展，更将成为菲律宾政府落实国家发展战略的重要组成部分	中国进出口银行
柬埔寨	2012	鄂尔多斯鸿骏柬埔寨电力项目	工程承包	6.6亿美元	截至2017年5月底，该项目已累计完成投资5.39亿美元，累计上网电量44亿千瓦时，占柬埔寨整个国家电力供应的25%、火电供应量的80.2%	CIIDG鄂尔多斯鸿骏电力有限公司
	2013	桑河二级水电站项目	工程承包	—	桑河二级电站大坝全长6500米，号称"亚洲第一长坝"。共安装有8台各5万千瓦灯泡贯流式机组，总装机容量为40万千瓦，约占柬埔寨全国总发电装机容量的1/5，年均发电量约为19.7亿千瓦时。作为柬埔寨能源建设重点项目，水电站全面投产后，将极大地缓解当地电力供应不足的状况，扭转严重依赖进口国外电力的局面	华能旗下澜沧江水电有限公司
	2016	柬埔寨国家电网230千伏输变电二期项目（东部环网第一部分）	工程承包	1.23亿美元	该项目新建2个变电站和全长约275公里的230千伏输电线路，建设工期36个月，项目建成后将改善柬埔寨东北部地区的供电网络，增强电力传输能力，改变该地区依赖国外进口电力的状况，为当地居民以及矿区、工业园区使用稳定、低价的本国能源提供保障	国机集团所属中国重机
	2018	柬埔寨租赁式太阳能发电技术应用示范	科研	—	提高江西在柬埔寨的影响力，加快校科研成果境外转化，提升柬埔寨电力能力，为后期我国家电走出国门奠定基础	东华理工大学
	2019	柬埔寨500千伏主网及域网输变电项目	工程承包	—	柬埔寨首条500千伏输变电线路，作为柬埔寨与老挝实现电力互联互通的枢纽线路，具有极大的经济和社会效益	四川省广安市岳池县与中国重型机械有限公司

续表

国别	年份	项目名称	类别	金额	建设内容及带来的经济效应	实施单位（企业）
缅甸	2013	联合循环天然气发电厂	项目投资	—	工厂位于仰光市东部的达盖塔（THA-KETA）镇区，采用美国通用公司（GE）的涡轮机技术，发电量约为106MW	中国云南能投联合外经股份有限公司（UREC）
	2015	小其培水电站	工程承包	—	该水电站装机容量9.9万千瓦，年发电量5.99亿千瓦时。目前供电范围已覆盖其培、密支那、莫高、莫宁等区域，成为缅北重要的电力来源	中国国家电力投资集团公司
	2018	缅甸北部实皆省230千伏主干网联通输电工程	工程承包	—	这一缅甸国家骨干输电项目包括新建两条总长约300公里的输电线路、新建一座变电站和扩建一座变电站。项目计划2019年建成投运，年输电能力约30万千瓦，可满足500万户缅甸家庭的用电需求。这一项目是缅甸基础设施领域的重点工程之一，将把缅甸北部丰富的清洁能源输送到南部负荷中心，解决困扰缅甸能源输送的难题。是缅甸"北电南送"工程重要组成部分，将实现缅北地区电网与缅甸国家主干网联通，有效解决缅甸北部水电站"窝电"难题，极大缓解南部地区电力紧张的状况，从而带动整个中部区域的经济、教育和文化等各方面的快速发展	中国电力技术装备有限公司
	2018	仰光达吉达天然气联合循环电厂项目一期工程	工程承包	—	该工程规划容量为50万千瓦，其中一期工程10.6万千瓦已正式投入运营，预计每年向缅甸国家电网输送至少7.2亿千瓦时电量，约占仰光上网电量的10%	云南能投联合外经股份有限公司
老挝	2014	230千伏巴俄—帕乌东输变电项目	工程承包	1.69亿美元	该项目包括长度94.1公里的230千伏巴俄—帕乌东输变电线路、21.9公里的115千伏巴俄—南奔输变电线路，以及新建230千伏帕乌东变电站和扩建230千伏巴俄变电站。巴俄—帕乌东变电项目提高了老挝电力供应的平衡性及稳定性，为改善人民生活水平提供了坚实保障。老挝正在与中国公司合作建设更多的水电站和电网，以后还会把老挝发的电销售给泰国等邻国	中国国家电网公司

国别	年份	项目名称	类别	金额	建设内容及带来的经济效应	实施单位（企业）
老挝	2017	胡埃兰潘格雷河水电站项目	贷款	—	该项目总装机容量8.8万千瓦，该项目建成后年发电量为4.8亿度，解决了老挝电力需求紧张局面，还为其带来了其他积极的社会效应	中国进出口银行
		南塔河1号水电站项目	项目投资	4.47亿美元	该项目总装机容量168MW，建成之后不仅可为当地经济建设提供电力，还可向周边国家出口电力换取外汇，促进老挝北部地区的经济发展	南方电网公司
		南湃水电站	项目投资	2.1亿美元	该项目所在的赛松本省山区过去电力供应不足，稳定性也较差，经常出现断电和电压骤变等事故。高压输电线路的投资建设以及长距离输送造成的电能损耗，又大幅增加了企业的生产成本。南湃水电站凭借良好的年调节能力，为该地区厂矿企业提供了充沛、稳定和可靠的电力供应，促进了区域矿产资源的开发，有利于促进老挝国家产业结构调整，将资源优势转化为经济优势，加快老挝经济发展	北方国际合作股份有限公司
越南	2017	永新燃煤电厂一期项目	项目投资	17.55亿美元	该项目将建设两台60万千瓦级超临界燃煤机组，两台机组预计将分别于2018年12月和2019年6月投入运营，全部投产后，年发电量约为80亿千瓦时，将为越南南部重点经济区缓解"电荒"做出重要贡献	中国南方电网有限责任公司（南方电网）、中国电力国际有限公司
	2019	越南海阳燃煤电厂计划	投资承建	18.685亿美元	该项目采用两台60万千瓦亚临界机组和4台30万千瓦循环流化床锅炉，是越南国内装机容量最大的项目之一。2020年两台机组计划实现投产，预计年发电量将达到81亿千瓦时，将有效改善越南北部电力短缺状况，提高当地社会经济发展水平	中国能源建设集团

国别	年份	项目名称	类别	金额	建设内容及带来的经济效应	实施单位（企业）
\multicolumn{7}{c}{中亚地区}
塔吉克斯坦	2017	塔直属中央区500千伏输变电项目	贷款	—	该项目主要建设内容为新建2条首都杜尚别至奥比迦姆地区长度各约100公里的500千伏单回路输电线路，以及扩建杜尚别500千伏变电站的2个出线间隔。项目的实施有利于解决塔直属中央区及东北部山区电力供应不足的问题，增强塔吉克斯坦全国电网运营安全性及稳定性，有利于实现塔吉克斯坦区域电力系统间的相互连通，带动周边区域经济发展，提高当地人民生活水平，具有较好的社会、经济效益	中国进出口银行
\multicolumn{7}{c}{西亚地区}
阿联酋	2019	迪拜铝厂自备电站	工程承包	—	该电站采用当前世界最大的SGT5-8000H燃气轮机，配置成一拖一燃气蒸汽联合循环机组，装机容量为623.6MW，是目前阿联酋地区首台9H级燃机机组。项目工期为28.5个月，预计2021年4月投产发电	中国电建所属山东电建三公司
\multicolumn{7}{c}{南亚地区}
印度	2015	绿色能源走廊	贷款	10亿美元	建造和升级印度西部和南部地区之间的区域电网系统，以及北部地区的高压输电线路和变电站	亚洲开发银行
巴基斯坦	2015	默拉直流输电项目	工程承包	—	该项目是巴基斯坦首条直流工程，也是在输电领域首个外商投资项目，采用±660千伏直流输电技术，输送容量400万千瓦，线路长度约878公里。默拉直流输电项目的成功实施，不但打通了巴基斯坦南电北送的输电走廊，而且对中资企业在巴基斯坦南部建设的多个电源项目送出具有重要的保障作用	国家电网

续表

国别	年份	项目名称	类别	金额	建设内容及带来的经济效应	实施单位（企业）
巴基斯坦	2017	胡布燃煤电站项目	投资承建	19.95亿美元	该项目建设内容主要包括电厂和专用煤码头，规划总装机容量1320MW，项目建成投产后每年可供应电力90亿度，满足400万巴基斯坦家庭的用电需求。项目建成投产后，将有效缓解巴基斯坦电力短缺局面，促进巴基斯坦社会经济发展	中国电力国际有限公司
		恰希玛核电一期工程	工程承包	—	该工程建成后将进一步缓解巴基斯坦电力紧缺困境，缩短巴基斯坦城市和农村的停电时间，推动巴基斯坦国家经济建设，提升当地人民的生活质量	中国核建集团
		吉姆普尔风电项目	投资承建	—	该项目总装机容量为99MW，包括66座风机，每个风机高达140米。项目年发电量预计可达27478.2万千瓦时，将惠及当地50万户家庭用电，有力缓解巴基斯坦当地的电力短缺局面	中国东方集团投资控股有限公司
		萨察尔风电项目	贷款	1亿美元	该项目总装机49.5MW，包括33台1.5MW国产风电机组，萨察尔风电项目是中巴经济走廊首个签署贷款协议的项目，也是中巴经济走廊能源合作十四个优先实施项目之一，其成功投产对于中巴经济走廊和"一带一路"建设具有示范效应	中国工商银行
		卡西姆港燃煤电站	投资承建	20.85亿美元	该项目两台660MW超临界机组将在2018年全部实现商业运行，年均上网发电量约90亿千瓦时，能够满足巴基斯坦当地400万户家庭用电需求，较大地缓解巴基斯坦电力短缺现状，还将对当地调整电力能源结构、降低发电成本等产生积极影响	中国电建
	2018	巴基斯坦科哈拉水电站	投资承建	25亿美元	该电站装机容量1124MW，不仅是中国在海外投资水电站中的规模之最，也是中巴经济走廊框架下单笔投资金额最大的项目。针对巴基斯坦电力缺口，且百姓不满电价偏高的现实，大型水电项目凭借其比火电项目更低的单位电价，以及对环境更小的影响，成为为当地带来巨大福祉的民生项目	中国三峡集团

续表

国别	年份	项目名称	类别	金额	建设内容及带来的经济效应	实施单位（企业）
孟加拉国	2018	孟加拉太阳能发电项目	工程承包	3.9683亿美元	该项目主要建设内容是建设一个250MW太阳能发电站，运维15年	江西建工集团
斯里兰卡	2017	汉班托塔液化天然气发电厂	工程承包	—	该项目将能确保汉班托塔工业园区内的电力供应，缓解斯里兰卡正面临的电力紧缺问题	中国机械设备工程股份有限公司
斯里兰卡	2018	斯里兰卡南部汉班托塔地区220千伏变电站项目	贷款	—	该项目是斯里兰卡电力部门重点项目，对南部地区、特别是对汉班托塔港电力稳定供应意义重大	亚洲开发银行
尼泊尔	2016	马相迪A水电站	项目投资	—	该项目有两台机组，装机容量为50MW，占尼泊尔总装机容量的5.72%，运行投产对缓解尼泊尔电力紧张状况发挥了极为重要的作用	中国电建集团海外投资有限公司
尼泊尔	2018	尼泊尔Yambling Khola水电项目	工程承包	1746万美元	该项目主要建设内容为实施尼泊尔Yambling Khola水电（径流式）项目	中鼎国际工程有限责任公司
东欧地区						
俄罗斯	2007	500千伏中俄直流联网黑河背靠背换流站工程	工程承包	—	该工程容量75万千瓦，安装6+1台换流变压器，交流滤波器20组，容量100万千瓦，500千伏主变压器1台36万千瓦，220千伏出线到黑河一次变2回，通过与俄方相接的1回500千伏线路接入，中方侧线路亘长10.774千米。它的建成投运，对提高俄罗斯远东地区能源利用率、促进中俄双方地方经济发展、扩大中俄两国间能源项目合作、促进国产电力设备国际化具有现实的合作空间和重要的战略意义	国家电网
俄罗斯	2017	华电捷宁斯卡娅燃气蒸汽联合循环供热电站项目	投资承建	—	该项目是目前中国在俄罗斯最大的电力能源类投资项目。发电站采用了最先进的燃气发电设备，可减少25%的天然气消耗，并将大气污染物排放量降低三成。电站建成后将大幅解决本地区的缺电问题，提高民众生活质量。同时，发电站能够为雅罗斯拉夫尔州，乃至邻近地区的整体经济发展带来强劲动力	中国华电集团有限公司

国别	年份	项目名称	类别	金额	建设内容及带来的经济效应	实施单位（企业）
匈牙利	2017	光伏电站	投资承建	200万欧元	该电站装机容量为1.8MW，占地3.6公顷，项目总投资为200万欧元，预计年发电量为300万度，可减少碳排放近700吨，电站设计寿命为25年，累计发电量可达7000万度	北京七星华电科技集团在匈牙利投资的格林斯乐（Green Solar）设备制造有限公司
非洲及拉美地区						
南非	2017	龙源南非德阿风电项目	投资承建	—	该项目总风机数量163台，总装机容量高达240MW，名列南非第一，经济和生态效益十分可观。该项目投产后，每年可为南非提供6亿千瓦时绿色电力，解决当地8.5万户居民用电问题，每年减排二氧化碳近62万吨。这将有效优化当地能源结构、推进清洁低碳发展。2017~2021年，预计项目将向南非政府上交增值税5亿兰特，也将为当地经济增长做出积极贡献	中国国电集团公司
埃塞俄比亚	2015	GDHA500千伏输变电工程变电站	工程承包	—	该电站是国家电网在海外首个采用成套中国电力技术和装备建设的大型输变电工程。埃塞俄比亚政府将GDHA500千伏工程确定为青少年爱国主义教育基地，世界银行和多个非洲国家派员考察，对工程质量和技术水平给予高度评价。该工程已成为中国企业在非洲的一张名片，对埃塞俄比亚乃至非洲大陆的经济、文化交流产生了举足轻重的影响	国家电网
埃及	2016	埃及EETC500千伏输电线路工程	工程承包	7.58亿美元	该项目是埃及历史上最大规模的一次电网升级改造。输电线路总长1285公里，建成后将连接5座电厂和10个变电站	中国国家电网公司
	2018	埃及电力控股公司Hamrawein超临界燃煤电站承建项目	工程承包	44亿美元	该项目第一期为4台660MW燃煤机组，第二期为2台1000MW燃煤机组	东方电气和上海电气

资料来源：中国"一带一路"网，由笔者整理。

由表3-3可以看出，中国对"一带一路"国家的电力项目投资遍布亚洲大洋洲地区、中亚地区、南亚地区、西亚地区、东欧地区和非洲及拉美地区六个区域，惠及各地经济与民生发展，以中国为核心力量的区域经济组织以及国内的国企、民企、高校都积极参与其中，因地制宜，为电力项目实施当地不仅带去了生活必需品——电力，还带去了先进的技术、数以万计的工作岗位和长足的经济发展效应。但从实施的重点对象地区与国家看，"一带一路"的重点是中国北部、西部与南部的邻国，2015年3月国务院授权发布的《愿景与行动》，其中规划的六条陆上经济走廊与两条海上丝绸之路甚至不包括朝鲜半岛。针对这一现象与客观事实，2017年5月"一带一路"国际合作高峰论坛上，习近平明确表示，"一带一路"重点面向亚欧非大陆，同时向所有朋友开放。不论来自亚洲、欧洲，还是非洲、美洲，都是"一带一路"建设国际合作的伙伴。这意味着中国不再囿于原有的"沿线国家"概念，把愿意参加"一带一路"建设的国家都当作合作对象国。可以预见，在今后的发展中，将有更多国家和地区被纳入进来。但针对目前的中国与"一带一路"电力投资合作的现状，本书整理出"一带一路"沿线国家中重点实施的电力建设项目进行进一步分析，包括中国—巴基斯坦电网互联工程，中国—缅甸—孟加拉、中国—缅甸—泰国电网互联工程，蒙—中—韩—日电网互联工程。

（一）中国—巴基斯坦电网互联工程

经过中国与巴基斯坦双方的研究和沟通，已形成中国新疆库车（或伊犁）—巴基斯坦拉合尔±800千伏/800万千瓦特高压直流联网工程和中国新疆喀什—巴基斯坦洪扎±400千伏/60万千瓦柔性直流联网工程等工程方案。巴基斯坦的默拉直流输电项目是巴基斯坦首条直流工程，也是在输电领域首个外商投资项目，采用±660千伏直流输电技术，输送容量400万千瓦，线路长度约878公里。默拉直流输电项目的成功实施，不但打通了巴基斯坦南电北送的输电走廊，而且对中资企业在巴基斯坦南部建设的多个电源项目送出具有重要的保障作用。吉姆普尔风电项目总装机容量为99MW，包括66座风机，每个风机高达140米。项目年发电量预计可达27478.2万千瓦时，将惠及当地50万户家庭用电，有力地缓解了巴基斯坦当地的电力短缺局面。萨察尔风电项目总装机49.5MW，包括33台1.5MW国产风电机组，萨察尔风电项目是中巴经济走廊首个签署贷款协议的项目，也是中巴经济走廊能源合作14个优先实施项目之一，其成功投产对于中巴经济走廊和"一带一路"建设具有示范效应。全球能源互联网发展合作组织已与巴旁遮普省达成战略合作意向，共同推进工程尽快启动。该项目经济效益显著，不但可显著降低巴基斯坦居高不下的供电成本，还可将我国新疆的风电、煤电资源优势转化为经济优势。巴基斯坦科哈拉水电站装机容量1124MW，不仅是中国在海外投资水电站中的规模之最，也是中巴经济走廊框架下单笔投资金额最大的项目。针对巴基斯坦电力缺口大且百姓不满电价偏高的现实，大型水电项目凭借其比火电项目更低的单位电价，以及对环境更小的影响，成为为当地带来巨大福祉的民生项目。

（二）中国—缅甸—孟加拉、中国—缅甸—泰国电网互联工程

中国—缅甸—孟加拉、中国—缅甸—泰国电网互联工程也在深入研究过程中。位于缅甸仰光市东部达盖塔（THAKETA）镇区的联合循环天然气发电厂，采用美国通用公司（GE）的涡轮机技术，发电量约为106MW。小其培水电站装机容量9.9万千瓦，年发电量5.99亿千瓦时，目前供电范围已覆盖其培、密支那、莫高、莫宁等区域，成为缅北重要的电力来源。孟加拉的太阳能发电项目由江西建工集团承包，投资3.9683亿美元，主要建设内容是建设一个250MW太阳能发电站，运维15年。目前，合作组织、南方电网等方面积极利用联合国亚太经社会、大湄公河次区域等合作平台，大力推动相关工作，研究规划了中国云南—缅甸曼德勒—孟加拉吉大港±660千伏/500万千瓦直流联网工程和中国云南—缅甸勃固—泰国曼谷±800千伏/800万千瓦特高压直流联网工程。东南亚地区人均用电量仅为世界人均用电量的一半，缅甸、柬埔寨等国无电人口比例高达68%、66%。缺少电力和能源保障是东南亚地区经济贫困的重要因素。推进中国与东南亚国家的电网互联互通，可以帮助有关国家有效消除无电人口，提升民生保障和发展质量。上述联网工程都是以中国云南水电为电源，对于缓解我国西南部地区的弃水问题将发挥重要作用。而且长远来看，通过我国南方电网与东盟各国持续加强互联，还将进一步增进区域能源和经济一体化发展。

（三）蒙—中—韩—日电网互联工程

蒙—中—韩—日电网互联工程也在扎实推进。额尔登特热电厂改造项目对现有热电厂进行扩容升级，建成后将有利于蒙古国提高能源利用效率、减少环

境污染，可以满足居民区和附近企业用电和供热需求、缓解用电紧张局面，还可以降低蒙古国对外能源依赖，具有良好的环境效益和社会效益；开发蒙古国的分布式可再生能源系统总容量为 41MW，将利用电池储能和能效管理等手段，把蒙古国丰富的可再生能源电力传输到西部偏远地区，以减少这些地区对高污染火电厂的依赖。在东北亚地区，蒙古国风能、太阳能、煤炭资源十分丰富，韩国、日本等国的能源需求大但资源匮乏，中国通过特高压直流送电，以中国东部电网为枢纽，构建东北亚互联电网，符合东北亚各国的发展诉求，具有显著的经济效应。基于这一考虑，2016 年 3 月，中国国家电网公司与韩国电力公社、日本软银集团、俄罗斯电网公司签署了《东北亚电力联网合作备忘录》，并于 5 月成立了蒙—中—韩—日联网工程联合工作组，开展项目实施研究，目前已经完成预可行性研究。2018 年 12 月 10 日，韩国电力公社提交的《制定推进东北亚系统连接（电力网连接）最佳方案与战略项目》报告称："随着去煤炭、去核电、再生能源扩大等能源转换政策的推行，为了消除电力供应不稳定的担忧，正在推进相关的政策手段。"连接东北亚电力网的项目是指连接中国、韩国、俄罗斯、日本的电力网，韩国从中国、俄罗斯进口电力，再由韩国出口到日本。该方案系 2011 年福岛核电站事故发生后，由软银总裁孙正义首次提出，被称为"东北亚超级电网"计划，但由于各国的利害关系不同，在实现上有一定局限性，因此一直处于停滞不前的状态。

本章小结

（1）"一带一路"沿线区域的电力贸易正处于初期发展阶段，还没有形成成熟的电力贸易网络，这与目前大部分"一带一路"国家所处的经济发展的水平和阶段直接相关。随着中国"一带一路"倡议的提出和实施，极可能形成以中国为核心的新贸易网络。

（2）中国—巴基斯坦电网互联工程成为为当地带来巨大福祉的民生项目，不仅填补了巴基斯坦的电力缺口，也为巴基斯坦降低了供电成本。默拉直流输电项目、吉姆普尔风电项目、萨察尔风电项目等大型水电项目都已成功实施。

（3）中国—缅甸—孟加拉、中国—缅甸—泰国电网互联工程也在深入研究过程中。推进中国与东南亚国家的电网互联互通，可以帮助相关国家有效消除无电人口，提升民生保障和发展质量。缅甸仰光市的联合循环天然气发电厂、小其培水电站、孟加拉的太阳能发电项目都是以中国云南水电为电源，对于缓解我国西南部地区的弃水问题将发挥重要作用。

（4）蒙—中—韩—日电网互联工程也在扎实推进，在东北亚地区，蒙古国风能、太阳能、煤炭资源十分丰富，韩国、日本等国的能源需求大但资源匮乏，中国通过特高压直流送电，以中国东部电网为枢纽，构建东北亚互联电网，符合东北亚各国的发展诉求，具有显著的经济效应。

第四章 跨境电力贸易电力成本计算理论与方法

  本章主要从电力成本分类与分摊两个角度梳理现有电力成本计算的基本理论与方法。成本分类部分首先识别了跨境电力贸易所涉及的成本，包括基本成本（电力生产成本、输电成本、辅助服务费用等）和贸易成本，并试图区分不同发电类型对各类成本进行讨论，提出对应的成本计算模型。成本分摊部分则主要分析目前电力市场所采用的各类成本分摊方式，讨论输电成本和辅助费用的分摊方式对电价的影响。

  《共建"一带一路"能源合作伙伴关系部长联合宣言》指出"一带一路"这个开放包容的国际合作平台将为国际及区域能源合作带来新的机遇和新的动能，必须开展更加务实高效的能源国际合作。共建"一带一路"致力于亚欧非大陆及附近海洋的互联互通，建立和加强沿线各国互联互通伙伴关系，构建全方位、多层次、复合型的互联互通网络，实现沿线各国多元、自主、平衡、可持续的发展。"一带一路"的互联互通项目将推动沿线各国发展战略的对接与耦合，发掘区域内市场的潜力，促进投资和消费，创造需求和就业。可见电力贸易网络建设具有重大意义，必将越来越受到"一带一路"沿线各国重视，区域互联互通建设势在必行。事实上，随着全球能源互联（Internet of Energy）构想的提出，我国近年来一直致力于推进跨境电力互联互通建设，国家发展和改革委员会、中华人民共和国外交部、中华人民共和国商务部共同发布的《推动共建丝绸之路经济带和21世纪海上丝绸之路的愿景与行动》就已提出要加强能源基础设施互联互通合作，推进跨境电力与输电通道建设，积极开展区域电网升级改造合作。

  "一带一路"覆盖亚欧两大经济圈，若要搭建起一个健全完善的电力贸易网络，不得不考虑跨境电力贸易的价格机制。目前尚未有系统的研究分析跨境电力贸易的价格形成机制，在已有的成熟市场模式中，电价的形成机制各不相同。跨境电力贸易的价格机制由于受到各国电力能源结构的不同、运输成本不同、提供辅助服务不同以及具体实行方式——中长期交易或现货交易的不同所影响，导致定价机制极其复杂，充满变动性。如何建立跨境电力贸易的出清电价均衡模型，以及分析不同因素带来的影响，将对最终"一带一路"沿线国家的供电成本优势至关重要，形成了本书的研究关键点之一。

第一节　电力成本分类

一、基本成本及测算方法

（一）电力生产成本

1. 跨境电力贸易火电发电成本

会计学中，成本是为了达到某一个特定的目标所失去或放弃的一项资源，简单来说是指人们为达到一事或取得一物所必须付出或已经付出的代价（陈梦竹，2014）。成本费用反映产品生产中资源消耗的主要基础数据，是形成产品价格的重要组成部分。具体来说，成本是指按特定生产目的归集的费用。企业为生产一定种类和数量的产品所发生各项费用的总和称为产品成本。成本是对象化了的费用，即生产产品所发生的费用。

火电厂生产成本是指火电厂为生产一定数量的电能所发生费用的总和。火电企业的费用包括直接费用、间接费用和期间费用（路宏艳，2008）。费用与成本的关系如图4-1所示。

对于一个火力发电企业来讲，依据电力部经济调节与国有资产监督司1993年7月颁布的《电力工业企业成本核算实施意见》，明确规定了电力企

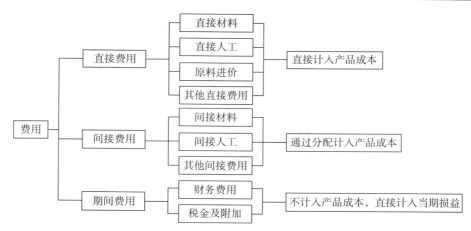

图 4-1 费用与成本的关系

业的成本开支范围（杨旭中，2003）。火电厂的生产成本分项包括燃料费、购入电力费、用水费、材料费、工资及福利费、折旧费、修理费和其他费用。

（1）火电厂生产成本分类。为了进行项目的成本结构分析和不确定性分析，应将总成本费用按照费用的性质划分为变动成本与固定成本。变动成本是指随着产量增减而成正比例增减的费用，如燃料、水费、购入电力费等；固定成本指在一定生产规模限度内不随产品产量变动而变动的费用，如按直线法计提的固定资产折旧费、管理人员工资等；此外还有一种费用既不是变动成本也不是固定成本，它随着产量变化而变化，但不成正比例的变化，成为半变动成本或混合成本，如机械设备的维护费、修理费、管理费用、运输费用等基本上都属于这种类型。而其变动费用则随产量的增长而增加，为了成本管理这些半变动成本还必须分解为固定成本与变动成本（刘洋，2001）。

另外，应当指出固定成本和变动成本只是一个相对的概念，不能作为绝对的理解。其实从长远角度看，任何费用都会受到产量即发电量多少的影响。当把某些费用如工资及福利、折旧、修理费用等列为固定成本时，是指当发电量在一定范围、一定时期内变动时，这些成本费用不受发电量变动的影响或影响很小，可以忽略不计。但是如果把固定成本费用进一步分为约束性固定成本费用和酌量性固定成本费用进一步考虑，固定成本费用也就不那么"固定"了。

约束性固定成本费用主要属于"经营能力成本费用"。如一座发电厂一旦建成投产，形成一定的生产能力，其厂房、设备的折旧，各类生产、管理人员的工资福利，日常维护修理发生的费用及其各项管理费用，在短期内都难以有重大的改变。

事实上，尽管在一定时期内，发电量在一定范围内变化，但这些成本费用会维持在一定"固定"的水平上。如果企业经过扩建，生产经营能力的提高必然会带来发电设备、生产管理人员的增加，与之相对应地也必然会使折旧、工资及福利、修理、管理费用提高，那么这时的固定成本费用也就不"固定"了。酌量性成本费用则是指企业根据经营方针确定的在一定时期内（通常为一年）的预算形成的固定成本。如发电厂的管理费用、财务费用、修理费用都是由当年的设备状况、财务状况和企业水平确定的，并不是年复一年维持不变。

实时发电成本是某负荷下机组单位时段内所消耗的成本，所以根据各项成本的特点，本书将燃料费、水费、购电费划分为变动成本，除此之外的其他部分随负荷变动的时间性较弱，在实时发电成本分析中都属于固定成本。税金及附加费和财务费用属于期间费用，不列入生产成本，但应列入总成本中。

（2）生产成本的函数形式。生产成本和发电量有着最为密切的关系，因而可以将生产成本构造数学模型，建立与发电量之间的函数关系式。不同的火电厂有着不同的成本函数，但可以归纳为以下两种形式（刘季江，2006）。

若用一次函数表示，对于火电厂而言，固定成本 f_0 是定值，在一定时间段内机组负荷一定的情况下，如果运行状况稳定，煤耗几乎不变，那么燃料成本就不变，从而变动成本 f_1 也可以近似看成定值，在这种情况下，总成本与发电量之间是线性关系。

此时有：

$$总成本\ TC = f_0 + f_1 q \tag{4-1}$$

$$平均成本\ AC = f_0 / q + f_1 \tag{4-2}$$

$$边际成本\ MC = f_1 \tag{4-3}$$

式中，q 为发电量，f_0 为生产每一单位电量的固定成本，f_1 为生产每一单位电量的变动成本。

上述三式对应的成本曲线分别如图4-2所示：

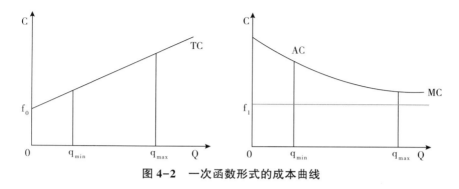

图 4-2　一次函数形式的成本曲线

从式（4-1）及图 4-2 中可以看到，总成本 TC 直线的斜率即变动成本 f_1，也就是：

$$f_1 = \frac{dTC}{dq} \tag{4-4}$$

当成本函数为线性时，发电量 q 变化时其平均成本 AC 随其变化可以通过对 q 求导得到：

$$AC' = -\frac{f_0}{q^2} \tag{4-5}$$

因为固定成本 $f_0 > 0$，而 $AC' < 0$，即平均成本 AC 随发电量 q 的增加而减少，这是因为分摊在单位发电量上的固定成本随着发电量的增加而减少。由式（4-3）可知，如果将 MC 看作是一个常数，而 AC 随发电量的增加而减少，当发电量趋于无穷大时 AC 趋于零。

在火电厂的实际经济活动分析中，有时候会遇到 f_0 和 f_1 都是未知的情况，若成本函数确定是线性函数时，则可以根据已知两点确定一条直线，得到成本函数曲线。

现在电厂负荷一般都是变化的，随着负荷的变化，煤耗也在变化，从而有单位产量的变动成本随着负荷的变化在变化，形成了非线性成本函数，若以二次函数形式表达，则有：

$$TC = c_0 + c_1 q + c_2 q^2 \tag{4-6}$$

$$AC = c_0 / q + c_1 + c_2 q \tag{4-7}$$

$$MC = c_1 + 2c_2 q \tag{4-8}$$

上述三式对应得到成本曲线分别如图 4-3 所示：

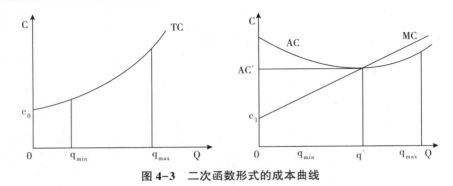

图4-3 二次函数形式的成本曲线

2. 跨境电力贸易风电发电成本分析

(1) 风电厂生产成本分类。风力发电是依靠自然风力资源发电,不消耗常规能源,只需将风能转换成机械能,再由机械能转换成电能(迟秀凯,2010)。风电成本是指要维护一个风电场正常运转所需最低成本,主要由三个部分组成,分别是风电项目投资成本、运行维护成本和财务费用(郭全英,2002)。风电项目的投资成本是由风电项目开发和建设期间的资本投入所形成的成本,主要包括风电机组的购置费用、风电场基础建设费、风电机组安装工程费、前期开发与土地征用费以及风电入网建设费;运行维护成本是在项目运营寿命期内为保证风机、电气等设备正常运行所产生的维护成本,主要包括常规检修费用、故障维修费、备品备件购置费、保险费以及管理费用;财务费用是由项目建设期间发生的长期贷款以及项目运营寿命期内发生的流动资金贷款所形成的利息成本,主要包括长期贷款利息和短期贷款利息。

(2) 风电厂生产成本分析。风电成本主要取决于风电机组实际发电量和风电机组本身的投资成本,风电机组实际发电量受所在风电场风况和风机与风资源匹配程度影响。因此,风电场风资源的好坏以及风资源与风机匹配程度直接影响风电成本,选择合适的风电场场址和风电机组是建设风电场的关键。

场址的选择一般分宏观选址和微观选址两个步骤:宏观选址是选择候选场址,主要工作是对场址风能资源进行系统考察,宏观选址的优劣对风电项目经济可行性起主要作用。微观选址是确定风电机组实际安放位置,在确定开发建设的风场场址之后,根据风能资源勘测分析结果,分析地形、地面特点,充分利用有利于加大风速的地形,确定风电机组微观安装位置。

风力发电与常规能源发电不同,常规能源发电量随装机容量的增大而增加，但风力发电量并不随着增大装机容量而增加。对于特定的风电场，以最大限度地利用风能，产生最好经济效益为目标的风机合理选型尤为重要。风机合理选型一个重要的技术参考指标就是风电场容量系数，由此可选择与安装处风能资源最佳匹配的风电机组。

风电场容量系数 CF 是指风电场一段时间内实际发电量与风电机组额定发电量的比值，还可以表示为风电机组年平均输出功率 P_{ave} 与额定功率 P_r 之比，容量系数 CF 越大，风电场经济性越好，风力发电成本也就越低：

$$CF = \frac{P_{ave}}{P_r} \tag{4-9}$$

式中，P_{ave} 为平均输出功率，P_r 为额定功率，CF 为容量系数。

年平均输出功率 P_{ave} 为：

$$P_{ave} = \int_{V_i}^{V_c} P(V) f(V) \, dV \tag{4-10}$$

式中，V_i，V_c，$P(V)$，$f(V)$ 分别表示风机启动风速、风机截止风速、风机功率输出特性、风电场风速概率密度函数。

由风机的气动原理可知，风机的额定输出功率可表示为：

$$P_r = 0.5 \rho C_p S V_r^3 \tag{4-11}$$

式中，ρ、S、C_p 分别是空气密度、风机扫风面积、风机效率。风机效率 C_p 有一个极限值称为贝兹理论极限值，贝兹理论极限值认为任何风机的效率不会大于 0.593，也就是说风机不可能完全捕获风能。

联立式（4-11），风电场容量系数可表示为：

$$CF = \frac{1}{(V_r - V_i)^3} \int_{V_i}^{V_r} (V - V_i)^3 f(V) \, dV + \int_{V_i}^{V_c} f(V) \, dV \tag{4-12}$$

（3）风电厂生产成本。前文提到风电项目投资成本主要由风电机组的购置费、风电场基础建设费、风电机组安装工程费、前期开发与土地征用费以及风电入网建设费构成，设风电机组的购置费为 C_a、风电场基础建设费为 C_c、风电机组安装工程费为 C_i、前期开发与土地征用费为 C_{la} 和风电入网建设费为 C_n，则总的项目投资费用为：

$$C_{inv} = C_a + C_c + C_i + C_{la} + C_n \tag{4-13}$$

风电机组年发电量 Q_w 为风电机组额定容量与风机捕获风能的有效利用小时数乘积：

$$Q_w = 8760 \times CF \times P_r \qquad (4-14)$$

有效利用小时数：

$$T = 8760 \times CF \qquad (4-15)$$

不考虑意外情况的发生，一个建设运营的风电场使用寿命为 N 年，在使用寿命期内发电总量为：

$$Q = N \times Q_w \qquad (4-16)$$

单位投资成本为：

$$c_{inv} = \frac{C_{inv}}{Q_w} = \frac{C_{inv}}{8760 \times CF \times P_r} \qquad (4-17)$$

（4）影响风力发电成本因素的分析。影响风力发电成本因素的分析采用敏感性分析的方法（郭全英，2002）。这种方法是指研究与分析一个系统因周围条件发生变化而引起其输出结果变化的敏感程度的方法。风力发电成本受到许多因素的影响，包括风电场的风资源情况、风电场所使用的风机性能、初始投资情况、风电场的日常管理情况。因此，对影响风力发电成本因素分析时，选取一个完整的风电场特例进行分析。

步骤如下：

1）拟合风电场的风资源特性。

2）计算风电场的期望发电量。

3）归集总成本费用。①固定资产价值=固定资产投资+建设期利息。②发电成本：折旧费、摊销费、年运行成本（材料费、工资及福利费、管理费、维修费、输变电成本）。

4）单位发电成本=总成本费用/发电量。

5）对影响风力发电成本因素进行敏感性分析。

6）对计算结果进行分析。

本节研究需要四个模型，即风速分布模型、期望发电量模型、静态成本计算模型、动态成本计算模型。从使用者的角度来看，选择电价低的发电技术是其必然的选择，要想使电价降低，发电成本必须降低才行。因此对风力发电场的发电成本进行认真的研究，通过敏感性分析，找出影响风电成本的因素，全面系统地认识影响风电成本的因素，从而降低风力发电成本，是十分必要的。

（1）风速分布模型。

风能是运动的空气所具有的动能。风在 T 时间内流过垂直截面积 S 的风能为：

$$E = \frac{1}{2} \rho T S V^3 \qquad (4-18)$$

式中，V 为风速（m/s），ρ 为空气密度（kg/m³）。

单位时间内通过单位面积的风能称为风能密度，其计算公式为：

$$P = \frac{1}{2} \rho V^3 \qquad (4-19)$$

由于风速是不断变化的，每时每刻风速值是不一样的。但风速的出现概率符合一定的规律，计算风能时，常采用威布尔（Weibull）分布，包括二参数模型、三参数模型，二参数模型虽然可靠性略差一些，但确定参数时计算量较小。因此本书采用二参数模型，其风速分布的概率密度为：

$$f(v) = \frac{K}{C} \left(\frac{V}{C} \right)^{k-1} \exp \left[- \left(\frac{V}{C} \right)^k \right] \qquad (4-20)$$

式中，V 是风速，C 为尺度参数，K 为形状参数，估计值采用最小二乘法进行。

威布尔（Weibull）模式的分布函数为：

$$F(V) = \int_0^v f(v) \, dV = 1 - \exp \left[- \left(\frac{V}{C} \right) \right]^K \qquad (4-21)$$

（2）风机轮毂高度的影响。

一般情况下，在近地面几百米高度范围内，风速随着高度的增加而加大。通常观测到的风速是距离地面 10 米高的风速值 V_{10}，应根据所选风力发电机叶片轮毂高度 H，将 10 米高的风速折算为相应风速 V_H。

$$V_H = V_{10} (H/10)^x \qquad (4-22)$$

式中，V_H 为距离地面 H 米高的风速，V_{10} 为距离地面 10 米高的风速，H 为距离地面的高度，x 为指数，取决于观测点的地理特征，一般情况下取 1/7（迟秀凯，2010）。

一般情况下，随着风机轮毂高度的增加，风速越大发电量增加，所以度电成本下降。但同时要注意的是，轮毂高度增加，风机塔架的高度也会随之增大，因此风机的成本也会增加，而且风机的安装成本和运营安全的风险系数也会加大。所以不能一味追求增加轮毂的高度。因此，在考虑降低风电成本的时候，应注意对风电机组的选择，由于各个风机供应商所提供的风机性能存在差异，利用其进行风电产生的效果也不尽相同，在选择时应加以考虑。

（3）初始投资来源构成对成本的影响。

初始投资资金的来源构成情况也会影响到风电的成本。资金是企业的血液，是企业成立、生存和发展的物质基础，也是企业进行生产经营活动的基本前提。任何一个企业，为了进行一定的生产经营活动并保证其顺利进行，都必须拥有一定数量的资金。而资金来源的不同就会使资金成本产生差异。利用股权筹资的形式包括吸收直接投资、发行股票、利用留存收益等，这种筹资方式一般不用归还本金，能够形成企业的永久性资本，财务风险较小，但是付出的资金成本较高；利用债务筹资的形式包括发行债券、借款、融资租赁等，这种方式的筹资一般资金成本相对较小，但是具有较大的财务风险。企业通过筹资可以为企业正常的生产经营活动的开展提供资金支持，同时也有利于企业引进先进技术、改进设备，提高固定资产的生产能力，培训工人、提高劳动生产率，也可以满足企业战略发展和资本经营的需要。

从目前来看，我国风电场建设大部分依靠商业贷款，而且由于大众对风电项目在认识上尚存在偏见，所以很难获得长期贷款，且利率很高。那么，随着贷款利率的增加，利息费用也会增加，则相应导致风力发电成本增加，反之亦然。

（4）风电厂的日常维护管理对成本的影响。

运行维护费包括维修费、工资和福利费等。运行维护费增加或下降，依据成本计算公式可知，风电的成本要相应地增加或下降。随着风机技术的发展和完善，风机的维修费用也会逐渐下降。同时，由于风机自动化程度的提高，管理人员也会逐步减少，运行维护费用也会相应减少，因此，风机成本会呈现逐步降低趋势。

以位于内蒙古和河北交界处的一处风电场工程为例，根据风电场实测数据推断风机布置区域风资源较好，风功率密度等级在3级以上，交通安装及施工安装条件较好（程秋琳，2013）。在条件允许的情况下，尽可能采用较大容量的风电机组，能够更好地利用当地风能资源，节约土地。

该风电场选出7种较为成熟的技术，有一定运行业绩的风电机机型进行技术经济比较，以选取最优方案。通过对表4-1的分析与比较，方案4的度电成本最低，为最优方案。

表4-1　各机型方案经济比较

方案	1	2	3	4	5	6	7
单机容量（kW）	1500	1500	1500	1500	1500	2000	2000
额定风速（m/s）	10.5	10.5	10.8	13	10.5	15	11
风轮直径（m）	82	82	82	82	82	93	93
轮毂高度（m）	65	70	65	70	80	80	80
台数（台）	67	67	67	67	67	50	50
装机容量（MW）	100	100	100	100	100	100	100
年等效利用小时（h）	2281	2339	2323	2411	2399	2401	2343
年上网电量（万 kW·h）	22927	23506	23343	24227	24113	24015	23426
风电场静态投资（万元）	98286	98022	97518	99500	100632	107823	103908
单位千瓦投资（元/kW）	9581	9753	9703	9900	10013	10782	10391
单位电量投资（元/kW·h）	4.20	4.17	4.18	4.11	4.17	4.49	4.44
度电成本（元/kW·h）	0.4308	0.4278	0.4286	0.4215	0.4280	0.4588	0.43537

风电项目的初始投资成本中，大约75%的成本来自于风电机组购置。表4-2显示我国目前典型主流风机（1.5MW）的成本构成结构。

表4-2　典型主流风机（1.5MW）的成本构成结构

	投资（万元/kW）	比例（%）
风电机组成本	9280	75.6
并网成本	1090	8.9
塔基成本	800	6.5
场地租赁成本	480	3.9
电力设备成本	180	1.5
咨询成本	150	1.2
财务成本	150	1.2
道路建设成本	110	0.9
控制系统成本	40	0.3
总成本	12270	100

资料来源：根据中国风能协会资料整理数据。

由表 4-2 可以看出，相比于其他成本，风电机组成本占据了绝大部分的初始投资成本。因此，购置风电机组产生成本的大小会在相当大程度上影响度电成本的高低。

3. 跨境电力贸易光伏发电成本

（1）光伏发电项目生产成本特性。光伏发电项目成本主要指的是光伏电站建设过程中，设备、材料采购、土建、设备安装、调试等各阶段，所耗费的材料费用和人力成本及后期维护所有的费用。主要由主辅材料消耗过程中产生的材料成本、设备采购以及使用过程中形成的设备成本、劳动力消耗过程中产生的人工成本以及周转占用资金所产生的财务成本等方面组成。

相比于一般的项目成本，光伏项目成本一方面具有其相同的特点，另一方面也体现出自身个性化特点，主要体现在以下四个方面（张翼霏，2017）：

一是能动性。光伏发电项目一般来说具有较大的规模，在核算项目成本方面，相比于一般的项目，光伏项目核算工作相对复杂。若想达到成本管理的目的，仅仅依靠事后的成本记录、归集和计算是不可能实现的。光伏发电项目需要通过事先的充足规划、完备的预算工作，来自各方能动的促进成本管理工作的完成。在核算光伏发电项目的成本时，首先需要预测成本，根据实际情况进行成本计划的制订，其次实现成本目标。基于此前提，再实施核算各项成本，从而最终达到目标要求。

二是综合性。光伏发电企业目前在光伏项目成本管理方面已经逐渐意识到项目成本管理属于系统性的工作。因此，一方面牵扯到财务部门相关的工作，另一方面还需要其他部门的有效配合才能推进工作有序开展。在实施光伏发电项目成本管理中，紧密结合了项目中的安全管理、资金管理、人资管理、工期管理、技术管理、质量管理、预算管理等多方面，最终促进了其完整系统的组成。在项目成本管理中，要充分调动每一位管理者的积极性，基于每个管理者的工作，通过直接或者间接的方式，参与到成本管理中，充分发挥所有管理职能的价值。从这个角度来说，只有在成本管理中尽可能纳入所有管理要素和对象以及相关职能，才可以促进有效控制项目成本的实现。

三是及时性。在光伏发电项目成本控制方面，需要提前制订项目计划，然后根据计划中规定的要求，结合实践中出现的情况，适时调整计划，展开实时跟踪。因为在施工项目中会产生多方面变化的客观条件，像供应原材料的市场发生变化、变更的设计方案、上涨的劳动成本等，无法按照计划来控制项目的成本，而如果要保证其项目成本在合理范围内，那么则要动态跟踪项目施工的整个过程，当施工出现新情况时，需要及时制定针对性应对方案。

四是不可复制性。光伏发电项目具有较强的单件性以及流动性特点，项目地点会经常发生变化，因此必须随着施工变化的地点来开展光伏项目，流动性比较显著，从而使光伏发电项目无法模式化复制或者以标准化来确定成本，在符合市场需求的基础上，结合当地的平均水平，遵循项目所制定的流程，实施科学的成本管理。

（2）光伏电厂生产成本分类。光伏发电项目成本涉及运维成本、间接费用、装机成本以及人工成本四方面，主要组成部分体现在以下方面：

1）装机成本，指的是投资于光伏电站所有的投入，在财务报表上体现的是固定资产（见图4-4）。

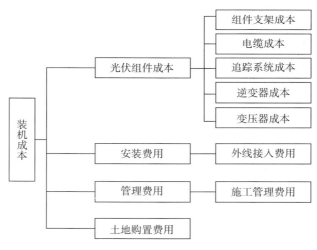

图4-4　装机成本构成

2）运维成本，是指光伏发电项目建设投产发电后，在发电的过程中所发生的基础设备维护成本、设备故障维修成本，光伏电站的发电量受光伏设备故障发生的频率影响，同时也对其项目效益产生一定影响。

3）人力成本，是指企业在一定的阶段内，在经营、生产和劳务活动提供方面，在雇用劳动者的同时需要承担的所有人力费用的总和。光伏发电项目的人力成本包括前期的设计费用，以及项目工程实施过程中所产生的劳动力成本，核算成本时需要进行分摊的间接人工成本。

4）间接费用，光伏发电项目间接费用是指在光伏发电项目在开工过程中发生的，并不和光伏电站施工关联，不过在光伏项目成本中需要将其纳入相关费用科目，包括期间管理费用摊销、财务费用、税费以及成本外支出等。期间管理费用摊销主要是光伏发电项目引进技术发生的许可证费、专利费、设计费、咨询费等；财务费用是指为了保证光伏项目的正常施工，通过向银行等金融组织贷款过程中产生的手续费以及借款利息；税费是指实施光伏项目中产生的多个项目的税费；成本外支出是指光伏项目生产准备费用、合作开发费用以及其他不可预见费用等。

（3）光伏电厂生产成本。

1）装机成本。分布式光伏发电系统由五部分构成，分别为光伏组件、稳压器、逆变器、计量器以及元件之间连接所需的电缆（皮薇，2015）。下面依次介绍前四部分。

一是光伏组件。光伏电池板是分布式光伏发电系统第一个入口点。通常情况下，太阳能电池单体是最小的组成部分，单体可以组成组件，组件可以构成电池板。一般情况下，单个组件可以是几瓦到 200 瓦不等，如果确定了分布式光伏发电的装机容量，可以直接除以单个组件的容量，在此基础上乘以单个组件的价格，即可得到光伏电池板的成本。

二是稳压器。稳压器可以自动调整输出的电压。由于在分布式光伏发电过程中，太阳照射的时间不同以及太阳角度不同，均会引起分布式光伏发电的电压产生波动和不稳定。如果电压不稳定，会导致设备的损坏甚至报废。也就是说，稳压器对于分布式光伏发电而言，属于必不可少的元件。

三是逆变器。逆变器也是分布式光伏发电系统中必不可少的一部分。太阳能光伏发电可以将太阳能转化为电能，但是转换成的电能都是直流电，必须通过逆变器将直流电转化为交流电，才能供交流负载使用。逆变器的作用是把分布式光伏发电所产生的直流电转为一般设备使用的交流电。

四是计量装置。分布式光伏发电系统中的电能计量装置和一般的计量装置不同，因此不能共用。分布式光伏发电实行自发自用，余电上网。因此在进行余电上网的时候，要进行合理电量方面的计量。但是国家有关部门为了促进分布式光伏发电的并网，电能计量装置将由供电企业免费向用户提供。

光伏发电系统投资主要由组件、逆变器、支架、电缆等主要设备成本以及土建、安装工程、项目设计、工程验收和前期相关费用等部分构成。虽然电缆等投资下降空间不大，但组件、逆变器等设备成本仍有一定下降空间，而接网、土地、项目前期开发费用等不同项目差别较大，这里取典型值计算。由表4-3可知，2015年以8.4元/W左右的平均成本进行了系统投资，而到2016年降到了7.3元/W以下，以此类推，到2020年可降至5.7元/W。如果可以促进电网接入、土地以及前期项目开发产生的非技术费用成本降低，而到2020年所投资于电站的成本可降至低于5元/W。考虑到未来部分电站为了提高发电小时数，可能会引入容配比设计、追踪系统、智能化运维等，投资成本可能会提升，但发电成本总体会呈现下降趋势（张翼霏，2017）。

表4-3　2011~2016年初始投资价格

年份	2011	2012	2013	2014	2015	2016
初始投资价格（元/W）	15.8	10	9.6	9.1	8.4	7.3

光伏电站初始投资主要包括并网逆变器、光伏组件、安装和土建、配电电缆和设备，以及送出线路等方面产生的成本，而其中占到一半以上的是光伏组件部分。这样为了降低光伏发电成本，可以通过提高光伏电池组件的效率以及促进工艺制造的水平，降低原材料价格等方式实现。相关数据显示，当提升1%的光伏组件效率，那么光伏发电系统价格则会有17%的降幅，当太阳能电池提升了效率，降低了组件成本，那么也会大幅降低逆变器的价格。

2）人力成本。由图4-5可以看出，光伏发电项目每瓦间接人工费用和直接费用从2013年逐渐下降，由2013年5.2元/W下降至3.4元/W，2013年受到欧盟双反影响，人工成本骤然上涨。由于随着社会经济的发展，新的科技成果在光伏行业领域有了广泛应用，机械化程度不断提高，人工费用也因此逐渐下降。光伏发电的人工成本既包括前期安装费用，也包括运营发电后在编人员的工资以及清洁员工的费用。从光伏人才的匮乏，到近几年不断对光伏工作人员进行专业培训，光伏发电的人工成本从2013年逐步下降，有利于光伏发电项目的成本管理，鼓励投资光伏发电项目。

（元/W）

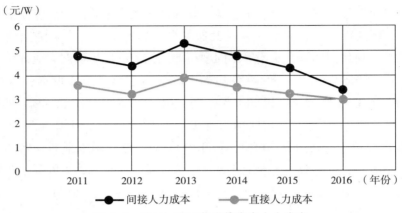

图 4-5　2011~2016 年光伏发电人力成本

3）运营维护。通常情况下，项目的运营和维护方案会有很多种，在选择时既要保证技术的可行性也要考虑到经济上的可行性。项目的决策设计阶段对运营维护成本有较大的影响，然而运营维护阶段的自身成本管理也相当重要。在进行项目的运营和维护时，项目前期阶段及实施阶段对项目的运营和维护成本有着很大的影响，一般情况下，建设成本和运营维护成本是一增一减的。如图 4-6 所示，如果采取了相对较好的建设技术，在后期的运营维护中，技术先进并且效率较高，这也会导致运营维护阶段的成本和费用降低，即项目建设成本 C 上升，进而运营维护成本 C_2 下降；相反，如果项目的建设水平比较低下，虽然建设费用少了但是后期的运营维护成本将大为增加，同样不会使全寿命周期的成本达到最值。可以用 $C = C_1 + C_2$ 来表示全寿命周期成本构成。

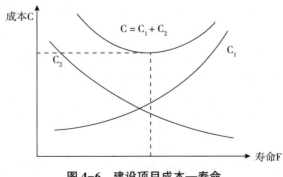

图 4-6　建设项目成本—寿命

（二）跨境区域电力运输成本

1. 跨境电力贸易输电成本分类

电网的输电成本指电网经营企业为输送电能在输电环节所发生的成本支出。输电企业应积极寻求最有效合理的办法进行成本核算，以便更好地掌握运营成本，提高管理水平，适应市场经济发展，输电成本核算方法的正确性对市场环境下系统公平、公正、公开调度有着重要意义。

总成本费用按照费用性质划分为固定成本和可变成本（张文泉，2004）。固定成本指在一定生产规模限度内不随产品产量变动而变动的费用，如固定资产折旧费、行政管理费、管理人员工资及实行固定基本工资制的生产工人的工资等。固定成本并非永远固定不变，固定成本的概念只在产品产量发生短期波动或经营条件发生变化而企业还来不及根据这种变化调整固定生产要素（如厂房、设备等）存量的条件下适用。变动成本指产品成本中随产品产量变动而变动的费用，如构成产品实体的原材料、燃料、动力、实行计件工资制的生产工人工资等（高效，2007）。

可变费用是随着输电公司业务量的变化而变化的，如网损费用。网损在电力系统中只占很小的一部分，对电力系统正常稳定运行一般不会产生严重影响，但会造成效率降低。网损对电力交易产生影响巨大，电力市场环境下由网损造成的费用分摊问题越来越引起人们的重视。

总成本费用按照对决策的影响可划分为沉没成本和机会成本。沉没成本指以往发生的与当前决策无关的费用。经济活动在时间上是具有连续性的，但从决策角度来看，以往发生的费用只是造成当前状态的一个因素，当前状态是决策的出发点，当前决策所要考虑的是未来可能发生的费用及所能带来的收益，不考虑以往发生的费用。固定成本中绝大部分是沉没成本。机会成本指将一种具有多种用途的有限资源置于特定用途时所放弃的收益。

输电成本包括：①运转成本，如运行成本、维护成本、辅助服务成本；②以往的资金投资（沉没成本）；③为将来负荷增长、额外增加的交易而进行的输电网扩建和改造的投资。

运转成本与投资资金相比而言很少，因此，固定成本的分配主要考虑输电设施投资的回收。输电固定成本包括投资的还本付息、折旧费、回报率、税费、通货膨胀率、保险费等，有的电网还包括电网的运行管理和维护费。

输电设施分成两类，一类是连接电厂或负荷到电网的专用线路和变电站及低压线路，这类设备的使用者明确；另一类是将电能输送到电网各母线的共用线路，其使用者以及使用程度均难以明确界定。一般地，输电固定成本分配的研究对这两类设备并不做严格区分。

2. 跨境电力贸易输电成本计算

上述各项成本费用的简化计算方法如下（葛静，2010）：

（1）输电设施折旧费 C_z：在计算年折旧费时一般采用直线折旧法，即将设备的账面价值在投资使用年限内平均分摊。计算时首先确定各项固定资产原值 C_i 和规定的折旧率 α_i，然后计算各项资产的折旧额，最后累加得到总的折旧额为 $C_z = \sum_i C_i \alpha_i$。

（2）运行维护费 C_y：可以按照设备的固定资产原值和运行维护费率 β_i 确定；也可以按照线路长度、变压器的台数、资产新旧程度等因素综合测定。前者的计算方法简单但是比较粗略，后者的计算较为复杂但科学合理一些。按照前者计算的公式 $C_y = \sum_i C_i \beta_i$。

（3）工资及附加费 C_g：工资按照定员人数和本地区同类企业的人均工资水平测算核定；附加费包括福利费及其他随工资提取的费用，按工资总额的一定比例提取。

（4）网损费用 C_s：按网损电量和购电单价确定 $C_s = E_s \rho_i$。

（5）利润及税金 C_t：此项费用一般按国家规定计算，其中利润按总资产原值的比例计算，税金一般根据利润确定。

（6）财务费用 C_c：主要是指企业在电价测算期的贷款利息和汇兑损益

$$C_c = 贷款利息 + 当年汇兑损益分摊额 \tag{4-23}$$

（7）投资回报 C_h：可以采用净资产收益率的方法，收益率水平参照当前长期借款利率确定。

输配电系统的总成本为以上各费用之和：

$$C^T = C_z + C_y + C_g + C_t + C_c + C_h \tag{4-24}$$

（三）跨境电力贸易辅助服务成本

电力系统辅助服务的分析及其定价的理论，是近年来研究较多、发展较快的课题，但目前尚未有公认成熟的理论，理论与实践之间还存在巨大的鸿沟。随着电力市场的发展、发输电的分离，必然要解决辅助服务及其定价的问题。

随着电力市场研究和实践的不断深入，辅助服务问题由于其重要性和技术上的复杂性吸引了越来越多的研究者和电力公司的兴趣。其实，辅助服务本身并不是新的技术，并非由于电力市场的出现才提出辅助服务问题，而是在传统的电力系统管理运行方式下，辅助服务问题一直未引起足够的重视（陈金，2009）。因为以往电力公司注目的焦点是电能，在确定研究课题时其研究对象基本上都是电能，所提供辅助服务的费用与电能的费用被混为一体。这是因为，辅助服务的作用是保证电力系统供电质量和电力系统安全水平，但不论是供电质量、系统安全水平的定义还是辅助服务的管理都不是建立在严格的经济分析基础上的。运行人员既不清楚提供各种辅助服务的费用，也未能建立衡量系统安全水平和供电质量的经济指标。

辅助服务的重要性是指任何电力系统不论其管理经营模式如何，都必须有一种机制确保其能够提供足够的辅助服务，以满足所需的供电质量和系统安全运行水平。在电力市场下，电网的运行要以效益为目标，而提高辅助服务的质量可以增加电网的输电容量和效率。辅助服务的复杂性指在以往电力公司的运行中，提供某一种辅助服务往往与发电、输电、配电的各环节密切相关，而且为了达到某种期望的运行状态需要系统调度员协调各种辅助服务，很难将其作用及费用单独划分出来。在电力市场环境下，调度机构不能再要求发电厂和用户无条件地提供辅助服务。对于发电厂，提供辅助服务成为获取收益的一条新的途径，因此，必须解决一系列的问题，如怎样分解计算提供辅助服务的成本，怎样与主能量联合优化等。

1. 辅助服务分类

电力系统的安全性一直是电网运行中需要考虑的一个重要问题，而一个可靠运行的电网又是电力市场实现电能交易的基础。一般将为保证系统安全运行和电能供应质量的系统服务称为辅助服务。美国联邦能量管制委员会（FERC）规定如下一些辅助服务：调度与系统控制、无功支持与电压控制、调节与频率响应、能量不平衡、旋转备用和追加备用（Supplemental Reserve）等，其中后两种备用也成为运行备用（胡军峰，2014）。

（1）频率控制（调节备用）：处理较小的负荷与发电的不匹配，维持系统频率，以使控制区内负荷与发电的偏差及控制区之间的交换功率实际值与计划值的偏差为最小。基本上是实时的。

（2）可靠性备用（旋转备用和非旋转备用快速启动机组）：由于发电或输电系统故障，使负荷与发电量发生较大偏差时，10分钟内可以提供急需的发电容量（增加/降低），恢复负荷跟踪服务的水平。

（3）替代备用：30~60分钟可以满发的发电备用容量，包括发电机容量和可以间断用电负荷，用于提高和恢复可靠性备用的水平。

（4）无功备用/电压控制：通过发电机或输电系统中的其他无功源向系统注入或从系统吸收无功，以维持输电系统的电压在允许的范围内。

（5）发电再计划（reschedule）/再分配（redis-patch）：对于较大的发电负荷偏差，调度中心要重新安排各机组出力。

（6）能量不平衡：补偿实际的交易量与计划交易量的差额。

（7）有功网损补偿：输电时造成的功率损耗通过此项服务来补偿。

2. 跨境电力贸易深度调峰成本

（1）投油深度调峰模型。根据火电机组的运行状态和能耗特性，将火电机组的调峰过程分为基本调峰（RPR）、不投油深度调峰（DPR）和投油深度调峰（DPRO）三个阶段，并从技术角度分析火电厂深度调峰的主要影响因素（主要有锅炉燃烧稳定性、水动力工况安全性、锅炉辅机设备参数及运行人员水平等），进而提出机组寿命损耗和环境效益的火电机组不同阶段的调峰能耗成本模型。

根据火电机组的运行状态和能耗特性，其调峰过程可以分为 RPR、DPR 和 DPRO 三个阶段，如图4-7所示。图中：P_{max} 为机组最大出力；P_a 为机组 RPR 阶段的最小技术出力；P_b 为机组 DPR 阶段的最低稳燃出力；P_c 为机组 DPRO 阶段的稳燃极限出力。

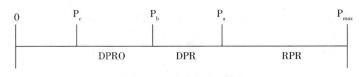

图4-7 火电机组调峰

成本函数：

$$F = \begin{cases} f(P) & P_a \leqslant P \leqslant P_{max} \\ f(P) + \omega_{cost}(P) & P_b \leqslant P \leqslant P_a \\ f(P) + \omega_{cost}(P) + \omega_{oil} + \omega_{ev}(P) & P_c \leqslant P \leqslant P_b \end{cases} \quad (4-25)$$

式中，$f(P)$ 为火电机组运行煤耗成本，$\omega_{cost}(P)$ 为变负荷调峰下机组的损耗成本，ω_{oil} 为机组在 DPRO 阶段运行的投油成本，$\omega_{ev}(P)$ 为环境附加成本。火电机组深度调峰能耗的成本变化见图 4-8。

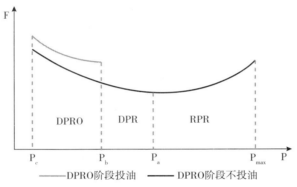

图 4-8　火电机组深度调峰能耗成本曲线

（2）结合储能的调峰模型，提出了一种制定组合调峰方案（储能+常规调峰手段）的实用方法。引入年调峰不足概率和年调峰费用作为量化组合调峰方案的技术性与经济性指标，搭建计算两类指标的数学模型，建立储能容量、常规调峰手段、技术性/经济性指标三者的关系，从技术性与经济性权衡的角度来指导系统调峰组合方案的优化制定，旨在拓宽储能辅助常规调峰手段进行组合调峰的思路。

以调峰概率作为技术指标，定义：假设系统第 d 天第 t 时段的调峰需求为 $P_{peakreq,d,t}$，系统该天调峰能力为 $P_{peakabi,d,t}$，可包含正常调峰能力 $P_{regular,d}$、深度调峰能力 $P_{deep,d}$、投油调峰能力 $P_{oil,d}$ 和启停调峰能力 $P_{on-off,d}$。若 $P_{peakreq,d,t} > P_{peakabi,d,t}$，则表示第 d 天第 t 时段调峰不足，反之，表示调峰充足。统计一年 8760 个时间点（以 1 小时为时间间隔）中调峰不足的时间点个数 N，则该调峰手段下的系统调峰不足概率为：

$$p = \frac{N}{8760} \quad (4-26)$$

1）常规机组调峰费用评估模型。常规机组调峰费用包括正常调峰费用、深度调峰费用、投油调峰费用以及启停调峰费用四部分。

$$C = \begin{cases} 0 & P_{peakreq,d,t} < P_{regular,d} \\ (P_{peakreq,d,t} - P_{regular,d})\Delta t C_{deep} & P_{regular,d} < P_{peakreq,d,t} < P_{deep,d} \\ (P_{deep,d} - P_{regular,d})\Delta t C_{deep} + (P_{peakreq,d,t} - P_{deep,d})\Delta t C_{oil} & P_{deep,d} < P_{peakreq,d,t} < P_{oil,d} \\ (P_{deep,d} - P_{regular,d})\Delta t C_{deep} + (P_{oil,d} - P_{deep,d})\Delta t C_{oil} + \\ C_{on-off} N_{on-off} \dfrac{P_{peakreq,d,t} - P_{oil,d}}{P_{on-off}} & P_{oil,d} < P_{peakreq,d,t} < P_{on-off,d} \end{cases}$$

式中，C 为调峰费用，C_{deep} 为深度调峰单位费用，C_{oil} 为投油调峰单位费用，C_{on-off} 为启停调峰单次费用，N_{on-off} 为启停次数，P_{on-off} 为启停机组容量。

2）储能的年调峰效益评估模型。

储能系统的投资等年值：

$$C_B = f_{cr} C_{BO} \tag{4-27}$$

式中，C_B 为储能系统的投资等年值，C_{BO} 为储能系统的初始投资成本，f_{cr} 为资本回收系数。

储能系统年维护成本：

$$C_{OM} = \lambda_1 C_B \tag{4-28}$$

其中，C_{OM} 为储能系统单位容量的年运行维护费用；λ_1 为系数。

3）调峰经济效益评估模型。

$$P = P_1 + P_2 + P_3 + P_4 + P_5 \tag{4-29}$$

式中，P_1 为等效火电装机成本投资等年值，P_2 为等效火电机组维护成本，P_3 为等效系统发电燃料成本，P_4 为等效系统发电排污成本，P_5 为机组和储能调峰价格补偿收益。

（3）考虑风电外送的跨区调峰模型。本模型不考虑弃风，而将缓解系统调峰压力的途径转移到外送通道上，考虑外送通道的辅助调峰作用，研究外送对电网调峰的影响。同时，考虑水电机组的削峰作用，修正水电机组的出力安排，建立考虑风电极端反调峰作用下系统的调峰模型。火电机组调峰环节见图4-9。

火电机组安排优化模型如式（4-30）所示：

$$\min \sum_{t=1}^{T} \sum_{i=1}^{N_T} [C_{ft}(t) + C_{si}(t)] + C_{pe}|P_{out}(t) - P_{out,set}(t)| \tag{4-30}$$

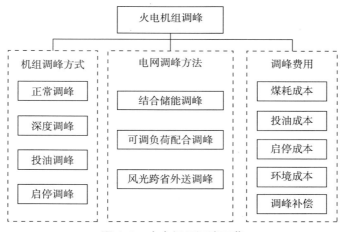

图 4-9 火电机组调峰环节

其中

$$C_{fi}(t) = a_i P_{T,i}^2(t) + b_i P_{T,i}(t) + c_i \qquad (4-31)$$

$$C_{si}(t) = \max\{0, |U_i(t) - U_i(t-1)|\} \cdot C_{si} \qquad (4-32)$$

式中，N_T 为火电机组数，$P_{T,i}$（t）为火电机组 i 在 t 时段的出力，C_{ft} 为火电机组 i 的燃料费用，C_{si}（t）为火电机组 i 在 t 时段的启停费用，P_{out}（t）和 $P_{out,set}$（t）分别为 t 时段的等值外送功率值和设定值；C_{pe} 为等值外送功率与设定值的偏差惩罚系数；a_i、b_i、c_i 分别为火电机组 i 的燃料费用系数；$U_i(t)$ 为火电机组 i 在 t 时段的启停状态，其值为 0 表示停机状态，其值为 1 表示开机状态；C_{si} 为火电机组 i 每次启动的费用。

3. 跨境电力贸易无功功率服务成本

无功辅助服务，又可称为无功支持服务或无功电压控制服务，是指通过向电网注入或吸收无功功率将电力系统正常运行时节点电压波动水平维持在允许范围内，换句话说，无功辅助服务是指在电力系统出现故障的情况下，提供足够的无功支持以防止系统电压崩溃（陈金，2009）。

一般来说，用户的无功功率需求与有功功率需求变化一致。可以影响电力系统的无功需求的因素很多，主要有线路、变压器和电缆的负载情况等。在电力系统重负荷情况下，发电主体需要生产足够的无功功率来满足用户和系统的需要。然而，在系统轻负荷的状况下，发电主体需要吸收过多的系统剩余无功功率。在系统枢纽节点上提供足够的无功功率支持能够有效地控制节点电压，通过这种方法可以将整个系统的电压维持在安全水平，进而保证系统的有序可靠运行。

在满足无功功率的需求之外，电力系统中的无功功率服务还要提供足够的事故备用无功功率容量，如容性和感性无功功率等。如果电力系统发生故障，整个系统的无功功率需求将会立即发生变化，这种情况要求系统必须留有足够的无功功率以备用来保证系统能在事故状况下安全稳定运行。另外，利用无功功率服务也能够减少网络损耗，合理配置的无功功率电源和电压水平可以帮助电网降低网络中的有功功率损耗，提高整个电力系统的运行效率。

由上可知，无功功率服务作为辅助服务的一种，对于有功功率的传输有着非常重要的支持作用；特别是当利用输电系统交易数量增多和电压水平成为限制额外功率传输的"瓶颈"时，无功功率的支持作用就更加重要。本书从经济学和工程技术的角度，将无功成本分为显性成本、可变成本和无功机会成本（许勇，2005）。

（1）无功功率服务显性成本。显性成本是指必须直接支付的成本，包括设备的资本成本和商品的运行成本。用代表发出无功的容量的资本成本构成无功功率显性成本的一大部分。用 EC_s、EC_p 和 EC_q 来表示发电机的容量成本及其有功分量和无功分量，鉴于发电机的资本成本通常用有功分量的成本 EC_p 来表示，由 P、Q 和 S 之间的三角关系有以下等式：

$$EC_s = EC_p / \cos\varphi = EC_p / pf \qquad (4-33)$$

$$EC_q = EC_s \cdot \sin\varphi = EC_s \cdot \sin(\cos^{-1} pf) \qquad (4-34)$$

式中，pf 为发电机的额定功率因素。可以用 EC_q 来近似表示无功功率的显性成本。

由于无功服务由一定的负载方式决定，因此可以把发电机的资本成本分摊到每一个利用小时，即：

$$EC_p = \frac{I \cdot P_{max}}{P_{max} \cdot af \cdot lf \cdot \gamma r \cdot 8760} \qquad (4-35)$$

式中，P_{max} 为额定有功功率，I 为安装成本，γr 为使用寿命，af 为利用系数，lf 为负载系数，pf 为功率系数。

（2）无功功率服务可变成本。可变成本指发电机中由无功电能引起的有功电能损耗。当机组有功输出力、升压变压器高压侧电压、升压变压器档位一定时，无功电能与有功耗损具有近似二次函数的关系：

$$PL(Q) = a + bQ + cQ^2 \tag{4-36}$$

这里值得注意的是，进相运行时，发电机吸收无功，此时，仍然存在有功电能损耗，所以式（4-36）统一为：

$$PL(Q) = |a + bQ + cQ^2| \tag{4-37}$$

对发电机组本身而言，不同的无功电能输出量在发电机内部引起的有功损耗也不同。在电力市场中，这些有功损耗应该计算在无功电能的生产成本中，有功损耗应按照发电机母线的边际价格计算。无功可变成本计算如下：

$$C_v = PL \times PR_m \tag{4-38}$$

式中，PL 为有功损耗，PR_m 为发电机母线边际价格。

（3）无功功率服务机会成本。机会成本是指无功功率生产导致有功功率生产能力的下降（邹建平，2012），从而影响发电机通过生产有功功率来获取的利润额，因此没有考虑有功功率的机会成本，这是因为计算无功功率的机会成本时已经假定发电机保留的容量用于无功出力，即有功出力不再增加。该机会成本表示如下：

$$C_{Gqi}(Q_{Gi}) = \left[C_{Gqi}(S_{Gimax}) - C_{Gqi}(\sqrt{S^2_{Gimax} - Q^2_{Gi}}) \right] \times k \tag{4-39}$$

$$C_{Gqi}(P_{Gi}) = a + bP_{Gi} + cP^2_{Gi} \tag{4-40}$$

式中，S_{Gimax} 为发电机的额定实在功率，Q_{Gi} 为发电机的无功功率出力，k 为发电机有功功率生产的利润率，$C_{Gqi}(P_{qi})$ 为有功生产成本函数。$C_{Gqi}(P_{qi})$ 的 a、b、c 参数是通过计算输入水头和出力/流量点数拟合而成。发电机有功功率生产的利润率 k 是由发电厂根据自身情况自定的经济参数，一般情况下为 5%～10%。

4. 跨境电力贸易旋转备用服务成本

旋转备用又称热备用，指能够保证 10 分钟内增加的同步容量。对水电厂来讲，旋转备用一般为总容量的 10%。在传统的运行方式下，辅助备用的容量是确定的，一般定义为系统中最大机组的容量（或其 1.5 倍）或者定义为系统负荷的一定比例。

旋转备用的成本主要包括效率降低补偿成本、调节服务成本和机会成本（许勇，2005）。

旋转备用的效率降低补偿成本和机组的发电成本二次函数密切相关，是机组提供旋转备用服务前后由于机组的经济运行点发生了变化而产生的成本。它的大小是通过输入水头和出力/流量点数拟合而成的发电成本二次函数来计算的。主要和机组在提供旋转备用服务前后出力的大小有关，提供后出力和提供前出力之间差距越大，效率降低补偿成本越高。

旋转备用的调节服务成本是成本中必要的组成部分，是机组提供旋转备用服务容量的成本，和机组提供服务的前后出力密切相关，机组旋转备用出力越高，旋转备用价格越高，那么调节服务成本越高。

旋转备用的机会成本主要和机组提供旋转备用容量大小和主能量价格、旋转备用价格有关，如果机组在旋转备用能量出力的价格与机组的主能量出力的价格相同的情况下，机组由于投入主能量市场和旋转备用市场上单位容量的收益是一致的，所以机会成本为0。否则，提供的旋转备用容量越大，主能量和旋转备用价格差越大，所获得的机会补偿越高。

（1）机会成本。提供旋转备用的发电机组因为其提供旋转备用而使发电量减少，从而使其收益减少，减少的这部分收益就是机组提供旋转备用的机会成本。考虑到机组在将为系统提供的旋转备用的那部分容量投入主能量市场所获得的收益，与机组在提供旋转备用服务所得到的补偿之间的差值可以考虑为机组提供旋转备用的机会成本。

$$C_{OPF} = \sum_{i=1}^{k} (\rho_s - \rho_R) \times (P_i - P_i') \qquad (4-41)$$

$$P_{mini} \leqslant P_i', P_i \leqslant P_{maxi} \qquad (4-42)$$

式中，ρ_R 为系统备用价格，ρ_s 为系统实时电价，P_i 为机组 i 提供旋转备用前出力，P_i' 为机组 i 在提供旋转备用后的出力，P_{mini} 为机组出力最小下限，P_{maxi} 为机组出力最大上限。

（2）调节服务成本。

$$C_{ASF} = \lambda \sum_{i=1}^{i=k} P_i \rho \qquad (4-43)$$

式中，ρ 为旋转备用被使用时电量的市场清算价格，P_i 为机组被系统使用的旋转备用容量，λ 为机组 i 的旋转备用容量被系统使用的概率。

（3）效率降低补偿成本。由于机组提供旋转备用服务，导致机组效率降低，同时机组原有的经济运行点也被影响，从而导致发电成本可能增加。机组在 Δt 时段内该项的效率降低补偿成本 C_{lossi} 为：

$$C_{lossi} = |C_i(P_i') - C_i(P_i)| \times \frac{T_{\Delta t}}{60} \qquad (4-44)$$

$$P_{mini} \leqslant P_i', P_i \leqslant P_{maxi} \qquad (4-45)$$

式中，P_i' 为机组在提供旋转备用后的出力，P_i 为机组原有的出力，$C_i(P_i)$ 为机组 i 的发电成本函数，$T_{\Delta t}$ 为机组 i 在 Δt 时段内的提供旋转备用服务时间，以 min 计，P_{mini} 为机组出力最小下限，P_{maxi} 为机组出力最大上限。

二、贸易成本

贸易成本是指除了生产商品的成本之外，获得商品所必须支付的所有成本，包括搜寻成本、议价成本、履约成本、汇率成本、政策壁垒（关税和非关税壁垒）成本、法律法规成本等。

（一）搜寻成本

在有分工和交换的世界里，交易完成颇费周折，买卖双方为完成交易而进行相互寻找是最基本的搜寻活动之一。一般情况下，买方的搜寻不仅是为了找到卖方，而且是为了找到合适价格和满意质量的商品。如果卖方是唯一的，或者尽管卖主很多，但商品的价格和质量是无差异的，买主只要找到卖主就可以成交，无须进行更多的搜寻活动。但市场上，同质商品的价格也往往不一致，即价格是离散的。为此，买者为了找到合适需求品，不得不为此进行搜寻，卖者为找到合适买主，也同样需要额外的支付来获取信息。发现新的信息能够改变生产收益函数，拥有更多的信息通常能够帮助人们制定更好的决策。当各个电力供应国家主体在电力能源性能（能源结构）、电力价格和地理位置上存在异质性时，电力需求主体为了获得充足的、最低成本的优质产品就需要承担相应的搜寻成本。相应地，电力供应国家主体也面临不同交易条件的需求方选择。搜寻成本与所接触的搜寻对象的数目成正比，与搜寻对象之间的距离成正比。因此，参与跨境电力市场的交易国家主体越多，各个国家主体地理位置越分散，搜寻成本就越大。此外，搜寻成本也包括买卖双方讨价还价的成本，这一成本的高低取决于买卖双方的了解程度，如卖者所处的市场环境和信誉等。

（二）议价成本

议价发生在贸易双方签订电力贸易合同时，合同是交易商与电力系统调度方及电力输送方签订的包括交易各个方面的具有法律效力的协议。通过电力远期合同交易，无法大量储存的电能可以被"虚拟"地储存，并能为各参与者提供选择机会以满足在价格和风险方面的特定要求。而且由于其减少了发电商可以操纵的现货电量,从而降低了其在现货市场中的份额,即降低了其市场力,进而减少了其操纵现货电价的兴趣,有利于维持电力市场的稳定性和公平竞争,形成高效的市场均衡电价。因此买卖双方一旦确定达成购售电合同关系,就会充分考虑各自投资的回收及项目持续的经济效益,从而双方都将会从长远的战略合作考虑,在确定了各自长期的供求计划的基础上,签订长期的并且是持续执行的合同。由于电力生产、输送等具有较强的资产专用性,导致各国合同签订过程中以及合同执行过程中讨价还价的交易成本较高。跨境中长期电力交易的长期合同中,固定价格和调整价格合同的讨价还价成本大小不易确定,因为调整价格合同涉及频率更高的讨价还价谈判,但就一次性谈判而言,固定价格合同的讨价还价势必更为激烈,成本更高。

(三) 履约成本

电能所有权的转移,不存在像有形货物一样的交货,实际上是电的不断使用,即电的运输、消费以及损耗的过程。当跨境电力贸易签订中长期合同后,由于现货市场供需变化,如国际现货价格正向剧烈波动使电力需求国家面临供给方供货不及时、现货交易成本攀升的价格风险,增加电力需求国家监督、维护长期合同关系的履约成本。实际上,国际电力贸易涉及两国政府的主权、能源安全、政治外交等多方面的问题,因此贸易双方会就电能交易合同的具体条款进行磋商且达成一致意见,并严格遵守两国政府为达成电力跨国交易而签署的相关电力贸易合作协议。这为今后双方执行合同条款提供可靠的法律依据和顺利输出输入电能提供可行的基础。此外,国际电力贸易合同中一个比较特殊的问题是违约成本,目前全球的大宗能源销售多数采取"照付不议"模式,其核心是买方按照合同规定的能源质量和双方约定的能量,不间断地购买卖方的产品,无特殊情况下买方不得随意终止或变更合同,否则将要承担相应的违约责任和成本。

(四) 汇率成本

在国际贸易中,合同的价格一般是以国际贸易结算货币来表示,常用的有美元、欧元等。目前,大多数国家采取浮动汇率体制,使以外币计价的进出口合同一方将面临着较大的汇率风险。出口电费的结算又是以双方约定的电力购售结算期统计的电量为准，因此汇率成本就是指在送出电量到收取电费结汇的时间段内，外汇汇率变动有可能给一方的电费收入造成一定损失的成本。此外在通常的国际贸易中，由于买卖双方针对有形货物进行交易，同时在进出口合同中明确合同标的物价格，因此买卖双方可采取预付款、信用证、保函等多种组合方式完成合同货款的收付。电力交易量的大小最终是通过电能表的记录确定，而在进行交易之前不能准确地计算出特定时间段的交易量。另外，交易电量的送出是持续不间断地进行，因此对于出口电力的收汇也只能是在完成一个送出单位时间段后根据双方确定的抄录电量进行结算、结汇。

（五）政策壁垒成本

在国际大市场中的电力贸易相对于各国市场来说，具有更为复杂的交易程序，国与国之间的关税及非关税壁垒、通关检查、签证等手续，都使国际贸易相比于国内贸易要付出更多的交易费用。例如，在大多数发达国家和许多发展中国家，公众对保护环境的关切日益增长。因此在国内和国际两个层面出现了各种保护环境的规定。在能源领域，许多国家把提高能源效率和降低能源生产及消费的环境影响作为政策制定时优先考虑的因素。在电力部门，应对环境问题的政策措施有很多种，比如说通过数量限制的规定限制某些能源进口，促进另外一些能源发展，以及补贴和生产规制。并且由于"边境效应"的存在，使跨境电力贸易需要精心的组织架构和相互协调，在电网实现了互联的基础上，还需要在政治经济上实现互信互利，才能保证电力的互通。政治互信、互利是电力贸易的前提，为此而进行的政治外交与经济上的谈判，是电力贸易区别于国内市场交易而产生的额外交易成本或者说是政策壁垒成本。随着合作的深入，政策壁垒既是推进国家间贸易的重要动力，也是国家间贸易的阻力。由于电力贸易的敏感性和各国产业管制、发展水平的差异，各个国家愿意承受的合作成本存在显著的差异，加之合作收益的不确定性和机会主义存在，要推进电力贸易与合作的实现，亟须政策的保证，并发挥其在贸易过程中提供信息、减少行为的不确定性等作用。

（六）法律法规成本

由于各国市场开放的程度差别较大，为了避免"搭便车"的行为，很多国家的法律规定，外国电力的准入以对方国家给予相同程度的开放为条件。电力贸易和普通货物贸易的重要区别在于电力必须依赖传输网络，但是由于电力供给关涉国计民生，传统上电力行业往往在政府控制下或者由国有企业掌控，从发电到输电、配电、供电等都是垂直垄断的。虽然随着许多国家国内电力市场的自由化改革，呈现出了逐步放开的趋势，但是即便是允许其他市场主体参与发电、供电等，输配电依然基于排他性授权、特权而受到法律保护，并且保持原有垄断式经营。因此进口或者出口商对现有传输设施有效准入需要通过支持竞争的法律法规来保证，这些规定会给予第三方以合理的费用和实际的技术条件获得合理的容量份额的权利。以合理的法律法规成本进入他国电力市场是保证跨境电力贸易顺利开展的前提。否则，电力贸易虽然是可能的，但是现有的运营传输设施的垄断企业可能会利用他们的市场力量对新进入者设置壁垒。

第二节 成本分摊机制的相关理论

一、输配电费用分摊方式研究

从总体上看，输配电费用分摊的方法大致可以分为两类，即基于微观经济学的边际成本法和基于会计成本学的综合成本法。边际成本法是根据输配电公司在执行输配电业务时，引起的总成本或变动成本的边际变化作为输配电费用分摊的依据。该方法以发挥最大经济效益为目标，根据某项输电交易实施前后输配电网各种成本的增减量来确定各个电网用户应承担的费用，能够真实地反映电力消费增加而引起的费用，有效地引导电网的经济运行，为电网用户提供正确的经济激励信号。综合成本法是将固定成本和变动成本所构成的总输配电费用按照某种约定的规则在各项交易中分摊，从而计算出各项输配电交易的输配电费用。在这种分摊模式中，首先计算输电网在提供输配电服务时的总成本，主要分为固定成本与变动成本，其次根据电网向用户提供的点对点服务或是网络服务，将总输配电成本分摊到各个输电业务或各个用户。该方法主要着眼于解决电网容量成本和运行成本的回收和分摊，以保证电网收支平衡和合理的利润。

（一）边际成本定价

输电网的边际成本为在一个节点上增加单位功率所引起的全电网的成本变化。

$$\rho_i = \frac{\partial \omega}{\partial P_i} \qquad (4-46)$$

式中，ρ_i 为边际成本，ω 为与输电有关的优化问题的目标函数，P_i 为节点的发电或负荷净功率。经济学的边际成本法分为短期边际成本法和长期边际成本法。基于边际成本的方法除了计算已经发生的输电业务所引起的固定成本边际变化以外还可以考虑到电网的发展，在缺电时及时获取新增容量所需的投资，从而对将要发生的固定成本进行核算，给出投资信号。

1. 短期边际成本法

短期边际成本法针对短期输电业务，计算输电网在提供输电服务时成本的边际变化，其数学模型可用下列公式描述。

$$\min \omega_s = \sum c_i \cdot Pg_i + \Im \cdot \sum PNS_i \qquad (4-47)$$

$$s.\,t.\ \sum Pg_i + \sum PNS_i = \sum Pl_i \qquad (4-48)$$

$$Pg_i^{\,min} \leqslant Pg_i \leqslant Pg_i^{\,max} \qquad (4-49)$$

$$PNS_i \leqslant Pl_i \qquad (4-50)$$

$$P_k^{min} \leqslant \sum a_{ki} \cdot (Pg_i + PNS_i - Pl_i) \leqslant P_k^{max} \qquad (4-51)$$

式中，Pg_i 为节点 i 的发电输出，c_i 为对应的发电成本，PNS_i 为有功缺额，$\Im$ 为对此未发有功的惩罚，$Pg_i^{\,max}$、$Pg_i^{\,min}$ 分别为发电机容量的上下限，Pl_i 为节点 i 的负荷，P_k^{max}、P_k^{min} 为表示支路 k 容量的上下限，a_{ki} 为 k 支路有功对节点 i 注入有功的直流敏感系数。

约束条件分别表示节点的有功平衡、发电限制、稳定极限、支路输送容量限制。

节点 i 的短期边际成本 ρ_{is} 为：

$$\rho_{is} = \gamma + \gamma \cdot \frac{\partial Loss}{\partial Pl_i} - \sum \mu_k \cdot \frac{\partial P_k}{\partial Pl_i} + \sigma_i \qquad (4-52)$$

式中，γ 为与系统功率平衡有关的拉格朗日乘子，$Loss$ 为网损，μ_k 为与支路 k 容量极限有关的拉格朗日乘子，σ_i 为与节点 i 的有功缺额限制有关的拉格朗日乘子。

　　纯粹的短期边际成本法最初并不考虑电网固定资产的折旧和回收，仅考虑输电服务引起的小部分固定成本的微增变化。它不能回收全部输电成本的原因包括电网投资规划的失误与偏差、成本参量的离散性，电网的规模经济性、可靠性的限制，以及一些其他投资方面的局限性。因此短期边际成本法通常另外加平衡项以修正。主要的修正方法是基于乘法的方法和基于加法的方法。

　　乘法形式：

$$\rho_{ism} = (1+m)\rho_{is} \tag{4-53}$$

　　加法形式：

$$\rho_{isa} = \rho_{is} + a \tag{4-54}$$

　　以上两式中，ρ_{is} 为短期边际成本法确定的节点 i 的负荷应支付的输电价格，ρ_{ism} 与 ρ_{isa} 分别为乘法和加法修正后相应的输电价格，m 为修正系数，a 为修正项。

　　2. 长期边际成本法

　　长期边际成本法考虑电网提供输电服务形成的整体费用，包括长期边际运行成本和长期边际固定成本，应用于输电固定成本分摊一般仅考虑长期边际固定成本，目标函数为电网的固定成本。

$$\min \quad \omega_L = \sum_{ij} l_{ij} |f_{ij}| \tag{4-55}$$

$$s.t. \quad \sum f_{ij} = P_i \tag{4-56}$$

　　如果采用直流潮流模型，则优化问题可表示为：

$$\min \ \omega_L = \sum_{ij} l_{ij} \frac{S_B}{x_{ij}} |\theta_i - \theta_j| \tag{4-57}$$

$$s.t. \quad \sum \frac{1}{x_{ij}}(\theta_i - \theta_j) = \frac{P_i}{S_B} \tag{4-58}$$

　　以上两式中，S_B 为系统基准容量，l_{ij}、f_{ij} 分别为支路 ij 的长度和输送功率，x_{ij} 为支路 ij 的阻抗，θ_i、θ_j 分别为节点 i、j 的电压相角。

　　以上两个优化问题的解为节点 i 的长期边际成本所对应的拉格朗日乘子 λ_i：

$$\lambda_i = \frac{\partial \omega^*}{\partial Pl_i} \tag{4-59}$$

式（4-59）中，ω^*为最优结构网络的投资，此拉格朗日乘子表示的是最优网络的建设成本（用 MW-mile 表示）对节点 i 有功负荷的敏感度。则长期边际成本为：

$$\rho_{iL} = \overline{c} \cdot \lambda_i \tag{4-60}$$

式中，$\overline{c}$ 为成本常数，表示单位长度单位容量的线路的固定成本。

（二）综合成本定价

综合成本法是一种常用的、传统的分摊方法。它是根据历史记载的账面费来核算的，主要方法是由电力企业财务报表中出现的成本分录来核算供电成本（包括要分配给股东的盈利），再把供电成本按各种不同方法分摊到各类用户中去。采用这一分摊方法的关键在于对输配电总成本的分摊。目前，此类分摊方法主要包括邮票法、合同路径法、分布因子法以及潮流追踪算法等。

1. 邮票法

邮票法（post stamp）来源于邮电系统的计费方式，它首先考虑各部分特定输电设备的成本和电网运行维护费用，形成输电总成本后，再按输电功率计算输电费。它仅考虑各用户功率的幅值，不考虑输电网的结构、输电路径和输送功率的收发点位置。因此，算法简单、直接透明、有利于维持电力交易的同一性和流畅性，同时也降低了独立发电厂投资的风险性。

2. 合同路径法

合同路径法假定输电业务实际发生时，其电能只在合同规定的连续路径中流过，而电网中合同未规定的部分，则认为没有影响。合同路径是指从功率注入点（发电节点）到功率流出点（负荷节点）之间一条确定的连续路径，且该路径应有足够的可用容量。合同路径法一般应用于较小规模的电网，随着网络规模增长，该方法的应用将受较大限制。合同路径法忽略了输电潮流对电网其他部分的影响，特别是对与合同路径相邻部分的影响并未得到经济补偿。

3. 分布因子法

分布因子在电力系统静态安全分析中用于研究发电或负荷对网络的使用程度。分布因子主要包括三种类型，即发电转移分布因子（GSDF）、广义发电分布因子（GGDF）和广义负荷分布因子（GLDF）。GSDF 是除平衡节点之外的，系统节点注入功率的改变与线路功率改变量之间的关系，是直流潮流中的节点功率灵敏度，GSDF 的计算与静态安全中的完全相同，计算结果依赖于参考点的选择、网络结构，不依赖系统的运行状况，只依据此分析会忽略系统中实际传输的功率。为了克服这一缺点引申出 GGDF 用来度量发电节点全部注入功率对线路传输功率的贡献及 GLDF 用来度量负荷对线路传输功率的贡献。GGDF 与 GLDF 的计算类似。以 GGDF 为例，有：

$$P_{F,1-k} = \sum_{i=1}^{N} D_{1-k,i} P_{Gi} \tag{4-61}$$

式（4-61）表示有 N 台发电机的系统中线路 1-k 传输的功率 $P_{F,1-k}$ 是由系统中每一台发电机 i（发电功率 P_{Gi}）以分布因子 $D_{1-k,i}$ 对其组成进行贡献。$D_{1-k,i} = D_{1-k,r} + A_{1-k,i}$，GGDF 用来度量各个发电机全部注入功率对线路传输功率的贡献。其中 $D_{1-k,r} = \left\{ P_{F,1-k} - \sum_{i=1,\ i\neq r}^{N} A_{1-k,i} P_{Gi} \right\} / \sum_{i=1}^{N} P_{Gi}$ 是线路 1-k 的功率对平衡节点的修正因子；$A_{1-k,i}$ 是节点 i 注入功率关于线路 1-k 输电功率的灵敏度。

从以上说明中可看出，由于线路功率的增减与注入功率的增减方向不完全一致，因此发电机 GSDF 正负值都存在，同样发电机分布因子 D 中也存在负因子，说明发电机或负荷对线路功率提供逆向功率，可称其为逆向流。对逆向流收费可以取零 ZCM（Zero Counterflow Method）；或对提供逆向流的发电或负荷予以奖励，或者不计提供线路功率的方向，只要使用网络输送功率就对其收费。

4. 潮流追踪法

潮流追踪法是最早提出用于评估用户使用输电网情况的计算方法之一，也是一种会计学方法。该方法最大的优点是直观描述了实际潮流的物理流向，由于其基于交流潮流，可准确反映系统的非线性，确定每个发电机和负荷对线路潮流的影响。潮流跟踪法实质是一种基于物理流的方法。这种方法是假设功率在全系统混合流动，潮流在各个节点上按照比例共享的原则分布，从而计算出输电线路的功率组成和发电机与负荷间的实际功率传输关系，因此到达交易一方的功率并不全是由另一方输送的。所以潮流跟踪方法适用于电力市场联营模式，而对双边或多边交易模式很难直接应用。国内外研究潮流追踪方法很多，按其追踪方向分为逆流追踪、顺流追踪；按其追踪物理量的不同分为有功追踪、复功率追踪；还有基于费用流法的潮流追踪方法，将物理流与资金流相统一可将网损一并考虑在内，不需要对网损预处理。

二、辅助服务费分摊方式研究

在跨境电力贸易活动中，电力系统的运行需要满足安全可靠、电能质量、运行效益等多方面的要求，这都需要一系列额外系统的协调服务，例如调峰、无功功率服务、旋转备用服务等。在电力市场环境下，无条件地提供辅助服务已经变得不可能，需要满足辅助服务提供方的利益需求，例如发电厂，提供辅助服务成为获取收益的一条新的途径。但由于辅助服务与电力系统关系过于紧密，无法具体衡量区分辅助服务的受益方，因此，必须解决辅助服务费用在服务受益方之间的分摊问题。

（一）调峰辅助服务分摊研究

近年来，"一带一路"沿线国家新能源特别是风电、光伏、水电发展迅速。此类机组多数调节能力很弱或者调节成本很高，在电力系统运行中基本不参与实时调节。随着各国经济和社会的发展，电力峰谷差不断增大，因此火力发电厂需要承担的调峰甚至调停调峰的义务急剧增加。甚至燃煤机组"调停"已经成为当前电力运行的新常态（梅天华，2016）。因此，燃煤机组为新能源消纳承担了大量启停费用，为了使新能源的消纳得到进一步的发展，需对电力系统运行过程中产生的调峰成本进行分摊研究。

原则上系统运行负荷率一般不低于70%，机组调停时间不少于7天，以此为前提确定调停方案，计算模型为：

$$\min \sum_{i \in n} (1 - V_i) u_{ci}$$
$$\text{s. t.} \quad \sum_{i \in n} V_i \underline{P_i} \leqslant (1 - \omega) L_{min} \quad\quad (4-62)$$
$$\frac{Q_T}{T(\sum_{i \in n} V_i \overline{P_i})} \geqslant 0.7$$

式中，$V_i = 1$ 表示开机，$V_i = 0$ 表示调停；u_{ci} 为机组的调停报价；L_{min} 为调停周期 T 内的最低负荷；ω 为负备用率；Q_T 为调停时段的总负荷电量（燃煤机组部分）；n 为可调度机组集合；$\underline{P_i}$、$\overline{P_i}$ 分别为机组出力的下限、上限。

模型以调停成本最低为优化目标，同时需要满足负备用约束式和平均负荷率不小于 0.7 的约束式。没有考虑正备用约束，主要是因为本书模型按照调停成本最少为目标，正备用约束自然满足（如果不能满足，则会削减负荷）。没有考虑网络约束，是因为中长期电力电量平衡主要按照分区平衡进行安排，同一区域内视为单母线模型，不同区域内的机组不考虑备用的互济作用。没有考虑年度计划电量对运行的制约作用，主要是因为当继续调停导致其计划电量无法完成时，机组可以通过申报更高的调停价格自行予以调整。

公平的主要原则有：①无嫉妒性，即各机组都认为自己的开停机状态和补偿金额不差于其他机组的开停机状态和补偿金额；②共担基本义务原则，即每台机组应当免费承担一定的启停义务，超出基本义务部分则根据成本获得相应的补偿；③贡献分配原则，即按照机组在提高系统运行总体社会福利中的作用，分配相应的补偿费用。

无嫉妒性保证了市场主体对分配方案公平性的认可，共担基本义务是所有市场参与方的基本出发点，而按贡献分配是按劳分配原则的扩展。这 3 种公平观对应于 3 种不同的公平分配算法，都体现了公平的不同方面。

1. 基于无嫉妒性原理的调峰成本分摊模型

从停机调峰角度来看，可认为是开机权的分配，由于机组单位容量的调停成本 $u_{ci}/\overline{P}_i$ 较高，才获得了机组在线运行的权利，机组 i 开机相当于分配其 u_{ci} 的收益。由于开机权分配总量主要由系统运行需要的开机容量决定，从无嫉妒性角度来看，获得开机权机组应当支付的单位容量开机费用应当是相同的，假设为 p_1。如果机组之间存在差别，支付单位容量开机费用高的机组必然认为优待了费用低的机组，从而不满足无嫉妒性。同理对于调停机组而言，其单位容量获得的停机补偿也应当一致，假设为 p_2。考虑到机组调停至少补偿其成本，所以对调停边际机组，其开机收益 u_{ck} 减去分摊费用与不开机时可以获得的费用相同。假设机组 k 为边际机组，则有：

$$u_{ck}-p_1\overline{P}_k = p_2\overline{P}_k \tag{4-63}$$

从收支平衡来看，有：

$$p_1 \sum_{i \in n_1} \overline{P}_i = p_2 \sum_{i \in n_2} \overline{P}_i \tag{4-64}$$

式中，n_1 为开机机组集合，n_2 为调停机组集合。由上式可求解得：

$$p_1 = \left(\sum_{i \in n_2} \overline{P}_i \Big/ \sum_{i \in n} \overline{P}_i \right) \left(u_{ck}/\overline{P}_k \right) \tag{4-65}$$

$$p_2 = \left(\sum_{i \in n_1} \overline{P}_i \Big/ \sum_{i \in n} \overline{P}_i \right) \left(u_{ck} \Big/ \overline{P}_k \right) \tag{4-66}$$

式中，$n = n_1 \cup n_2$。

从无嫉妒性角度来看，开机机组 i 为获得开机权应当支付费用 $p_1 \overline{P}_i$，而调停机组 j 则获得 $p_2 \overline{P}_j$ 的费用。无嫉妒分摊模型仅按照边际机组确定支付费，单位容量调停成本低的机组参与调停还可能获得额外收益，有利于推动启停调峰补偿和激励机组参与调停。

2. 基于虚拟价格的分摊模型

随着跨境电力贸易的深入进行，除传统电能交易外，用于满足各国调峰需求的电力服务贸易也逐渐开展。各国在电力成本度量中，考虑到机组调峰问题，会预先包含一定量的机组调停费用，因此机组有义务承担一部分免费调停调峰义务。从平均状态来看，虚拟价格 VP（Virtual Price）就是用于补偿机组调停成本的那部分价格，只补偿超出虚拟价格的那部分调停成本才是公平的。不调停的机组（获得开机权的机组）则应当把 p_V 部分收益，按照调停成本情况支付给参与调停的机组。对于 $u_{ci} < p_V \overline{P}_i$ 的机组，如果不调停，则应当支付 $p_V \overline{P}_i$ 的费用；而对于 $u_{ci} > p_V \overline{P}_i$ 的那部分机组，从补偿成本的角度看，其调停时获得的费用 $u_{ci} - p_V \overline{P}_i$。

上述内容对虚拟价格原理及其合理性进行了描述，实践中由于系统运行方式不同，p_V 的数值将相应地变化。采用虚拟价格机制时，由于不调停机组需要支付 $p_V \overline{P}_i$ 的费用，所以 $u_{ci} < p_V \overline{P}_i$ 的机组会主动要求调停。基于虚拟价格的分摊模型为：

$$\sum_{i \in n} \left(u_{ci} - p_V \overline{P}_i \right)_+ = \sum_{i \in n_1} u_{ci} \tag{4-67}$$

获得开机权的机组支付 $p_V \overline{P}_i$（$i \in n_1$）的费用，而停机机组获得的费用为 $\left(u_{cj} - p_V \overline{P}_j \right)_+$（$j \in n_2$）。式中，有：

$$\left(u_{cj} - p_V \overline{P}_j \right)_+ = \max \left(u_{cj} - p_V \overline{P}_j, 0 \right) \tag{4-68}$$

实际分摊时，先由式（4-67）计算 p_V，然后分别计算各机组的收支费用，显然该方法不满足无嫉妒性。

3. 基于 Shapley 值的调峰成本分摊模型

Shapley 值的本质是根据参与人对合作联盟的边际贡献量分配合作盈余，

体现按贡献分配的公平理念（谢俊等，2012）。调停调峰成本分摊问题等价于开机权分配问题，仅有集合 $S \subseteq n$ 中的机组参与开机权分配时，其合作收益为：

$$\max \sum_{i \in S} V_i u_{ci}$$

$$\text{s.t.} \sum_{i \in S} V_i \underline{P_i} \leqslant (1-\omega) L_{min} \qquad (4-69)$$

$$\frac{Q_T}{T(\sum_{i \in S} V_i \overline{P_i})} \geqslant 0.7$$

上述约束条件式表明，从平均负荷率和负备用要求来看，可调机组的开机容量不能过多。仅由 S 中的机组开机时，负荷平衡是不能保证的。从尽量减少负荷损失来看，所有机组均应当开机，而这已经包含在上式所示的模型中。

对于上述合作博弈，超加性一般是不成立的，应用 Shapley 值进行分摊，主要是因为机组是否开机，不是机组自行合作的结果，而是由系统运行的需要强制决定，机组自身并没有选择权。

合作博弈的 Shapley 值 $\gamma_i(\eta)$ 计算公式如下：

$$\gamma_i(\eta) = \sum_{\psi \subseteq n} \sum_{i \in \psi} \frac{(|n|-|\psi|)! \ (|\psi|-1)}{|n|!} (\eta_\psi - \eta_{\psi/i}) \qquad (4-70)$$

式中，$|\psi|$ 为集合 ψ 中包含的机组数量；ψ/i 为集合 ψ 去除机组 i 后形成的集合。各机组收支情况为：开机机组 i 支付 $u_{ci} - \gamma_i(\eta)$ 的费用，停机机组 j 获得 $\gamma_j(\eta)$ 的收入。上式中，集合 ψ 的数量为 $2^n - 1$，所以计算机组 i 的 Shapley 值时，需要求解共（$2^n - 1$）次，当机组数量较多时其计算复杂性是不可接受的，针对整数分配问题，可采用上述的近似算法。由于调停成本分摊主要为了平衡各方利益，而发电机组所属发电集团间的利益平衡尤其关键。

（二）无功辅助服务分摊研究

在电力市场无功辅助服务中，ISO 通过无功获取方案的合理制定，保证系统有足够的无功源和提供系统电压支持后，还需要进一步将无功与电压支持服务成本进一步合理分摊到市场参与方，即无功辅助服务费用分摊。无功费用由系统需付给发电机的无功费用、系统提供的无功成本费用组成，相应地将这两部分分别分摊到用户侧。

$$\Omega_{Dj} = \Omega_{Dgj} + \Omega_{Dsj} \tag{4-71}$$

式中，Ω_{Dj} 为第 j 个无功负荷承担的无功辅助服务费用，Ω_{Dgj}、Ω_{Dsj} 分别为第 j 个无功负荷承担的发电机和系统无功投资费用。

1. 无功用户支付的发电机无功服务费用

发电机提供无功服务的费用根据其报价和无功出力求得，由系统向相应的发电机支付。系统在无功获取方案完成后，应进一步向无功负荷收取费用。本书通过发电机费用分配系数，求出每一个无功负荷应承担的每一台发电机的无功服务费用，保证发电机费用能够合理地收回。

考虑到电力系统中有功功率分布主要受节点电压相角的影响，无功功率分布主要受节点电压幅值的影响，所以可近似忽略电压幅值变化对有功功率分布和电压相位变化对无功功率分布的影响，所以潮流计算时的功率平衡修正方程为：

$$\Delta P = H\Delta\delta \tag{4-72}$$

$$\Delta Q = LU^{-1}\Delta U \tag{4-73}$$

将所有母线节点分为发电机节点和负荷节点两个集合，则为：

$$\begin{bmatrix} \Delta Q_G \\ \Delta Q_D \end{bmatrix} = \begin{bmatrix} L_{GG} & L_{GD} \\ L_{DG} & L_{DD} \end{bmatrix} \begin{bmatrix} U_G^{-1}\Delta U_G \\ U_D^{-1}\Delta U_D \end{bmatrix} \tag{4-74}$$

其中

$$L_{ij} = \begin{cases} -U_i U_j (G_{ij}\sin\delta_{ij} - B_{ij}\cos\delta_{ij}) & i \neq j \\ -Q_i + B_{ii}U_i^2 & i = j \end{cases} \tag{4-75}$$

G_{ij}、B_{ij} 分别为节点导纳矩阵的实部和虚部，δ_{ij} 为节点 i 与节点 j 之间的电压相位差，Q_i 为节点 i 的注入无功功率。

由于发电机节点一般为 PV 节点，节点电压幅值为固定值，因此 $\Delta U_G = 0$，从而有：

$$\Delta Q_G = L_{GD}U_D^{-1}\Delta U_D$$
$$\Delta Q_D = L_{DD}U_D^{-1}\Delta U_D \tag{4-76}$$

求得发电机节点注入无功对负荷节点注入无功的灵敏度，即负荷节点增加单位无功引起的发电机节点无功出力的变化量，设该灵敏度矩阵为 S，则有：

$$S = L_{GD}L_{DD}^{-1} \tag{4-77}$$

为了将发电机的无功服务费用合理分摊给用户，引入发电机费用分配系数矩阵 K，其中的元素：

$$K_{ij} = \frac{S_{ij}Q_{Dj}}{\sum_{j \in N} S_{ij}Q_{Dj}} \quad i = 1, 2, \cdots, N_G, j = 1, 2, \cdots, N_D \tag{4-78}$$

式中，N_G、N_D 分别为发电机节点和负荷节点个数；K_{ij} 表示第 j 个无功负荷应承担的第 i 个发电机无功费用的份额。

假设发电机 i 的无功服务费用为 ω_i（$i = 1$，2，$\cdots$，N_G），则无功负荷 j 应承担的发电机无功服务费用为：

$$\Omega_{Dgij}(Q_{Dj}) = \omega_i K_{ij} \tag{4-79}$$

从而得出无功负荷应承担的所有发电机无功服务费用为：

$$\Omega_{Dgj}(Q_{Dj}) = \sum_{i=1}^{N_G} \omega_i K_{ij} \tag{4-80}$$

2. 系统无功投资分量

系统为提供无功辅助服务所安装的无功补偿装置、变压器以及运行管理费等，应将这些费用分摊到无功负荷，以收回投资，建立良性循环机制，为提供无功服务提供支持。

通过费用分配系数 R 将这部分费用分摊到用户侧：

$$R_j = \frac{Q'_{Dj}}{\sum_{i=1}^{N_D} Q'_{Dj}} \tag{4-81}$$

式中，Q'_{Dj} 为母线 j 上的等效无功负荷。

假设系统无功成本为 C_S，则无功用户 j 应承担的系统无功投资分量为：

$$\Omega_{Dsj} = C_S R_j \tag{4-82}$$

（三）旋转备用辅助服务分摊研究

旋转备用对提高电力系统的可靠性和减小停电损失有着重要的作用，但由于各种不确定因素的存在，旋转备用并不是在各种情况下都能发挥作用。在有功功率保持平衡的情况下，它是不起作用的，只有在有功功率平衡遭到破坏，发电有功校正的过程中，旋转备用才会发挥作用，因此，从成本—效益分析的角度来看，旋转备用存在风险。

造成旋转备用风险的不确定因素包含以下几个方面：①发电机的失效停运。发电机的失效停运会直接导致功率平衡的破坏，为减小停电量需要调用旋转备用。②输电设备的随机失效。输电设备失效会引起网络潮流的重新分布，从而可能造成某些节点功率平衡的破坏；另外，由于输电设备极限容量的限制，部分发电容量不能传输到负荷节点。③负荷需求的随机波动。电力负荷的预测偏差和负荷的随机波动也是旋转备用需求的主要风险因素，特别是实时电价、尖峰电价的实施会使负荷的不确定性增加。

1. 旋转备用风险的度量

旋转备用效益和旋转备用成本的差值称为旋转备用损益，计算公式如下：

$$w_i = w_{bi} - c_{ci} - c_{ei} \tag{4-83}$$

式中，w_i、w_{bi}、c_{ci} 和 c_{ei} 分别为状态 i 下的旋转备用损益、旋转备用效益、旋转备用容量成本和被调用的旋转备用能量成本。

当 w_i 为正时，表示在状态 i 下购买旋转备用是盈利的；反之，当 w_i 为负时，在状态 i 下购买旋转备用是受损的。显然，旋转备用损益是离散型随机变量（记为 W），可以利用其概率分布和相应的数字特征（如位置特征量、离散特征量等）来反映旋转备用风险，使用方差、自方差、半方差和临界概率等来量化旋转备用风险的大小。

2. 旋转备用费用的分摊

旋转备用需求是由电力系统中的一些不确定的风险因素引起的，因此旋转备用费用应由存在风险因素的各市场参与方分摊（胡军峰，2014），为此，首先定义旋转备用对各市场参与方的价值：

（1）旋转备用对发电方的价值 v_g：

$$v_g = E(W) - E_{ngr}(W) \tag{4-84}$$

（2）旋转备用对输电方的价值 v_l：

$$v_l = E(W) - E_{nlr}(W) \tag{4-85}$$

（3）旋转备用对负荷方的价值 v_d：

$$v_d = E(W) - E_{ndr}(W) \tag{4-86}$$

$E_{ngr}(W)$、$E_{nlr}(W)$ 和 $E_{ndr}(W)$ 分别为仅不考虑发电方风险因素、仅不考虑输电方风险因素、仅不考虑负荷方风险因素的旋转备用损益期望值；$E(W)$ 为同时考虑三方风险因素时的旋转备用损益期望值。

旋转备用对各市场参与方的价值实质上反映了市场参与方从旋转备用中获得的益处。本着谁获益谁买单、多获益多买单的公平合理原则，应根据旋转备用对各市场参与方的价值按比例分摊旋转备用费用（齐先军，2009）。

具体计算公式如下：

$$\begin{cases} r_g = \dfrac{v_g}{v_g + v_l + v_d} \times 100\% \\[2mm] r_l = \dfrac{v_l}{v_g + v_l + v_d} \times 100\% \\[2mm] r_d = \dfrac{v_d}{v_g + v_l + v_d} \times 100\% \end{cases} \qquad (4\text{-}87)$$

式（4-87）中，r_g、r_l 和 r_d 分别为发电方、输电方和负荷方所分摊的旋转备用费用的比例。

旋转备用损益期望值采用 Monte Carlo 状态抽样法求解。假设抽样次数为 M，求出状态 i 的旋转备用损益 w_i，则旋转备用损益期望值 E（W）为：

$$E(W) = \frac{\sum\limits_{i=1}^{M} w_i}{M} \qquad (4\text{-}88)$$

同理，E_{ngr}（W）、E_{nlr}（W）和 E_{ndr}（W）的计算方法同上，只是在计算时分别认为发电机无故障、输电元件无故障和负荷无随机波动。

本章小结

（1）跨境电力贸易所涉及的成本，主要包括基本成本（电力生产成本、输电成本、辅助服务费用等）和贸易成本（包括搜寻成本、议价成本、履约成本、汇率成本、政策壁垒成本、法律法规成本等）。

（2）输配电费用分摊的方法总体可分为基于微观经济学的边际成本法和基于会计成本学的综合成本法（主要包括邮票法、合同路径法、分布因子法以及潮流追踪算法等）。

（3）辅助服务费用的分摊方式主要包括调峰、无功功率服务、旋转备用服务等，随着电力市场的发展，辅助服务提供方凭借提供辅助服务获取收益。但由于辅助服务与电力系统关系过于紧密，无法具体衡量辅助服务的受益方，因此，辅助服务费用在服务受益方之间的分摊问题必须解决。

第五章 现有的跨境电力合作模式、
价格水平及定价机制

本章针对国际上的跨境电力市场发展情况从合作模式、价格水平和定价机制三方面进行分析，首先对欧美等发达国家较为成熟的跨境电力合作情况进行研究分析，其次探讨了"一带一路"沿线不同国家现有的电力合作现状，主要是为后文进一步建立市场均衡模型探讨影响电力价格因素提供现实依据。

第一节 跨境电力合作模式

电力合作的方式可以分为对外贸易方式、契约方式、直接投资方式，这三种方式各有利弊。

一、对外贸易方式

对外贸易方式是指电力的跨国界交易，对于电力进口国而言就是进口国电力企业从国外买入电力，而不是自行进行电力生产活动。它包含两种主要形式：间接贸易和直接贸易。其中，间接贸易是指电力跨国界买卖经过代理机构进行，进口国电力企业不经营业务，只是按照合同或协议价格从代理机构买电。这种模式中，代理机构可以把电力送到输电网络后即行结算，然后由本国各级电力调度中心送至用电户；也可以自行送入用电户，本国电网企业收取输电费。直接贸易中进口国电力企业不通过代理机构，而是直接把电力买进来。对外贸易方式还有其他方式，比如，电力进口国可以从国外买入电力燃料，在国内兴建火电站发电。这种方式利用境外能源发电，减少了国内能源的消耗。

对外贸易方式是最简单、成本和风险最小的电力合作方式。初次进行国际电力合作的企业可以考虑采用这种方式试探国外市场情况，为后续的跨国经营做准备。但是，对外贸易方式对跨国业务开展的局限性很大，难以满足长期需求，受电力出口国或者第三方（电力代理机构）的影响较大。因此，国家之间开展电力合作仅仅采用对外贸易方式是不够的，还需要在电力需求国参股或新建电站。

北欧电力市场采用了电力合作的对外贸易方式，其售电侧完全开放，买卖双方可以签订双边合同，也可以在电力交易所中进行电力交易，电价完全由市场竞争决定。各国电网公司作为电力输送平台分级负责电力转送，消除了电力垄断对电价的影响，通过收取电力传输费获得收益，改变了传统的电力差价获利模式，高效而稳定。

二、契约方式

契约方式是指本国电力企业通过与国外电力企业之间签订长期的非投资性的无形资产转让合同，国外电力企业按照协议规定对本国输送电力作为抵偿。它主要有三种形式：一是技术授权，本国电力企业在规定期内将自己的专利和专有技术转让给国外电力企业，以换取国外电力企业向本国输电；二是交钥匙工程，本国电力企业为外方建设电站和输变电设备，承担全部或部分的设计、建造、设备安装调试以及试生产等活动，建造完成后由外方经营，电站按照协议规定向本国输入电力；三是管理合同，本国电力企业与外方电力企业签订合同，全权负责合同期内外方电力企业的全部业务经营管理，国外电力企业支付本企业一定的服务报酬。

从企业经营风险的角度来看，契约方式比直接投资方式的风险小，因为它所需要的投资较少。契约方式的缺陷在于：一是对电站的控制程度低，电力供应的长期性和稳定性不强；二是有些方式需要大量跨国经营的专门人才；三是这些方式都只能在特定的情况下才能采用，适用的条件苛刻，只能作为一种补充方式。

"欧洲联合电网"的运行实际上是依靠协议来维持的，各成员国之间是平等的协议关系，全体成员遵守共同的协议。联合电网各成员国内的电力法规由各国自行制定。成员之间的纠纷由各国政府提出协商或通过法律程序解决。国际间电力交换主要根据双边或多边的协议进行。

三、直接投资方式

直接投资方式是本国电力企业在国外投资兴建或收购电力企业。投资形式可以是合资，也可以是独资。在直接投资方式下，政府和社会资本合作（PPP）模式日益发挥重要的作用。PPP模式（Public Private Partner-ship，又称公私合伙制）起源于英国，是以特许权协议为基础，为建设城市基础设施项目或者提供某种公共物品和服务，由公共部门和私营部门共同承担责任和融资风险的伙伴式合作模式。按照私人资本在项目中的参与程度、承担风险程度不同，发展出多样的PPP模型，包括但不局限于BOT（Build-Operate-Transfer，建设—经营—转让）、BOOT（Build-Own-Operate-Transfer，建设—拥有—运营—移交）、BOO（Build-Own-Operate，建设—拥有—运营）。

其中，BOT是一种新型的工程项目融资和建设方式，其基本过程是，本国电力企业同意以BOT的方式开发建设某国外电站，进行公开招标；由国际性的联合公司或私营公司中标后，在本方的特许授权下，建立项目公司；项目公司拥有本方授权吸引境内外资金、进行项目可行性研究、资金筹集、项目实施和运营管理，拥有该项目的经营权，所获的收益作为偿还债务和经营回报；特许期满后，项目公司将项目移交给本方。BOT运作方式具有以下特点：项目公司在本方批准的特许期内，占有和运营电力项目，获取相应的收益，并偿还债务；采用有限追索权或无追索权融资方式，仅以电力项目的收益来偿还债务；项目在特许期满后，移交本国电力企业。

BOO模式是由企业投资并承担电力项目的设计、建设、运行、维护、培训等工作，硬件设备及软件系统的产权归属企业，而由政府部门负责宏观协调、创建环境、提出需求，政府部门每年只需向企业支付系统使用费即可拥有硬件设备和软件系统的使用权。这一模式体现了"总体规划、分步实施、政府监督、企业运作"的建、管、护一体化的要求。

目前，PPP模式已广泛应用于全球跨国电力项目建设中。1994～1998年建成的21万千瓦屯河—欣本河项目是老挝为建设、拥有、经营和转让（BOOT）水电厂而实施的首个和泰国之间的公私合作项目。中国与越南的电

力合作项目大多数采用 BOT 模式开发，如 2013 年 12 月 12 日签订的永新一期
燃煤电厂项目，2016 年 3 月 27 日签订的越南海阳燃煤电厂项目等。在中国对
缅甸的水电投资中，目前在运营的瑞丽江一级和太平江一级电站均采用 BOT
的模式。

第二节　世界各国电价水平

电价是国民经济价格体系中一个重要的组成部分，电价的合理与否直接影
响着一国经济的发展，在市场竞争中会直接影响到一国电力行业的竞争实力。
而在电价制定决策中电力成本起到直接的决定性作用，因此本节首先以东南亚
地区和北非地区的两个国家为例，对其供电成本进行对比，揭示各国实际供电
情况对电价水平的影响。

一、两地区供电优势对比

在前述研究中，以 2017 年电力生产成本为例，火力发电度电成本为
0.3515 元/千瓦时，水力发电度电成本为 0.25 元/千瓦时，风力发电度电成本
为 0.4215 元/千瓦时，光伏发电度电成本为 0.4556 元/千瓦时。本节将选取
"一带一路"沿线典型国家和地区，通过其供电能源形式的不同，结合度电成
本对"一带一路"沿线国家的供电优势做比对分析。

（一）东南亚地区供电成本

东南亚位于亚洲东南部，该地区共有 11 个国家，包括越南、菲律宾、泰
国、缅甸、印度尼西亚、马来西亚、老挝和柬埔寨等国家，东南亚地区能源资
源十分丰富，从分布情况看，化石能源主要集中在越南、印度尼西亚和马来西
亚 3 个国家；水能资源比较丰富的国家有缅甸、老挝和印度尼西亚；风能资源
主要集中在菲律宾、越南、印度尼西亚；太阳能资源以菲律宾、泰国、马来西
亚最为丰富。本节选取越南进行供电优势比对的分析。

越南的河流众多，且河网密集，主要河流有湄公河及其支流，水能储备非

常丰富。越南水能蕴藏总量约为 3000 万千瓦,可开发的装机容量约为 2500 万千瓦。其中,开发潜能最大的要属湄公河,其是亚洲跨国水系中最重要的一支,湄公河蕴藏的水电能源丰富。根据亚洲开发银行的初步估算,经过越南的湄公河河段蕴藏约 1.8 万兆的电力资源,然而利用率却很低,不足 4%。所以,只要能够对湄公河进行合理的开发,大幅提升电力利用水平和能力,则能够大幅提高电力生产水平。

按照越南电力数据,2016 年全国电力系统供应总量为 1771 亿千瓦时,其中水力发电占比 28.3%,燃气燃煤发电占比 69.23%,其他发电方式或购电占比 2.47%。依据上述能源消费结构,在相同的生产成本前提下,可估算出越南 2016 年全国电力系统供电成本(见表 5-1)。

表 5-1 2016 年越南全国电力系统供电成本

发电形式	火力发电	水力发电	其他方式	总计
占比(%)	69.23	28.3	2.47	100
成本(亿元)	430.96	125.30	12.27	568.53

(二)北非地区供电成本

埃及地处非洲,人口约 7000 万。该国油气储量丰富,石油与天然气探明储量分别为 36 亿桶和 1.8 万亿立方米。截至 2015 年,埃及各类发电总装机约 30.8GW,其中风力发电约 2.81GW,全年总发电量为 1590 亿千瓦时,该国电力 95% 依靠天然气和柴油发电,其余 5% 主要靠水力和煤发电。

由表 5-2 可以看出,在埃及的全国供电方式中,可再生能源发电以及水力发电方式所占比重极少,但其供电成本较低,石油、天然气发电方式的供电成本则极高,长此以往,将会陷入不利于持续健康发展的境地。

表 5-2 2015 年埃及全国电力系统供电成本

发电形式	火电	水电	风电	石油	天然气	总计
占比(%)	2	3	1	41	53	100
成本(亿元)	1.12	1.19	0.67	410.74	740.60	1154.32

近年来，埃及没有新增水电项目，主要依靠丰富的天然气满足新增能源需求。为解决本国能源问题，埃及政府积极发展新能源，已经出台了一系列风电、光伏的发展规划和鼓励电价政策。埃及可再生能源局提供的资料显示，该国苏伊士海湾的风能资源丰富，年平均风速为10.5m/s，尼罗河东西岸沙漠地区的风能资源也很丰富，十分适合进行风电开发。倘若风力发电供应电量在全国电力供应总量中能够达到20%的比重，则可以节省约180亿元的电力供应费用。

（三）"一带一路"沿线国家供电成本优势对比

由前文所述，"一带一路"沿线东南亚地区蕴含丰富的水资源，且水力发电方式的供电成本处于较低水平，可以很好地发挥其地势条件，同时又兼顾了电力工业的持续健康发展；而在西亚、北非地区，独特的地理位置给予该地区丰富的风光资源，从目前来看，该地区对风光资源的利用还存在很大不足，各国电力生产方式相对粗犷，不能有效地对资源进行合理的利用。

对比"一带一路"沿线东南亚地区和西亚北非地区的两个典型国家可以发现，国家所处地理位置在很大程度上决定了其电力生产方式，越南由于境内丰富的水力资源，使其水力发电占比较大；埃及则因为其拥有丰富的石油、天然气资源，从而全国发电方式则以石油、天然气为主。

但由于资源本身的差异性，两国的供电成本差异很大（见表5-3），一方面可以说明"一带一路"沿线国家进行电力互联互通的必要性；另一方面也说明了对发电资源的粗犷利用。对越南来说，虽然平均供电水平处于较低水平，但蕴含巨大的水力发电发展空间，可以将本国电力工业向更加高效的运行方式推进，走绿色高效的持续发展道路。对埃及来说，则是需要大力调整本国供电结构，有效地利用丰富的风管资源，发展清洁绿色的可再生发电产业，这样在逐渐互联的"一带一路"电力贸易中才能具有竞争力。

表5-3 各国平均供电成本水平

国家	越南	埃及
平均供电成本（元/千瓦时）	0.321	0.726

二、世界各国电价水平

电价在实际应用中不是一个独立的价格，而是一个价格体系。从电力生产到最终消费，广义上可以分为上网电价、输配电价和销售电价。为了比较世界各个国家的最终电价水平，下文分析指的是各国的销售电价，即电力用户购买电力时应支付的价格。根据用户分类不同，销售电价可分为居民生活用电、一般工商业及其他用电、农业生产用电三种。由于各国的用户分类各不相同，但大部分都有工业和居民两项，而且工业和居民用电的电量占总用电量的绝大部分，比较具有代表性，因此下文主要从这两项价格水平进行比较。为使世界各国的销售电价具有可比性，按照同期外汇兑换率将各国销售电价折算成以"美元/千瓦时"为统一单位。

在全球范围内，欧洲总体电价水平最高，美洲和亚洲较低。2018 年，德国电价最高，为 0.33 美元/千瓦时；阿根廷电价最低，为 0.01 美元/千瓦时。我国电价水平为 0.08 美元/千瓦时，与世界各国相比处于较低水平（见图 5-1）。

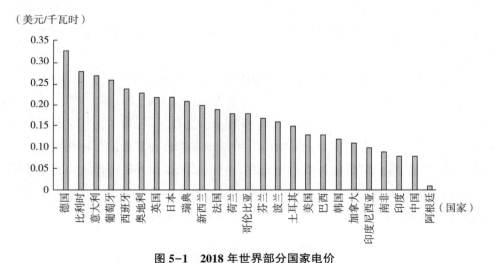

图 5-1　2018 年世界部分国家电价

资料来源：https：//www. statista. com/statistics/263492/electricity-prices-in-selected-countries/.

在欧洲国家中，就居民用电而言，中西欧电价较高，东欧电价较低（见图 5-2、图 5-3）。其中，丹麦和德国的电价水平最高，达到 0.34 美元/千瓦时。丹麦和德国的电价高是受可再生能源系统（RES）的开发应用的影响——丹麦 RES 发电量所占比例超过 20%，在德国，国家出资修建的太阳能发电工程发展迅速。补贴则以直接（提高电价）和间接（提高工业生产和服务行业成本，从而增加其相应的电力支出）的方式分配到国民身上。就工业用电而言，

（美元/千瓦时）

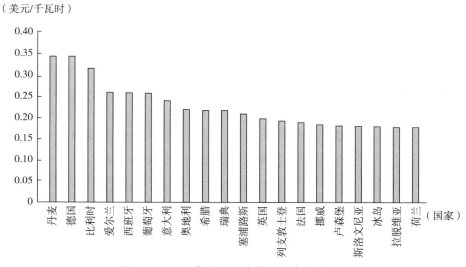

图 5-2　2017 年欧洲国家居民用电价（1）

（美元/千瓦时）

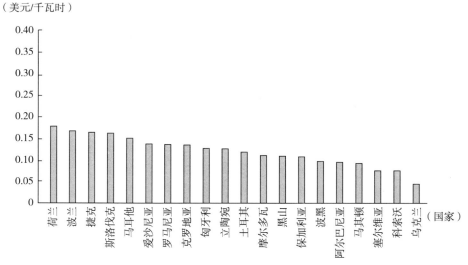

图 5-3　2017 年欧洲国家居民用电价（2）

…

南欧电价较高，北欧、东欧较低（见图5-4、图5-5）。其中，马耳他工业用电价最高，为 0.15 美元/千瓦时，其次为塞浦路斯，电价为 0.14 美元/千瓦时。塞浦路斯电价之所以高是因为其主要依赖燃油发电厂发电，而目前全球市场上燃油价格居高不下，因此严重影响了终端用户的电价。

（美元/千瓦时）

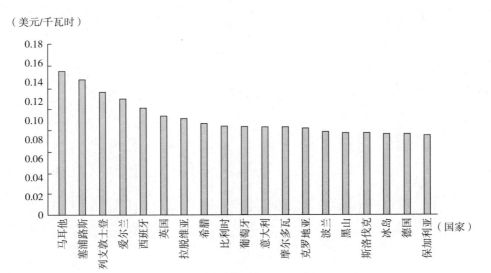

图 5-4　2017 年欧洲国家工业用电价（1）

（美元/千瓦时）

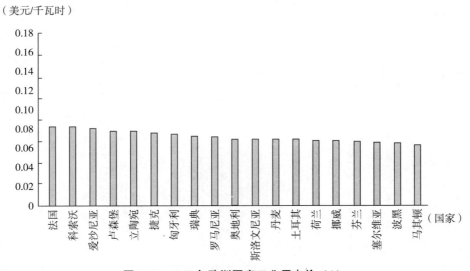

图 5-5　2017 年欧洲国家工业用电价（2）

东南亚电费较高。东南亚地区个别国家的电价水平较高，各国电价水平之间的差距较大，多数国家的居民用电价高于工业电价。菲律宾能源部公布的《2017~2040 年能源发展计划》显示，由于政府补贴不足，菲律宾电价为东盟地区最高，与新加坡持平。截至 2016 年底，菲律宾、新加坡工业用电均为 0.1287 美元/千瓦时，菲律宾商业、家庭用电分别为 0.1651 美元/千瓦时和 0.1961 美元/千瓦时，而新加坡商业、家庭用电均为 0.1602 美元/千瓦时。

我国 2017 年居民电价为 0.078 美元/千瓦时，工业电价为 0.084 美元/千瓦时，居民电价比工业用电价格低了 7.1%。而在东南亚、欧洲地区，大多数国家的居民电价明显高于工业电价。这是由于我国发电长期以煤炭为主，火电发电量长期占比 80% 左右，同时由于煤电价格联动机制不完善和交叉补贴的持续存在，我国工业用电价格相对较高。

第三节　国际上成熟跨境电力市场的定价机制

输配电价格机制作为电力市场有序交易的重要环节，一直以来受到各国电力监管机构的重视。由于各国电力结构改革情况和国情不同，各国输电网络定价机制也有所差别。本节对几个主要发达国家电力市场的输配电定价机制进行分析研究，为"一带一路"沿线国家跨境电力贸易价格机制的建设提供参考。

一、美国输配电价格形成机制

美国电力输送价格采用分级监管的框架体制，由联邦政府能源监督管理机构（FERC）对 150 余家跨州输电企业的输电价格进行监管，由各州政府公用设施管理机构对本辖区内输电企业的输配电价格进行监管。输电价格按照输电成本分摊、准许收入计算和价格结构核定三个步骤制定。

（一）输配电成本在用户间的分摊

电力公司的输电成本包含年度折旧费用和线路运行维护费用两部分。对于年度折旧费的认定，规定了线路和设备的寿命年限、净残值、折旧方法等标准。对于运行维护费的认定，美国能源监督管理机构设定了相应的基准判断指标，用以核定本期成本相较于历史成本的变化是否合理，从而计算电网运行费用的具体范围。由于输电成本随着电力用户的电压等级和设备负荷特性的差异而不同，因此输电成本并不是简单平均分摊到输送电量上。在输电成本的分摊上，各州采用的方法不尽相同。

1. 美国 PJM 电力市场

美国东部的 PJM 电力市场采用费率的形式分摊输电成本，并将电能交易分为直购电传输服务和电力池传输服务两大类，根据传输服务类型的特点选用了不同的费率计算方式。

点对点的直购电传输服务分为固定直购电传输服务和非固定直购电传输服务。固定直购电传输服务的期限长、优先级别高，对应的费率也较高；非固定直购电传输服务采用节点法按约定的传输容量计算费率，根据用户所在的地区不同，传输服务实行的费率也不同。

多电源、多负荷的电力池传输服务，采用邮票法根据每个用户的高峰负荷份额计算输电成本费率，以反映不同区域在用电高峰时期对电力网络的需求程度和输电阻塞情况，因此每个区域的费率也不相同。这种按高峰负荷计算输电费率的方式，可以促使用户选择费率较低的区域建厂，达到平衡电力供需的目的。

2. 美国 ERCOT 电力市场

得州 ERCOT 电力市场的输电成本采用邮票法，取下游配电公司夏季用电高峰时期每个月最高负荷的平均值，按其在高峰负荷之和中占据的份额比例计算分摊。各配电公司分摊的输电成本以"输电系统费用"体现。但是由于这一分摊方法使配电公司每年分摊的输电成本存在较大差距，导致配电公司不能根据稳定的费用负担情况安排资金支出，因此增加了"输电费用调整因子"，对"输电系统费用"项目进行调整，以体现本期输电费用与上期相比的差额部分。

3. 美国 CAISO 电力市场

美国加州 CAISO 电力市场由 ISO 统一运营，ISO 运营的电网只负责输电，跨区输电成本采取转运费率的形式向转运交易的参与者分摊。分摊的转运费用=转运交易的电量×转运费率。电力网络按受电端不同的电压等级，分为200kV 及以上的高压电网和 200kV 以下的低压电网。高压电网用户的转运费率仅根据高压电网的成本计算；低压电网用户的转运费率根据高压电网成本和低压电网成本两部分计算。

（二）准许收入的计算和价格结构的核定

美国各地区输电准许收入在管制程序和方法上较为类似，都是依据输电成本加合理利润的原则制定。计算公式为：向各用户收取的输电准许收入总额＝用户分摊的输电成本＋税务成本＋有效资产投资×合理利润率。其中，有效资产投资是指为保障电能稳定传输所必需的设备资产的净投资，等于有效资产投资总额减去累计折旧。合理利润率按照通用计算方法采用负债和权益成本的加权均值核定，一般输电企业的合理利润率水平在10%左右。

按照上述规定测算得出的准许收入，采用两部制的价格结构向用户收取，即按月收取一部分固定的基本电费后，再根据用户实际输电量计算收取电度电费。

二、英国输配电价格形成机制

英国输配电公司的收入主要包括并网费、过网费和电网平衡费三部分，并网费根据连接到主网所需的线路建设成本和一定的投资回报计算；过网费根据电厂或用电负荷接入电网的容量来计算；电网平衡费根据维持系统稳定和电能质量所提供的辅助服务成本计算。

（一）并网费

用户并入输电网后，每年需向电网企业支付并网费，并网费主要用于回收电网企业为并入电网的各项设备所投资的成本费用，计算公式为：并网费＝建设费用＋运行费用＋维护费用＋投资回报费用。其中，建设费用以并网电力资产的历史成本与折旧率的乘积计算。在RIIO监管模式下，输电公司并网投资资产的折旧年限由原来的40年改为20年，采用直线折旧的方法，折旧率也由2.5%变更为5%。运行费用用来反映当年的输电运行成本，包括与运行输电资产相关的人工费、设备租金和税收支出等，运行费用为并网设备资产原值与输电运行成本系数的乘积。维护费用为并网设备所在地区的总维护费用根据零售物价指数调整后的数值。投资回报费用为当年并网设备的资产平均净值与投资回报率的乘积。确定区域的年度总并网费后，采用邮票法按用户的并网容量分摊给所有接入用户，并按月收取。

（二）过网费

过网费主要用来反映发电或负荷设备联入电网后对网络剩余传输容量的影响情况。由于用电高峰时段各节点的负荷情况不同，各区域的增量输电成本也不同，因此能够以价格差异这一经济信号的形式引导用户选择低负荷的区域建厂，达到平衡电网负荷容量的目的。

输电公司采用经济学中的长期边际成本法对过网费进行计算。首先按直流潮流模型计算每千瓦功率注入节点后对各线路中潮流的影响，其次根据电网的管辖范围计算各地区的增量成本，最后核定各区域电网的过网费。

1. 核算各节点的边际成本

根据发电厂和负荷的峰值情况确定系统平衡状态下的运行方式，计算此时系统内每一条线路的潮流功率与该线路长度的乘积并求和，得到输电系统平衡状态下的总成本。然后，增加一单位发电功率并在算例节点上增加一单位负荷功率，计算此时输电系统总成本的变化情况，即为该节点的边际成本。同样原理，计算出线路中其他节点的边际成本。

2. 根据区域划分计算各区域边际成本

根据节点的地理位置和边际成本相近原则将英国电力市场划分为21个发电区域，并根据供电商的运营范围划分14个负荷区域。根据区域内各节点的边际成本，以机组或负荷的有功功率为权重，计算所有节点边际成本的加权平均值，作为整个区域的边际成本。

3. 计算区域电网的过网费

区域电网过网费以整个区域的边际成本为基础计算，同时考虑单位长度线路内增加单位功率而导致的电网扩建成本，以及输电网络为了安全稳固运行而预留的系统容量的冗余成本。

4. 过网费在发电与负载间的分摊

过网费在发电端和负载端的分配通常采取27∶73的比例，同时需遵守欧盟委员会对发电企业过网费上限的规定。因此发电方取27%与过网费上线中的最小值按装机容量分摊，剩余部分过网费由负荷方按每年固定时段的最高用电量分摊。

（三）电网平衡费

电网平衡费反映了接入系统的各方无法按约定执行合同时，输电公司为保障系统能够安全稳定运行而发生的成本，根据英国平衡与结算条例的相关规定收取。

三、欧洲跨国输电价格形成机制

介于输电行业在欧洲各地区都属于高准入标准的垄断性项目，因此该环节的价格由各区域监管机构进行管制。其中，对网络服务、接入条件、传输费用等内容实行事前管制，对新发电商接入、线路互连、用户间交叉补贴、电网拥堵管理等内容实行事后管制。对于费用的分摊方面，各区域采用了不同的方法。

（一）北欧同步区

北欧电力能源各不相同，丹麦风电资源占比较高；挪威的电能几乎全部来自于水电资源；瑞典的水电及核电占较大比重；而芬兰是集各种能源为一体均衡发展的国家。为了能源的互补，北欧较早实现了跨国电网的互联，同时还建立了世界上首个国际性电力交易市场。在交易链条中由北欧成员国的输电系统运营商（TSO）具体控制运行输电网络，其中芬兰、瑞典和挪威各有一家 TSO 负责本地电网运行，丹麦由两家独立的 TSO 控制本地输电网络。

北欧电力同步区采用点费率的两部制收费方法，点费率基于输电节点建立，每个节点核算出的点费率不一致，节点费用总额参照该点的点费率考虑电能流入和输出的功率分别核算，与电流经过的线路无关。

点费率包括固定输电费用和变动输电费用两部分，其中固定输电费用又分为接入费和容量费，变动输电费用则指能量费。接入费针对新入网企业，在发电商或用户首次接入电网时一次性收取。容量费针对已接入输电网络的发电企业和电力用户，以年为周期计算核收，主要是对输电线缆、电气设备和搭建的网络构架等基础设施投资成本的回收。发电企业负担少部分的容量费，按照发电机的额定发电容量计算收取；电力用户负担其余较大比例的容量费，按照电力设备的年度最大使用功率核定，并考虑电力用户对电能质量和电压稳定性等要求适当调整收费标准，例如，钢铁厂等对供电可靠性要求较高的企业的收费标准会相对较高。变动的能量费主要是以网络节点为单位对电能传输过程中有功损耗的价值补偿，是依据费用核算周期内输电高峰、低谷和一般时期的电力潮流结构图而计算的电能边际损耗。

(二) 欧洲大陆同步区

欧洲大陆同步区的跨国输电交易按是否存在电能阻塞分为不同价区，若输电网络不存在阻塞情况，则将无阻塞的输电交易市场划分为统一价区；若输电网络存在阻塞情况，则根据阻塞情况将输电交易市场划分为不同价区。同一价区内，采用统一的输电价格，输电价格由输电系统运营商（TSO）核定。

首先由价区内控制或拥有跨国电力网络工程的国家，依据成本加成法原理核算本国的电力输送费用。其次由输电系统运营商将各国的电力输送费用汇总计算价区内整体的电力输送费用，并与预计的总输送电量相除，计算该价区的电力输送单价。

欧洲大陆同步区仅根据交易电量收取单一的电量费用，这种价格和费用的制定及核算程序清晰明了、简便易行，同时成本加成法核算整体输电收费，能够更好地保障电网运行中的成本补偿。电力输送费用由输电系统运营商向发电企业和售配电公司收取，并采用邮票法进行分配，按比例计算每一个输电企业应分得的输电收入。

四、澳大利亚输配电价格形成机制

由于输电网的自然垄断特性，其价格机制由澳大利亚能源监管机构（AER）按周期对其进行监管。监管周期开始前，各输电公司需要向 AER 提交输电定价方案。输电定价方案包括输电总成本在不同服务类型和电网不同节点之间的分摊方法、年度准许收入的核算和调整机制、每种输电服务的价格结构等。AER 对输电公司的输电定价方案进行审批。

在输电设施成本核定方面，监管机构采用的是最优重置成本法（ORC），即电网投资设备的最大允许收入，取决于在当前情况下重新购置实现该设备功能的新的设备的最优成本，以增强电网公司投资时的谨慎性。在输电成本分摊方面，澳洲电网将电能输送分为四大类型：发电接入服务、负荷接入服务、电网使用服务和公共服务，输电总成本会根据不同的输电服务类型采用不同的方法，在用户和节点间进行分配。然后根据各节点承担的输电成本核定该节点的准许收入，并由 AER 进行监管。对于准许收入的监管采用收入上限的管制措施，即输电公司的实际收入不得超过监管机构确定的输电公司年度最大允许收入。

（一）发电接入服务

发电接入服务，指为发电设备接入电网所提供的连接服务。将电网节点上与发电设备入网相关的资产的最大允许收益，采用邮票法根据各发电设备的额定容量在设备之间平均分配，得到电厂需交纳的发电接入费用。

（二）负荷接入服务

负荷接入服务，指为负荷设备接入电网所提供的连接服务。与发电接入服务的计算方法相同，采用邮票法分摊给节点上的所有负荷，形成负荷接入服务价。

（三）电网使用服务

电网使用（TUOS）服务，指依托输电网络提供的电能传输服务，其成本通过各发电机组和负荷支付的电网使用费而回收。其中，发电机组负担的电网使用费采取协商议定；负荷侧负担的电网使用费分为位置相关部分和位置无关部分。

TUOS 费用中与位置相关部分，采用改进后的体现成本的网络分配法（MCRNP）计算价格。首先核算提供电力输送的全部网络设施的最高容许收入；其次在典型的潮流状态下，采用跟踪法核算每个设备节点在所有网络设施中占有的功率比例，这一占比即为每个设备节点对网络设施的使用程度；最后按使用程度分配网络设施的最大允许收入，形成与位置相关部分的价格。

TUOS 费用中与位置无关的部分，指输电公司预计的总收入减去以上收入经上年度盈亏情况调整后的差额部分，用以维持输电公司的收支平衡。这部分费用基于合约最大容量或历史电量，采用邮票法分摊给各负荷节点。

（四）公共服务

公共服务的功能主要定位于维护输电网络安全可靠、保障电能质量等，是电力网络的支撑架构，因而公共服务针对网络中的所有用户，并没有特定的使用者。其成本补偿一般采用邮票法的平均分配原则按照使用电量在所有用户间分配。

五、各国（地区）输电定价机制对比和启示

表 5-4 总结了主要发达国家对输电定价方法的应用情况，主要由输电费用的分类、输电服务成本的分摊、准许收入的监管和输电价格结构四个方面构成。

表 5-4　国外跨国（地区）输电定价情况

国家（地区）	费用分类	成本分摊方法	收入监管机制	价格结构
美国 PJM	点对点传输服务	节点法	成本回收管制	两部制
	网络传输服务	邮票法	—	—
美国 ERCOT	输电系统费用 输电价格调整因子	邮票法	成本回收管制	两部制
美国 CAISO	转运费率	兆瓦—公里法	成本回收管制	两部制
英国	并网费	邮票法	RIIO 成果管制	两部制
	过网费	长期边际成本法	—	—
	电网平衡费	—	—	—
北欧同步区	接入费	节点法	收入上限管制	两部制
	容量费	—	—	—
	能量费	—	—	—
欧洲大陆同步区	电网使用费	邮票法	成本回收管制	一部制
澳大利亚	发电接入服务 负荷接入服务 电网使用服务 公共服务	邮票法 潮流跟踪法	收入上限管制	两部制
加拿大 安大略省	输电使用费	邮票法	—	一部制
加拿大 阿尔伯特	电能传输使用费 增量线损费用 固定输电费	—	—	三部制
俄罗斯—芬兰 联网工程	预订费用	—	—	三部制
	容量费用			
	电网服务费 （边界费和接入费）			

（1）在输电费用的分类方面，尽管各国所赋予的名称不一致，但大致都可分为与发电机或负荷接入电网相关的费用、与电能传输相关的费用和与维持电网安全稳定运行相关的费用等几大类，各国选择其中的一类或几类作为收费项目。例如，英国、澳大利亚和北欧同步区从输电网络的功能出发，设置了接入费用、接出费用和共用网络费用，分别反映电厂接网工程的成本、用户接网工程的成本和共用输电网络的成本。作为借鉴，"一带一路"沿线国家在制定输电价格时，可先将输电网络按功能划分为共用输电网络和专用的接网工程，按照各项工程的特点分别采用不同的分摊方法。

（2）在输电服务成本的分摊方面，大多数地区采用的是邮票法，仅考虑用户或发电厂的变压器容量或高峰时期负荷容量，计算相对简单，易于操作；另外美国、英国等电力改革较为深入的国家，在邮票法的基础上结合使用了兆瓦—公里法、潮流跟踪法、长期边际成本法等较为复杂的计算方法，通过建立电网节点、拓扑结构图和网络潮流等，使成本分摊更为合理。大多数"一带一路"沿线国家的电力体制改革尚处于起步阶段，电网拓扑结构和实际潮流情况等都需要逐项验证，因此在输电成本的分摊方面，可暂且选择较为基础和简单的邮票法，待竞争性电力市场进入成熟和稳定期后，再加入更多的分摊参数。

（3）在准许收入的监管方面，主要形成了成本回收管制、收入上限管制和 RIIO 成果管制三种主流的收入监管理论。其中，成本回收管制更多地考虑了输电成本的回收，更加适用于电力体制改革的起步阶段；同时，成本回收管制以几年为一个测算周期，有利于输电公司收入的稳定。相反，后两种管制理论的优势主要体现在设定了多种激励指标并根据指标完成情况逐年核定准许收入，因此更加适用于成熟的电力市场。

（4）在输电价格结构方面，大多数国家都应用了两部制的定价方法，同时还有一些国家应用了三部制的定价方法，使成本回收手段更为细致。由此可见，多部制价格结构是电价改革的一个趋势，通过固定费用的收取，保证输电公司的基础收益，同时有助于缓和输电公司实际收入的波动幅度。作为借鉴，"一带一路"沿线国家可以采用两部制的价格结构。

在具体考虑输电定价机制时，需要注意的是，由于输电成本分摊问题自身的复杂性，分摊时需要兼顾公平与效率双重影响。而对准许收入的核算也由于各国、各地区电力市场发展程度、政策环境等因素的影响而有所不同。此外，在输电价格结构方面，虽然各国学者基本认同两部制定价法，但在容量费用所占比例的确定上却存在多种见解，难以达成一致意见。

第四节　"一带一路"沿线国家现有的跨境电力合作模式、价格水平及定价机制

本节将通过具体的电力合作项目对"一带一路"沿线国家现有的跨境电力合作模式和定价机制进行分析，并对沿线国家的价格水平进行比较分析。

一、合作模式

（一）对外贸易方式

我国与俄罗斯开展电力合作即采用对外贸易方式，指我国从俄方进口电力，不在俄境内进行生产活动。俄罗斯向中国的电力出口已历时二十余年，并占据了中国电力进口总量的一半。第一条中俄跨境输电线路布110千伏黑线于1992年7月投运，2006年和2014年又分别建设投运了220千伏布爱甲乙线和500千伏阿黑线，其中500千伏阿黑线是中国从境外购电电压等级最高的跨国输电线路。目前，中俄两国间输电线路已有4条，中俄断面输电能力达到150万千瓦，截至2015年底，累计完成对俄购电176亿千瓦时。

（二）契约方式

从苏联时期形成并继承下来的中亚地区联合电力系统的运行实际上是依靠协议来维持的，而不涉及股权或企业产权。1998年，独联体11个成员国签署《独联体国家统一电力体系公约》，形成了中亚统一电网。苏联解体后，哈萨克斯坦与周边国家基本上继承了苏联时期就已经形成的，自北向南连接了俄罗斯、哈萨克斯坦、乌兹别克斯坦和吉尔吉斯斯坦的主要用电负荷中心，用电由位于乌兹别克斯坦的统一调度中心统一调配。

（三）直接投资方式

1992 年，在亚洲开发银行推动下，澜沧江—湄公河流域内的中国、缅甸、老挝、泰国、柬埔寨和越南六个国家共同发起了大湄公河次区域经济合作机制（GMS）。亚行作为参与方和出资方，主要负责为 GMS 有关会议及具体项目的实施提供技术和资金支持。GMS 合作采取协商一致的合作原则，所做决定须经各成员国一致认可。次区域电力合作的主要组织框架包括：电力论坛、电力联网与贸易专家组和大湄公河次区域电力贸易协调委员会。除此之外，历届大湄公河次区域部长会议和领导人峰会也针对电力合作进行磋商和研究，并签署了一些合作协议，如《电力联网与贸易政府间协定》《区域电力联网的蓝图》和《大湄公河次区域电力贸易运营协议》等。

目前，次区域部分国家已开展了国际电力贸易，但大部分是电力流的单向交易。中国与 GMS 各国之间的电力合作的内容以开发水能资源为主，合作内容包括向邻边国家（越南、老挝）的边境地区出售电力，共同开发水电站及输变电设施（缅甸、老挝），积极建设连接周边国家与沿边境地区的电网（缅甸、老挝），共同建立次区域的跨国输变电网络，以 BOT 等方式积极承包建设与开发越南、柬埔寨、缅甸、老挝的电力工程。GMS 国家之间的电力合作主要是泰国、越南，在缅甸、老挝投资建设电站，然后向其购电。

二、价格水平

"一带一路"沿线国家电力价格水平具有以下特征：

（1）中亚、南亚、独联体国家电费较低。如吉尔吉斯斯坦和乌克兰的电价分别为 0.03 美元/千瓦时和 0.023 美元/千瓦时，2017 年俄罗斯远东地区的工业电价下调为 0.069 美元/千瓦时。斯里兰卡居民用电为 0.05 美元/千瓦时，工业用电为 0.07 美元/千瓦时。

（2）东南亚电费较高。东南亚地区个别国家的电价水平较高，各国电价水平之间的差距较大，大多数国家的居民用电价高于工业电价。菲律宾能源部公布的《2017～2040 年能源发展计划》显示，由于政府补贴不足，菲律宾电价为东盟地区最高，与新加坡持平。截至 2016 年底，菲律宾、新加坡工业用电均为 0.1287 美元/千瓦时，菲律宾商业、家庭用电分别为 0.1651 美元/千瓦时和 0.1961 美元/千瓦时，而新加坡商业、家庭用电均为 0.1602 美元/千瓦时。在披露的数据中，印度尼西亚的电价水平最低，工业电费、商业电费、居民用电分别为 0.0366 美元/千瓦时、0.0474 美元/千瓦时和 0.0284 美元/千瓦时。此外，泰国与马来西亚的电价水平相差不大，工业电费分别为 0.1183 美元/千瓦时和 0.1038 美元/千瓦时，商业电费分别为 0.1183 美元/千瓦时和 0.1095 美元/千瓦时，居民用电分别为 0.1216 美元/千瓦时和 0.1327 美元/千瓦时。由于泰国、印度尼西亚、马来西亚用电均享受政府补贴，而菲律宾政府补贴不足，发电、输电、配电各环节附加税费较高，导致菲律宾电价居高不下。

（3）中东欧地区电价水平分布分散。如塞尔维亚、波黑、马其顿的电价较低，2017 年电价分别为 0.074 美元/千瓦时、0.094 美元/千瓦时和 0.095 美元/千瓦时。电价较低的主要原因是电力公司能源生产成本较低。斯洛文尼亚、拉脱维亚、斯洛伐克、波兰、捷克的电价较高，2017 年电价分别为 0.185 美元/千瓦时、0.19 美元/千瓦时、0.1684 美元/千瓦时、0.1659 美元/千瓦时和 0.1651 美元/千瓦时[①]。

（4）西亚、北非地区电价普遍较低，但个别国家电价较高。希腊电价水平较高，2017 年含税工业电价和含税居民电价分别为 0.1083 美元/千瓦时和 0.2026 美元/千瓦时；埃及电价水平较低。沙特阿拉伯工业用电为 0.048 美元/千瓦时，居民用电根据月耗量为 0.013~0.08 美元/千瓦时。

（5）我国 2017 年居民电价为 0.078 美元/千瓦时，工业电价为 0.084 美元/千瓦时，居民电价比工业用电价格低了 7.1%。而在东南亚、中欧地区，大多数国家的居民电价明显高于工业电价。这是由于我国发电长期以煤炭为主，火电发电量长期占比 80% 左右，同时由于煤电价格联动机制不完善和交叉补贴的持续存在，我国工业用电价格相对较高。

三、定价机制

（1）欧洲互联电网（ENTSO-E）覆盖了"一带一路"沿线国家中东欧 16 国，包括波兰、立陶宛、爱沙尼亚、拉脱维亚、捷克、斯洛伐克、匈牙利、斯

---

① 东欧地区电价数据来源于英国商业、能源及产业策略部（BEIS）公布的《QUARTERLY ENERGY PRICES TABLES ANNEX, DECEMBER 2017》及中国商务部的新闻，其余数据均来源于网络。

洛文尼亚、克罗地亚、波黑、黑山、塞尔维亚、罗马尼亚、保加利亚、马其顿等。此外，还包括了西亚国家希腊、塞浦路斯（自身独立的输电系统）。2015年，西亚国家土耳其宣布正式加入欧洲电网。截至目前，"一带一路"沿线国家中有19个国家接入欧洲互联电网，占据一半以上的比重，是欧洲电网的重要组成部分。除塞浦路斯（自身独立的输电系统）外，其余ENTSO-E成员国都与周边国家发生电力交换，都遵循前文中所分析的欧洲大陆同步区的定价机制，根据交易电量收取单一的电量费用，同时根据成本加成法核算整体输电收费，电力输送费用由输电系统运营商向发电企业和售配电公司收取，并采用邮票法进行分配，按比例计算每一个输电企业应分得的输电收入。

（2）在印度尼西亚燃煤BOT（建设—经营—转让）或BOOT（建设—拥有—经营—转让）项目中，上网电价通过长期购售电协议（PPA）约定。对投资者而言，有两个显著特点：一是煤电联动，二是电价与通货膨胀系数及汇率变动系数挂钩。因此，印度尼西亚的电价机制相对成熟完备，无论对购电方还是售电方而言均相对公平，尤其是对投资方而言，电价回收风险相对较低。

根据印度尼西亚国家电力公司（PLN）提供的购售电协议模板，上网电价为两部制电价：一是容量电价，二是电量电价。容量电价主要反映固定投资及投资收益，电量电价主要反映度电可变成本。如果由投资方建设送出线路，则还有补充电价部分。细分电价的组成部分，容量电价可分为（电站）单位资本成本回报和单位固定运维成本；电量电价可分为度电煤价和度电变动运维成本；补充电价为（送出线路）单位资本成本回报。

（3）在中国与巴基斯坦合作的萨察尔50MW风电项目中，巴基斯坦政府允许根据不同投资商的投资成本议定电价，确定原则是"成本+回报"的方式，即在保证投资商可以回收合理的建设成本和运营成本的前提下，允许资本金内部收益率为15%~17%。

（4）在中国与孟加拉国合作的帕亚拉PAYRA2×660MW燃煤电站PPP项目中，购电协议约定对本项目采用国际化两部制电价。两部制电价将电站建设和发电成本通过价格穿越效应（pass-through）传递至孟购电方，使项目公司实现既不过高也不过低的、安全的内部收益率。此外，其中的煤电价格联动机制还能有效地帮助项目公司规避煤价波动风险。

本章小结

（1）跨境电力合作模式包括对外贸易方式、契约方式、直接投资方式，三种方式各有其利弊。

（2）电价影响着一国经济的发展和电力行业的竞争实力，而电力成本在电价制定中起到决定性作用，通过以东南亚地区和北非地区的两个国家为例，对其供电成本进行对比，说明了"一带一路"沿线国家进行电力互联互通的必要性，并从工业和居民用电的角度揭示各国实际供电情况对电价水平的影响。

（3）通过对美国、英国、欧洲、澳大利亚几个主要发达国家和地区的电力市场的输配电定价机制进行分析研究，为"一带一路"沿线国家跨境电力贸易价格机制的建设提供参考。

（4）通过具体的电力合作项目对"一带一路"沿线国家现有的三种跨境电力合作模式、定价机制、价格水平进行比较分析，展现了"一带一路"沿线各国的电力市场发展现状。

第六章 跨境电力贸易的价格机制

本章主要总结归纳前文所分析的价格影响因素及价格形成机制，分别从微观和宏观两个层面总结市场竞争条件下的价格形成机制。最后本章还进一步讨论现电力定价模式和电力定价制度对电价的影响。

第一节 微观层面跨境电力贸易的价格机制

一、价格机制构建

价格作为"看不见的手"，是吸引投资、反映资源稀缺状况、决定市场资源配置效率和供求关系的关键因素。著名经济学家张五常说："我所知道的经济学只有一个范畴，就是价格理论。"可见，价格理论是经济学中非常核心、渗透广泛、涵盖各个方面的中心理论。从一定程度上讲，微观经济学就是价格理论。

从边际效用学派的价值价格理论出发，马歇尔提出了经济学的里程碑——著名的"均衡价格论"。"均衡价格论"认为一种商品的价值，在其他条件不变的情况下，是由该商品的供求状况决定的，商品的均衡价格可以衡量商品的价值。马歇尔吸收借鉴了边际效用论和生产费用论，用前者说明需求的变动，用后者说明供给的变动。从某种意义上说，均衡价格理论反映了商品经济条件下价格变动的一般规律。

跨境电力贸易市场价格形成机制要考虑的因素很多，要先分析跨境电力市场中跨境电力商品价格的构成要素及其形成的合理形式。

跨境电力贸易市场价格的形成，与区域市场电力供应和电力需求以及两者之间的作用关系相关。而跨境电力市场的供应和需求主体，受具体市场结构和规则影响，会有一定差异，故应结合具体市场结构的研究进行。要分析电力贸易供求的构成、价格弹性等对均衡价格的影响。

在前文的叙述中，综合考虑跨境电力贸易市场中电力生产的基本成本费用，包括不同发电形式的直接发电成本、跨境电力运输成本分摊以及提供辅助服务的成本分摊，在经济学角度还应考虑包含搜寻成本、议价成本和履约成本在内的贸易成本费用，此外，基于对线路阻塞的考虑，本书特对跨境电力贸易中输电权的定价进行研究，以此形成跨境电力贸易市场中关于电力商品价格 P_k 的初步制定，如式（6-1）所示：

$$P_k = (1+r_1)P_g + (1+r_2)P_s + (1+r_3)P_f + P_{sq} + P_e \qquad (6-1)$$

$$P_g = \begin{cases} p_{ct} \\ P_c(t) \end{cases} \qquad (\text{t 为任意时刻}) \qquad (6-2)$$

以上两式中，跨境电力贸易市场采取集中交易时，P_g 取统一边际成本 p_{ct}；双边交易时，P_g 合同约定费用 $P_c(t)$。P_s 为跨境传输电力商品的输电成本分摊费用，P_f 为使用辅助服务的成本分摊费用，P_{sq} 为跨境电力贸易市场中输电权的定价，P_e 为贸易成本费用综合，r_1、r_2、r_3 分别为在电力生产主体、输送主体和辅助服务提供主体在电力商品贸易活动中的利润率。

电力作为一种商品，应该像其他商品一样，充分发挥价格机制的重要作用，使资源得到最有效的配置，使各国社会福利达到最大化。同时，还应以法律的形式来规范跨境电力贸易市场的运行，保证各国电力企业间的公平竞争，防止其他干预因素对电力市场的不利影响。"一带一路"电力互联互通中不仅要有市场化建设，还应有法制化建设，这样才能实现各国间持续的有效竞争，建立比较完善的、统一的跨境电力市场，才能真正实现社会资源的有效配置，而相应的价格机制才能真正发挥作用。

"一带一路"电网互联的实质是建立具有较高输配电效率的统一、开放的电力交易市场，使电力行业内各市场主体进行公平的竞争，实现资源的合理利用。在"一带一路"沿线国家的跨境电力贸易市场建设中，将地域条件不同、资源供电不同的各地区和国家电网连通起来，形成全局电网，各电网之间实行有效互联显得尤为重要。只有在各国电网互联的前提下才能建立公平高效的跨境电力贸易市场，才能在"一带一路"沿线国家范围内实现电力资源的优化配置，从而提高整个"一带一路"区域电力行业的整体经济效益。

二、影响因素分析

贸易条件的变化对贸易系统任何一部分所造成的影响将波及整个系统，导致商品、要素的数量和价格发生普遍变动，使整个经济系统从一个均衡状态过渡到另一个均衡状态。在跨境电力贸易中，贸易参与者根据利润最大化原则，在资源约束的条件下，确定电力商品的最优供给量和最优需求量。当贸易条件发生变化时，系统均衡状态会发生变化，即贸易电价由于部分因素的变化而发生改变，这些因素主要包括但不限于发电成本、分摊机制、输电权溢价等。

（一）发电成本

在火力发电中，变动成本包含燃料、水费、购入电力费等，其中水费、电力费用相比燃料费用来说变动程度较低，因此考虑火电生产过程中的成本变化时，燃料费用占据很大部分的比例，当煤炭、石油、天然气价格发生波动时，火电发电成本也会随之波动，会直接影响电价水平。在风力及光伏发电中，生产材料的环境效益限制也会对其成本造成一定影响，特别是污染大、耗能高的材料生产环节。

（二）分摊机制

关于分摊机制的研究从来没有停止过，涉及调峰服务、无功功率服务、旋转备用服务等辅助服务和输电服务的分摊，要求基于公平角度的分摊机制难以做到满足参与各方的利益诉求，因此当不同的电力服务适配不同的分摊机制时，会在时间推移过程中产生变动，即电价形成机制中很重要的组成部分发生变化，则电价水平也会随之变化。甚至单一电力服务在不同时间、不同贸易环境中也会发生成本的波动，带来电价水平的波动。

（三）输电权溢价

针对电力传输阻塞的输电权交易会随着电力传输线路的容量发生频繁或稀少的变化，与之对应的便是输电权溢价的程度变化，这种变化会反映到电价层面，影响跨境电力贸易中的电价水平。另外，电力线路节点之间电能交易对线路功率增量影响情况是随时间变化的，基于此，影响情况的输电权价格水平也会发生变化，最终会反映到贸易活动中的电价水平上。

第二节　宏观层面跨境电力贸易的价格机制

一、价格机制构建

在市场均衡条件下，市场贸易价格是有效对接各国电力供需、实现电力产能优化配置的重要机制。电力贸易市场的价格形成机制是指电力供给国与电力需求国通过电力国际贸易形成市场贸易价格的过程。

在前文的宏观模型构建中，贸易的发生基于一定的贸易条件，只有达到了贸易条件，才会存在贸易。从长期角度考虑，假设一段 t 时间内电力生产一定电量 $v(t)$ 的成本函数为二次项方程 C，包含固定成本 α 和可变成本 $\beta v(t) + \eta v(t)^2/2$。一国在其电力供给能力范围内电力最终产出多于国内电力总需求的部分可用于出口，假定贸易量为 x，反之则可能需要进口电力。在利润最大化条件下，只有当出口收入大于生产出口部分电力商品的成本 $C(v+x) - C(v)$ 以及因贸易发生带来的贸易成本 $k(x)/2$ 时（k 为贸易成本系数），电力丰裕国才会生产用于出口的电力商品；同理，只有当进口支出 $C(v) - C(v-|x|)$ 加上因贸易发生带来的贸易成本 $k(|x|)/2$ 小于本国多生产与进口电量相等的电力商品所需的成本时，电力稀缺国才会进口短缺的电力商品。因此贸易发生条件可以用式（6-3）表示：

$$px - [\beta + \eta(v + x/2)]x - k|x|/2 \geq 0 \qquad (6-3)$$

式中，p 为电力贸易价格，x 为电力贸易量，β、η 为成本函数系数，v 为国内电力总需求，k 为贸易成本系数。

在同时考虑利润最大化条件 $Max\pi^x$ 和贸易均衡条件 $x^h + x^f = 0$ 后，前文推导出了电力贸易价格决定式：

$$p = \frac{(v^h + v^f)\,\eta^h \eta^f + \beta^h \eta^f + \eta^h \beta^f}{\eta^h + \eta^f} + \frac{k}{2}\left|\frac{\eta^f - \eta^h}{\eta^h + \eta^f}\right| \tag{6-4}$$

式中，p 为电力贸易均衡价格，上标 h 为本国，f 为外国，即 v^h 为本国电力总需求，v^f 为外国电力总需求，β^h、η^h 为本国电力生产的成本系数，β^f、η^f 为外国电力生产的成本系数，k 为贸易成本系数。

该式体现了市场均衡时的电力贸易价格决定。一般而言，电力贸易均衡价格与双边电力总需求成正比，与贸易成本成正比，还受到边际生产成本的影响。

当电力贸易价格偏低，使电力丰裕国出口电力产量低于电力贸易市场上的需求时，丰裕国的生产意愿下降和稀缺国之间的竞争推动电力贸易价格上升；当电力贸易价格偏高时，电力丰裕国出口电力产量高于电力贸易市场上的需求时，丰裕国之间的竞争以及稀缺国的进口意愿下降使电力贸易价格下降，市场达到均衡状态。

二、影响因素分析

基于前文的宏观模型求解结果以及实证检验结果，从宏观角度分析，认为影响电力价格和电力贸易的因素主要包括但不限于电力总需求、电力总供给、贸易成本以及双边贸易国的电力需求相关系数，以下为具体影响机制分析。

（一）电力总需求

电力需求波动的不可预测性以及电力传输的实时平衡特性导致电力贸易的双向贸易性，任意时间点的电力可出口量受丰裕国的国内电力需求影响。当丰裕国的国内电力需求越高，基于优先满足本国需求的假设，留给生产出口电力商品的产能盈余空间越少，电力贸易市场的电力供给就越少，供给小于需求，电力价格将会上涨；反之，当丰裕国的国内电力需求变低，留给生产出口电力商品的产能盈余空间增大，电力贸易市场的电力供给就越多，供给大于需求，电力价格将会下降。

（二）电力总供给

同理，任意时间点的电力市场总进口量受稀缺国的国内电力需求影响。若稀缺国国内电力需求较小，其电力生产能满足大部分电力需求甚至自给自足时，稀缺国对国际贸易市场进口电力需求就越少，需求小于供给，电力价格将会下降；反之，稀缺国内电力需求较大，其对国际贸易市场进口电力需求就越高，需求大于供给，电力价格将会上涨。

（三）贸易成本

贸易成本是随着贸易发生而产生的，忽略贸易壁垒的情况下主要表现为运输成本，通常直接以输配电价的形式对贸易价格产生影响。不同于一般商品贸易，电力贸易依赖输电网络运输，因此贸易双边国地理距离越长，输电网络线路就越长，所产生的贸易成本越高，电力贸易价格也就越高。此外，电力传输中独有的输配成本还受输电技术水平影响，输电过程的输电节损水平越高，相同距离前提下，贸易成本越少。

（四）双边贸易国的电力需求相关系数

从长期角度考察，任意时间段内各国的电力需求波动的反复性不可忽视。若 t 时间段内，贸易双边同向波动，则双边供需不发生改变，贸易量不增不减，价格不变；但若出现不同步波动，甚至反向波动，则贸易量可能增大，价格随供给情况产生变化。因此，双边贸易国的电力需求相关系数一定程度上影响电力价格波动程度，相关性越大，影响程度越小。

第三节　电价定价模式

电力定价模式是跨境电力贸易价格形成机制中不可忽略的重要一环。现行较为常见的电力定价模式有政府审批制、双边（多边）协议制、竞争定价制，以下为三种定价方式的具体分析。

一、政府审批制

政府审批制实质上就是政府定价，电力行业的特点决定了各国在制定上网电价时不同程度地采用了政府定价方式。政府定价的主要优点是有利于国家宏观调控和物价稳定，避免电力企业获得超垄断利润，不足之处是不利于反映电力商品的真实价值和电力供求关系。政府定价又分为直接和间接两种：直接方式是指政府部门直接参与上网电价的核定工作，如个别成本定价法。间接方式是指政府部门通过制定电价测算办法或对电价构成中的某些指标进行控制来调整电价。下面对一部制定价、两部制定价、个别成本定价和标准成本定价这四种政府定价方法做简单分析：

（1）一部制定价，指将容量成本和电量成本加在一起核定上网电价的制度。优点是结算方便、能鼓励企业多发电等，但由于中国目前采用的一部制定价，是以个别成本定价为基础的，这不利于形成竞价上网机制，如果强制竞价上网，会使新电厂处于不利地位，挫伤投资办电的积极性。

（2）两部制定价，指将电价分解为容量电价和电量电价的定价制度，其中容量电价不参与竞争。优点是有利于在较短的时期内建立电量电价的上网竞价机制、提高新电厂的运行负荷、激发投资办电的积极性等。但会在一定程度上延滞电价的统一进程，而且企业不发电就能得到一定收入，这不利于企业重视市场分析与开拓，以及从长远角度控制成本等。

（3）个别成本定价，指在核定每个电厂成本、费用、税金的基础上，加上一定回报制定电价。目前中国主要采取这种方法制定上网电价，这种方法的优点是有利于提高发电投资者的积极性，因为它能确保获利，但不利于控制发电成本。

（4）标准成本定价，指将发电企业按一定方法划分成若干类型，参照各类型的平均成本或边际成本，制定各类标准成本，并以此为基础确定各类电力生产企业的上网电价。这种方法的主要优点是有利于发电企业提高发电效益和效率，为逐步形成上网电价市场化奠定基础，是上网电价市场化改革必须迈出的一步，但这种方法没有考虑企业的历史问题，会对部分企业产生短期不公平。

二、双边（多边）协议制

双边协议定价就是合约双方在平等自愿的情况下，通过协商确定电价，签订双边协议，所以这种定价机制又称合同定价。协议定价的主要优点是有利于反映电力商品的真实价值和电力供求关系，并能通过市场自动调整市场主体的经济利益关系，具有平衡性和灵活性。国外电力市场改革的实践也表明，这种定价方式既有竞争性，又有利于维护市场稳定。协议定价主要是确定未来较长时间内的电力交易价格，协议双方必须从较长的时间内判断供求关系的走向，不会受短期偶然性、突发性因素的影响。相对取决于短期供求关系的现货市场竞价，协议定价的风险要小得多。目前电力市场化程度较高的国家大部分交易是以协议定价为基础，但为了降低价格风险，协议中关于电价内容一般有根据实时电价进行调整的条款。实际操作中一般有两种调整方式：一是"单向合同"，指当实时电价高于协议确定电价时，发电企业按合同商定的百分比向购买方偿付差价；二是"双向合同"，指当实时电价高于协议确定电价时，发电企业向购买方按约定百分比偿付差价，当系统电价低于协议确定电价时，由购电方向发电企业偿付差价。

三、竞争定价制

竞争定价是指买卖双方在电力市场上公平竞争，按规定的交易规则下形成的结算电价，基本体现了市场的同质同价。这种方法的主要优点是能迅速反映电力商品的供求关系，但风险大，价格波动起伏大。竞争定价又分为同价竞争和报价竞争两种：同价竞争既可以是买方给出一个可以接受的价格，多个卖方在相同价格条件下竞争，也可以是卖方给出一个可以接受的价格，多个买方在相同的价格条件下竞争；报价竞争主要是在现货市场上，通过竞价形成的交易价格。为了防止竞争定价可能对市场造成的波动，许多国家对这种定价进行了规范，一般在交易规则中有反垄断条款，报价竞争在世界各国电力市场得到广泛应用。

第四节　电价定价制度

确定电价的定价制度，是跨境电力贸易价格形成机制的最后一个步骤，即根据计算出的各用户承担的准许收入额，按照不同的价格结构，形成最终价格的过程。因此，电价的定价制度主要取决于输电公司采用的价格结构。目前而言，电力行业的一般价格结构，按照制定方法和计费形式的不同，可以分为一部制价格和两部制价格，其中一部制价格包括单一制容量价格和单一制电量价格。

一、单一制容量价格

单一制的容量价格是将电能输送服务的准许收入根据用户的总体输电容量进行分摊，从而构成的输电价格，表示每千瓦容量中承担的电能输送服务的金额。使用输电服务的各方，根据各自的输电容量乘以单位容量输电价格，即为其需要支付的输电费用。因此，用户所支付的输电服务费用等于其承担的准许收入额，是固定不变的。

在这种方法下，输电公司的实际年度收入以及使用输电服务各方所支付的输电费用均被锁定，与实际输送的电量无关。虽然可以保证输电公司对成本的足额回收，但也容易导致电厂等送电公司超规模供电或者用户的无节制用电，造成电网系统的超负荷运行，从而造成电网的线损增大、线路老化加快，当线路负荷超过电网的承载能力时还会造成继电保护器动作、线路跳闸，引发大规模的停电事故。

因此，单一制容量价格在跨国输电线路定价中应用较少。

二、单一制电量价格

单一制电量价格是根据预计输电量计算的，将输电服务的准许收入除以线路预计输电量，得到输电价格，即每单位输电量中需分摊的输电服务金额。使用输电服务的各方，根据各自实际发生的输电量乘以单位电量输电价格，即为其需要支付的输电服务费，计算公式如式（6-5）所示：

$$单一制电量价格 = \frac{R}{P \times T \times (1-\beta)} \tag{6-5}$$

式中，T 为输电线路的设计利用小时数，β 为输电线路的线损率。

在单一制电量价格法下，输电公司的实际年度收入仅与实际输送电量相关。而实际输送的电量由电能交易的送电方和受电方决定，输电公司在其中的影响力较弱。此外，对于大多数新能源发电公司，如风力发电厂、太阳能电站和水电站等，其实际发电量受气候因素影响较大。单一电能来源的新能源发电公司难以对实际发电量进行调节，从而导致每年输送的电量存在较大差异。一方面，导致输电公司每年的过网费存在较大波动，使输电公司难以根据预计收益情况合理安排资金和电网投资；另一方面，输电量完成率较低容易造成输电公司的成本难以收回，输电量的超计划完成则会给输电公司带来超额的收益。此外，由于缺乏合理的价格约束机制，容易导致送受电双方过度预计输送电量，造成对电网资源的浪费。

但由于单一制电量价格核定和收取较为简单，因此，欧洲大陆同步区采用单一制电量价格。

三、两部制价格

两部制价格是将核定的准许收入分为两部分向用户收取。一部分是固定的容量费用，同单一制容量价格的制定方法类似，将总的容量费用分摊到每千瓦容量上，形成不随电量变化的容量价格。另一部分是随实际输电量变化而波动的电量费用，同单一制电量价格的制定方法类似，将总的电量费用根据预计输电量分摊到每度电上，形成电量价格。容量费用和电量费用是根据输电服务准许收入的一定比例确定的，设容量费用占准许收入的比例为 k，则两部制价格法下的容量价格和电量价格分别如式（6-6）和式（6-7）所示：

$$容量价格 = \frac{R \times k}{P} \tag{6-6}$$

$$电量价格 = \frac{R \times (1-k)}{P \times T \times (1-\beta)} \tag{6-7}$$

由于两部制价格中所包含的固定输电收入和随实际输电量变化的变动输电收入，使两部制价格法兼有单一制容量价格法和单一制电量价格法的双重特点。通过固定的容量费用的收取，可以在一定程度上保证输电公司的必要收益，使其不会因输电量过度减少而导致各项成本难以弥补。同时，对送受电方收取固定金额的容量电费，使其在签订输电合同之前，会合理预估自身的购售电能力，选择合适的容量，减少电网资源的浪费。此外，在固定输电容量的基础上，送受电方会更倾向于通过增加电力交易量来达到更低的边际电价水平。

通过变动的电量费用的收取，可以对送电方和受电方的电力交易量进行节制，维护输电网络的安全稳定运行。

两部制价格法最早由 Hopkinson（1892）根据电力企业成本特性提出。一般来讲，两部制价格中的容量费用一般用以弥补电网经营中的固定成本，如电网建设成本和固定的运维成本等；电量费用则根据电网经营的变动成本计算，如输配电改革之前的电力企业购电成本。然而，随着输配电改革的进行，购电转售业务逐步从输电公司分离，电网的成本被重新定义，固定成本占据了较大的成本比重。若以固定成本作为计算容量费用的依据，则用户将负担相当高额的固定费用，阻碍其健康发展。因此，输电公司现行的两部制输电价格中的电网容量费用一般仅用以弥补一部分固定成本，电量费用则用以弥补剩余部分的固定成本和全部变动成本，但在容量费用和电量费用的比例确定方面各学者说法不一，尚没有形成统一标准。从国外经验看，绝大多数电力市场都采用两部制。

四、三种定价制度对"一带一路"沿线跨境电力贸易市场定价制度的启示

对输电费用收取方式的选择，应从输电网络的功能和电能交易的实际情况出发，体现价格对资源的调控作用。根据图2-2对"一带一路"跨境电力贸易网络的分析，近年来"一带一路"沿线国家电力贸易现金流和实物流存在连续下滑、增长速度减缓的现象，因此，制定价格结构时应考虑不同定价机制下，输电公司实际收入对实际输电量的灵敏度水平。

设核定的准许收入为 R，预计交易电量为 Q，实际交易电量为 Q'，两部制价格法下容量电费收入占核定准许收入的比例为 k。则单一制电量价格法和两部制价格法下，输电公司的实际收入 R'_{one} 和 R'_{two} 分别如式（6-8）和式（6-9）所示：

$$R'_{one} = \frac{R}{Q} \times Q' \qquad (6-8)$$

$$R'_{two} = k \times R + \frac{(1-k) \times R}{Q} \times Q' \qquad (6-9)$$

对变量 Q′ 求导，可得输电公司的实际收入对实际交易电量 Q′ 的灵敏度，即当实际交易电量变化一单位时，输电公司的实际收入的变化量如式（6-10）和式（6-11）所示：

$$\frac{dR'_{one}}{dQ'} = \frac{R}{Q} \qquad (6\text{-}10)$$

$$\frac{dR'_{two}}{dQ'} = (1-k) \times \frac{R}{Q} \qquad (6\text{-}11)$$

由于 $k \in (0, 1)$，因此两部制价格法的电量灵敏度小于单一制的电量价格法。即当实际交易电量变化一单位时，两部制价格法下输电公司的实际收入变化量小于单一制电量价格法，更有利于使输电企业的实际收入接近其准许收入。一方面，可以防止输电公司在枯水期的成本无法得到有效补偿；另一方面，可以有效抑制输电公司在丰水期获得较高的超额收益。因此，"一带一路"沿线跨境输电网络应选择两部制的电价定价制度。

本章小结

（1）从微观角度看，电力价格不仅受到发电结构的影响，还受到电力生产环节成本费用、跨境传输电力商品的输电成本分摊费用、使用辅助服务的成本分摊费用、跨境电力贸易市场中输电权价格的影响。

（2）从宏观角度看，电力价格受到贸易参与国的电力总供给、总需求、贸易成本、需求波动差异等因素的影响。

（3）从现行电力定价模式上看，最终交易价格决定还受到市场所采用的定价决定机制影响，包括政府审批制、双边（多边）协议制、竞争定价制。

（4）从电力定价制度上看，全球电力市场的定价方式主要分为一部制价格和两部制价格。

第七章 跨境电力贸易市场的出清电价模型构建

本章基于前文的成本分析以及"一带一路"沿线各国的电力市场发展现状，分别从微观和宏观两个角度构建跨境电力贸易市场的均衡模型。在微观层面上，本章分别选取现货市场中较为常见的集中交易模式和中长期市场中较为常见的双边交易模式为分析对象，构建集中交易出清模型和双边交易出清模型，有针对性地分析现货交易和中长期交易两种不同交易模式下电价的影响因素，并基于模型结果对"一带一路"部分沿线国家进行成本优势比较，为建设区域电力互联平台和贸易中心合作国家选取提供实践依据。在宏观层面上，本章从长期交易角度构建跨境电力贸易的一般均衡模型，讨论影响电力价格的宏观变量及其影响程度，并为区域电力互联平台和贸易中心建设提供宏观发展策略建议。

第一节 微观视角模型构建

一、跨境电力贸易市场集中交易出清模型

（一）跨境电力贸易集中交易概况

根据微观经济学原理，在市场中，商品的价格是由该商品的供需双方在竞争过程中自发形成的。一般来说，商品的价格越高，商品的供给者就愿意多供

给商品，价格越低，就少供给商品（供给曲线），而对于消费者则恰好相反，商品的价格越低，他们就愿意多购买商品，价格越高，就少购买商品（需求曲线）。供给曲线和需求曲线的交点就是商品的均衡价格（市场价格）及成交数量。电力作为一种特殊的商品，其价格在不同的时间、不同的地点都是不同的。

目前国内外电力市场集中出清广为采用的是统一出清价格的边际成本定价机制，如加州电力市场、新英格兰电力市场及我国的浙江电力市场等。在统一价格结算中，如果交易成功，则不论各自的标价，一律按统一的价格结算，在有多个买主和卖主的同种且同质商品市场中，通常采用统一价格，以鼓励买卖双方按其边际获利或边际成本投标，取得最大的社会效益。华东电力市场采用统一价格清算的方式，其市场出清价的形成过程大致如下：

（1）每天分为若干个时段（如一天 96 个时段）。由电力交易中心 PX（Power Exchange）组织头一天的市场（the day-ahead market）交易，提前一天公布该地区第二天（或连续几天）市场需求信息（如该区域的负荷需求等）。

（2）各发电商根据自己的发电成本和市场需求，在每天上午提出第二天各时段的机组出力和报价，允许发电商对不同机组及容量分段报价。这些数据包括：不同出力水平的费用、独立发电商有时还需提供最低发电容量和费用、启停机费用、每时段的可供最大出力等。

（3）对于发电侧开放的电力市场，交易中心对每个交易时段发电机组的报价由低到高进行排序。如果机组报价相同，按电力交易中心收到报价的时间顺序排序，先收到的优先。安排每个交易时段无约束发电出力计划时，根据排序结果，在满足规定的约束条件前提下，从报价最低的机组起依次调用，到电网预计负荷满足。按照上述的规定，在交易时段，被调用的最后一台机组的出力点对应的报价，称为该时段边际电价。也就是边际下的所有机组，无论报价时拍卖几个单位的能量，也不论报价多少，最终都以同样的系统边际价格被 PX 采购。而对于发电侧和用电侧都开放的电力市场，成交价格则是市场出清价（Market Clearing Price）。即交易中心将累加的发电侧竞价曲线和累加的用电侧发电曲线相交得到的价格点就是市场出清价。在日前市场中，由于电力瞬时平衡的特殊性，为保障电网安全，供给方仍报供给电力和电价，但用户方只报负荷需求，而不报价，即需求曲线是刚性的、平行于价格轴、不同时刻不同的直线。价格形成如图 7-1 所示。

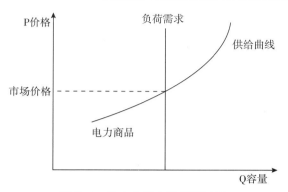

图 7-1　集中交易电价出清过程

（二）跨境电力贸易集中交易模式

本书采用的市场结算规则是按电网统一边际成本（uniform price）结算，并且机组的启停费用和电量费用分开结算，目标函数是购电费用最低。

目标函数：

$$\min J = \sum_{t=1}^{T} \sum_{i=1}^{N} p_{et} P_{i,t} U_i(t) + [1-U_i(t-1)] U_i(t) S_i(t) \qquad (7-1)$$

式（7-1）中，t=1，2，3，…，T（i=1，2，3，…，N 为发电机组数）为整个调度周期内的时段数；p_{et} 为第 t 个时段电网的边际结算价格；$P_{i,t}$ 为第 i 个机组在第 t 个时段竞得功率；$U_i(t)$ 为第 i 个机组在第 t 个时段开停机状态；"0"为停机，"1"为开机；$S_i(t)$ 为第 i 个机组在第 t 个时段的启停费用。

约束条件：

（1）电网功率平衡约束：

$$\sum_{i=1}^{I} P_i(t) - P_D(t) = 0 \qquad (7-2)$$

式（7-2）中，$P_D(t)$ 为电网在时刻 t 的负荷，I 表示竞价成功的机组数。

（2）机组功率约束：

$$\begin{cases} P_{i,t} \geqslant P_{i,\min}(i=1,2,\cdots,I) \\ P_{i,t} \leqslant P_{i,\max}(i=1,2,\cdots,I) \end{cases} \qquad (7-3)$$

（3）负荷备用约束：

$$\begin{cases} \sum_{i=1}^{I} P_{i,max} - P_D(t) \geqslant P_{u,min} \\ P_D(t) - \sum_{i=1}^{I} P_{i,min} \geqslant P_{d,min} \end{cases} \quad (7-4)$$

式（7-4）中，$P_{u,min}$，$P_{d,min}$ 分别为向上负荷和向下负荷备用功率最低要求。

（4）机组升降功率速度约束：

$$\begin{cases} \Delta P_{u,i,t} = P_{i,t} - P_{i,(t-1)} \leqslant \Delta P_{u,max,i,t} \\ \Delta P_{d,i,t} = P_{i,(t-1)} - P_{i,t} \leqslant \Delta P_{d,max,i,t} \end{cases} \quad (7-5)$$

式（7-5）中，$\Delta P_{u,i,t}$，$\Delta P_{d,i,t}$ 分别为机组 i 第 t 个时段的功率上升量和下降量；$\Delta P_{u,max,i,t}$，$\Delta P_{d,max,i,t}$ 分别为机组 i 第 t 个时段的功率上升和下降调整量的限值。

（5）机组最小运行时间和最小停机时间约束：

$$\begin{cases} [X_i^n(t-1) - T_{u,min,i}][U_i(t-1) - U_i(t)] \geqslant 0 \\ [X_i^f(t-1) - T_{d,min,i}][U_i(t-1) - U_i(t)] \geqslant 0 \end{cases} \quad (7-6)$$

式（7-6）中，$X_i^n(t)$ 为机组 i 连续开机到第 t 个时段的开机时间；$X_i^f(t)$ 为机组 i 连续停机到第 t 个时段的开机时间；$T_{u,min,i}$ 为机组 i 的最小开机时间，$T_{d,min,i}$ 为机组 i 的最小停机时间。

二、跨境电力贸易市场双边交易出清模型

双边交易是指电力交易供需双方（发电厂、批发商、零售商以及各经纪公司）本着自愿互利原则，在电力市场中通过协商，达成双边合同（包括交易电量及其价格等）的交易方式。

从目前的交易方式看，我国的电力市场可以归于电力库模式。除少量大用户直供外，整个电力市场由电网公司控制，电力公司统购统销，发电商单侧竞争，电价由国家核定，大部分电力实行合同销售，少量电力实行竞价，上网竞价实际上成了上网竞量。目前的交易体制难以满足公平、公正、公开的要求，不利于市场资源的优化配置，用户没有选择权，市场缺乏弹性，不利于增进社会福利。特别是电网公司凭借其垄断地位对电力产业的上下游的打压和扩张，不

但牢牢地卡住了上下游发展空间，而且也严重背离了电力体制改革的市场化方向。

（一）跨境电力贸易双边交易概况

为了厘清电力交易关系，消除电力垄断影响，在发电商和用户之间搭建起双边交易的平台，本书对国外电力双边交易研究现状进行总结。

1. 英国双边交易

英国电力改革的发展完整展示了从一体化经营到电力库交易，再到双边交易的历程，形成了以双边交易为核心的交易、监管体系。英国双边模式的建立打通了发电商和用户直接交易的通道，保障了电力供需的稳定，提高了竞争性和效率。为了弥补双边交易对实时需求的不足，英国建立了基于实时需求的平衡机制，从而为英国电力双边交易健康运行和市场需求的实时保障提供了条件。具体来讲，就是在系统发生供需不平衡时，交易系统需要从电力市场购买容量服务，以维持电力系统实时平衡，并对平衡容量和能量进行计价、结算。从目前英国的交易看，平衡机制的实现主要通过电力库实时交易市场实现。可见，我国在进行电力双边交易的过程中，也需要深入进行平衡机制的研究。从电网的稳定、系统的需求多方面考虑，并设立相应的交易制度，以保证双边交易正常进行。

2. 美国双边交易

美国 PJM 电力市场主要采用电力联营体模式，虽然在电能交易上不能实现双边交易，但用户可以通过金融合同实现交易主体间的双边利益保护。美国 PJM 电力市场的最大特点是平衡管理和阻塞管理。在我国电力交易中，可以借鉴采用分层次协调管理模式，建立日前平衡和辅助服务市场，对于阻塞问题可以考虑设置优先通过管理，特别是出于"西电东送"的项目中管理的权限和层次设计将更显重要。

3. 北欧双边交易

北欧的电力市场是一个跨区域的国际性的统一的电力市场，各国电力可以通过北交所自由地进行非实时交易。北欧统一市场的建立解决了南北资源和需求不平衡问题。这点与"一带一路"和我国"西电东送"跨区交易极为相似，因而，在我国双边交易设计时可以充分借鉴北欧经验，建立和强化"一带一路"以及"西电东送"的骨干网络建设，打通电力输送通道，建设大容量的电源基地，以实现更大范围的资源优化配置。同时，我国也可以借鉴北欧电力市场中不同时段的金融电力合约交易制度，有效地规避价格波动风险。

4. 澳大利亚双边交易

澳大利亚电力市场的经营管理模式与运营模式经历了不断的变化与调整。2008 年，澳大利亚政府决定向全部的用户开放双边交易。由于双边交易增大了电力系统实时平衡的难度，澳大利亚采取独立机构对电源分类的方法，区分不同的发电方式，确定相应的供给价格来解决不同发电成本对电价的影响，从而获得容量的保证。为了解决实时平衡问题，管理机构通过调整市场合同仓位的办法建立平衡机制，一是通过调整市场最大发电机组出力以抹平需求曲线，二是通过命令以增减其他机组处理来达成需求效果。可见，在解决双边交易中交易主体的发电成本从而获得容量的供应是双边交易中一件重要的事情。目前我国存在的不同电力机组、不同上网电价，以及交叉补贴问题将是我国实行双边交易首要解决的问题。

5. 俄罗斯双边交易

俄罗斯政府自 1991 年开始进行电力市场改革，于 2011 年全部取消监管合同，市场竞争机制下双边交易得以形成。中俄两国电力改革有很多的相似之处，存在区域性的电力公司，也处于经济结构调整、产业升级转换时期，需要建立电力市场运行机制。俄罗斯电力双边交易的参与双方可自主协商定价，它们之间的双边合同可一年一订，合约中的价格可以根据通货膨胀变化以及燃料成本加以调整。同时，俄罗斯双边交易以参考区域电价为基准以锁定价格风险。因此，俄罗斯电力市场的改革模式对我国也有着借鉴意义。

（二）跨境电力贸易双边交易模式

在电力市场中主要有两类电量：一类电量是中长期电力电量，这类电量的供需一般具有长期性、稳定性和可预测性。另一类电量是实时电量，由于环境的变化、需求的不平衡等因素需要及时供应和交易，这类电量具有可变性和不可预测性。双边交易主要解决中长期电量交易。因而，在双边交易为主的电力交易模式下，存在远期合同交易和实时竞价交易。双边合同交易在电力交易中占 80% 以上，它是确保电力市场稳定可靠的保证，是电力交易的主要形式。实时电力的存在主要源于双边合同的不足，不能解决系统的实时需求，由于该部分电量时间短、需求变化快，电价变化快，电量零散，不利于快速达成交易，在国外主要通过电力库模式竞价交易。为了消除电力库交易的缺陷，做到信息公开、透明、利于监管，考虑到目前成熟的技术手段，可以采用统一平台上的集中竞价交易。在双边交易模式下，取消现有的电力库，电网退出电力统购统销，只负责电力传输，并收取过网费，不再参与电价定价机制。电力调度从目前的电网中独立出来，成为用户与电网的桥梁，独立、公平的分配、调度全部电力交易合同，并保证合同得以全面执行。

1. 双边交易流程

在电力双边合约交易中，供电商与购电商通过电力交易中心或柜台交易协商确定交易对象和交易计划，签订双边交易合约。签订合约后由调度机构根据线路约束条件进行合约的修改和确认并监督执行；电网公司负责电网安全电力传输；电力交易中心结算。交易中心公布交易主体的交易信息，提高市场透明度。双边交易流程如图 7-2 所示。

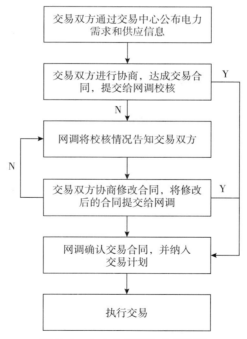

图 7-2　电力市场双边交易流程

由交易流程图可知，供电商与购电商从电力交易中心获取电力供求信息，通过调度员磋商来确定双边交易合同中的交易价格和数量。若提交合约中的电量不满足调度要求，合约将被退回交易双方，由其根据网调要求再度协商，对合同进行修改，直到满足要求为止。该交易方式下，电力调度中心独立于电网公司，全面负责电力需求和电力供应的调配，电网公司只是提供电网的传输服务，保证电网的顺利运行，并收取一定的电力传输费，而不参与电价制定过程。

因此，双边合约交易打破了电网对电价的垄断，将更多的利润反馈给社会（发电商与购电商），保障了电力市场运行的稳定性，并且符合经济发展的大趋势。

2. 双边交易出清模型

双边交易电价形成过程是一个利益博弈问题，情况比较复杂。成本、信息、市场地位将决定其所获得的利益，发电商会根据自己的供电能力、收益期望值、市场影响力、需求弹性、用户类型进行报价决策。强势发电商拥有较大的定价权，弱势发电商往往会采取联合报价方式改变自己的不利地位。不同的用户对电价的接受能力不同，这取决于用户的利益期望值和社会福利的剩余值。大用户如工业用户用电需求大，选择发电商的机会多，处于强势地位，有较大定价权。公益事业、农业和居民用电，成本传递差，很少有定价权，用电成本高、需要制度支持。小用户在选择权、定价权上往往可能寻求用户组合或代理模式。

目前行业研究的重点为基于实时电价变化规律的出清定价模型，通过对实时电价变化序列的分析，建立相应的电价模型模拟，再采用各种定价方法确定合同价格，与普通商品价格相比，电价的变化有着更为多样的特性，如均值回复、阶跃、尖峰等，因此为电力价格行为建模是一项很有挑战性的研究，到目前为止，还未找到一种公认的电价模型。

基于双边交易中长期电量交易的情况，可以根据实时电价进行基于实时电价变化规律建立定价模型。具体来说，对电价序列的分析表明，自回归随机过程模型可用于实时电价过程建模，进而采用无套利（no-arbitrage）定价方法制定双边交易中长期电量交易价格。无套利定价方法的原理是将合同电量在市场中的最优期望价值作为该合同的价格，这样市场中的套利者将无法通过倒卖该合同获利。因此，对于风险中立的交易者，t 时刻双边交易合同的价格为：

$$P_c(t) = E[合同价值 | I_{nfo}(t)] \tag{7-7}$$

式中，$I_{nfo}(t)$ 为 t 时刻的已知信息；等式的右边为合同在已知信息下的条件期望价值。

因此，对于双边交易中长期电量交易，其合同价格为合同的最大期望值：

$$P_c(t) = P_c(P_t, x_i) \tag{7-8}$$

$$P_c(P_t, x_i) = \max E\{ [x_i P_t + P_c(P_{t+1}, x_{i+1})] \mid I_{nfo}(t) \} \tag{7-9}$$

$$P_c(t) = = \max\{ x_i P_t + E[P_c(P_{t+1}, x_{i+1}) \mid I_{nfo}(t)] \} \tag{7-10}$$

以上三式中，x_i 为合同在 t 时段的交易电量，各时段的交易电量之和等于合同电量；P_t 为 t 时段实时电价的预测值。

对于双边交易中长期电量交易，购电商和售电商都追求使自身利益最优的合同价格，即购电商追求价值最大化，售电商则追求成本最小化。只要将价值最大化和成本最小化互相转换，则可以有两种角度不同的定价方案。实时电价 P_t 由电价序列模型得到，通过向实时市场投标组合解（P_t，x_i）可以确保以上价值方程能够获得合同的最佳期望价值。

这种合同定价方法所选用的实时电价模型能够基本反映出电价的均值回复以及尖峰等特性，所以在此模型下采用无套利定价方法是可行的。

但在电力市场运营过程中，上述合同定价方法或偏向于购电商，或偏向于售电商，无法体现公平内涵，因此基于上述合同定价机制，采用一定补偿机制来平衡双边交易中的利益差。

由于双边交易利益差的存在，使双边交易合同分为两种形式：第一种形式是售电商差价合同，购电商以合同电价与售电商进行购电结算，但当合同交割时的实时电价高于合同敲定价格（Strike Price）时，购电商需要把实时电价与合同敲定价格间的差价补偿给售电商；第二种形式是购电商差价合同，售电商以实时电价与购电商进行售电结算，但当合同交割时的实时电价低于合同敲定价格时，售电商需要把合同敲定价格与实时电价间的差价补偿给购电商。售电商差价合同与购电商差价合同的结合就形成了双向差价合同，它等同于一个合同价格为敲定价的固定的远期合同。

双向差价合同可以为风险厌恶（Risk-averse）和不灵活的（Inflexible）市场参与者锁定一个满意的电力价格，并且回避了讨厌的市场价格波动，是风险规避的有效工具。

三、跨境电力贸易市场输电权溢价分析

电力的发展是推动我国经济发展的重要元素之一，电力体制的改革势必影响经济发展的进程。电力改革的主要目的是通过引入市场机制，增加竞争、提高效率、降低成本、优化资源配置，促进电力工业的长期稳定发展。当前，我国电力市场化改革正向纵深推进，无论未来电力市场的架构采取何种形式，输电网开放作为电力市场化运营的基础是毋庸置疑的。由于受到物理约束及运行安全约束的限制，电力网络某些部分可能趋于功率极限，即出现输电阻塞。由实时电价理论可知，当输电网出现输电阻塞时，阻塞费用将急剧增大并显著影响整个电价。输电系统的输电阻塞不仅需要相应的阻塞管理来消除，还必须通过相应的阻塞定价机制为输电容量的公平使用和长期规划提供正确的价格信号，即通过输电网使用的有效定价来缓解阻塞。利用输电权（Transmission Rights，TR）来进行阻塞管理是近年来阻塞管理方法中的研究热点和重要的发展趋势。

（一）跨境电力贸易输电权

在世界范围内，各国电网在进行划区内联的同时，也注重各区域电网间的互联，而在实际实施过程中，各国电力工业发展水平参差不齐，导致部分互联通道基础线路薄弱，面临输电阻塞的风险，给整个互联网络带来了严峻的输电供电压力。

利用输电权管理电网阻塞是近年来的研究热点。为了使市场运作更加透明，充分调动市场成员参与的积极性，一些学者提出了基于分散优化思想的阻塞调度方法。随着区域间功率交换的增多，地区间联络线的阻塞逐渐成为整个电力市场竞争和资源优化的"瓶颈"。人们寻找新的方法来解决阻塞问题，其中一个重要趋势是运用市场机制，引入可交易输电权：①将整个网络所有线路赋予相应的输电权，并将这些输电权放在远期市场中和电量一起进行交易；②用户和发电商经过对历史资料和未来负荷的分析，预测各线路可能发生阻塞的概率及可能对自己交易产生的影响，从而决定自己应购买哪些线路的输电权以及应以什么样的价格购买；③将各线路输电权在购买了输电权的交易商间进

行分配；④对于运行中未发生阻塞的线路，卖出的输电权自动无效，但各交易商购买输电权的费用将全部投入由 ISO 建立的阻塞基金池中；⑤如果一条线路在运行中发生了阻塞，则所有购买了该线路输电权的交易商将得到补偿，以实现阻塞风险的规避。

通过输电权进行阻塞管理的市场中，输电权并不是与电能捆绑在一起交易，而是单独交易。为实现电力交易及电能销售，买卖的任意一方必须拥有与其交易电量对应的输电权。作为跨境电力贸易价格机制中重要一环的输电权价格值得深入研究。

在输电权交易中，输电系统运行员会定期发布一组电网易出现阻塞的关键线路和反映各发电机负荷节点组之间电能交易对线路功率增量影响情况的灵敏度矩阵，电力交易者则根据电能交易节点组对关键线路输电容量的使用情况及电能交易量测算输电权购买数量。但输电权交易计算大多数采用基于直流潮流的功率传输分布因子（Power Transfer Distribution Factor，PTDF）来反映节点组之间电能交易对线路功率增量的影响，而 PTDF 只与网络拓扑参数有关，不考虑系统实际运行情况，不能准确实现与实际潮流的匹配，给输电权交易计算带来较大的误差。因此，本书采用功率灵敏度来计算各发电机负荷组对关键线路的功率灵敏度值。功率灵敏度能够准确地反映发电机负荷节点组之间电能交易对各线路功率增量的影响，且计算精度得以提高。同时，功率灵敏度随系统运行点的变化而变化。其计算结果能够精确反映系统运行点变化对线路功率增量的影响。

依据各区域电网输电线路情况，利用功率灵敏度计算各发电机负荷组对关键线路的功率灵敏度值。电网中支路 k 的功率变量与节点 i 注入功率变量之间的灵敏度 β_{k-i} 为：

$$\beta_{k-i}=\frac{\lambda_{k-i}U_{k,B}}{U_{i,N}}(\cos\varphi_{k,B}\cos\varphi_{i,N}+\sin\varphi_{k,B}\sin\varphi_{i,N}) \tag{7-11}$$

式中，λ_{k-i} 为支路 k 电流相量与节点 i 注入电流相量之间的电流相关度系数；$U_{k,B}$ 为支路 k 首端电压模值；$\varphi_{k,B}$ 为支路 k 首端电压相角；$U_{i,N}$ 为第 i 个节点电压模值；$\varphi_{i,N}$ 为第 i 个节点电压相角。

以互联互通的两大区域电网为例，每个区域电网内都有若干条母线，在每条母线旁侧，都分布着众多具有不同可变成本的小型发电机组。一定区域内发

电商的开机成本是 s_i，且每 100MW 的额外出力以 s_i^* 的比率增加成本。

本区域内某一发电商的供给曲线可由下列曲线给出：

$$p_i = s_i + s_i^* \times q_i / 100 \qquad (7-12)$$

式中，p_i 为特定母线上的竞争性的区域电价，s_i 为特定母线上的开机成本，s_i^* 为特定母线上的每 100MW 的额外处理的增加成本比率，q_i 为其需要购买的输电权量。

引入市场机制后，不可避免地会发生竞争，本书主要考虑竞争的情况。在跨境电力贸易中，为了确定输电线路是否存在阻塞，可以分析这条线路没有阻塞时可以利用的容量。如果需要传输的功率超过了其传输极限就说明线路被阻塞了。两区域电网间互联互通发生阻塞时，输电权的均衡价格 p_{ab} 等于电价最高的母线的电价减去电价最低的母线的电价，即

$$p_{ab} = (p_{max} - p_{min}) \times \beta_{k-i} \qquad (7-13)$$

式中，p_{max} 为电价最高的母线的电价，p_{min} 为电价最低的母线的电价。

当任一发电机（包括平衡机）节点 g 和负荷节点 h 发生单位电能交易时，在线路 k 上产生的功率增量为：

$$\beta_{k-(g-h)} = \beta_{k-g} - \beta_{k-h} \qquad (7-14)$$

此时计算得出的灵敏度值也相应地改变，相应的输电权价格也发生变化。

（二）实证分析

"一带一路" 沿线已经累计建成中俄、中蒙、中吉等 10 条跨国输电线路，这些地区电力贸易中，都面临与本地发电商竞争等问题，所以本书以蒙古国锡伯敖包—中国河北跨国输电项目为例，分析当地电力市场的输电权运行情况。

在蒙古国锡伯敖包—中国河北项目中，以国界线为界，两侧可分为两大块区域，每个区域内都有若干条母线，在每条母线旁侧，都分布着众多具有不同可变成本的小型发电机组。

如图 7-3 所示为一个简单的两区域系统。母线 2 上的终端负荷用来满足中国河北的用电需求，区域内负荷为 800MW。此外，该区域内有一个发电能力为 500MW 的发电商，与其相连接的母线 1 的可利用发电能力大于 500MW，两区域由一条 500MW 的传输线路连接，某时刻计算其灵敏度值为 0.6598。

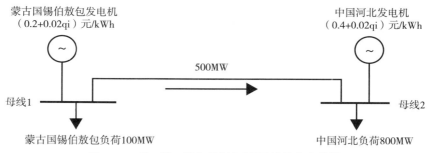

图 7-3 "一带一路"环境下两区域的电力传输

中国河北发电商的开机成本是 0.4 元/kWh，且每 100MW 的额外出力以 0.02 元的比率增加成本，蒙古国锡伯敖包内发电商的开机成本是 0.2 元/kWh，且每 100MW 的额外出力以 0.02 元的比率增加。上述系统中两个发电商的供给曲线见表 7-1。

表 7-1　发电机组供给曲线

区域	边际成本（元/千瓦时）
蒙古国锡伯敖包（母线 1）	$0.2+0.02 \times qi/100$
中国河北（母线 2）	$0.4+0.02 \times qi/100$

在跨境电力贸易中，为了确定输电线路是否存在阻塞，可以分析这条线路没有阻塞时可以利用的容量。如果需要传输的功率超过了其传输极限就说明线路被阻塞了。对于蒙古国锡伯敖包和中国河北内的电力用户来说，母线 1 处电力成本最大为 $0.2+0.02 \times 800/100$ 元/千瓦时，即 0.36 元/千瓦时，这一成本低于母线 2 并且可以从母线 1 中购买所有所需的电量。但是如图 7-3 所示的情形中，区域内的消费者需要 800MW 电能，而输电线路只有 500MW 输电容量可供使用。此时虽然中国河北电价高于区域内发电商提出的电价，但是区域内消费者却不得不从本地发电商那里购买无法满足的 300MWh 电量。此时，输电线路即出现了阻塞，并由此产生了两个不同的区域电价。

根据定价原理，在向中国河北本地发电商购买 300MWh 电能的情形下，中国河北的成本变为 $0.4+0.02 \times 300/100$ 元/千瓦时，即 0.46 元/千瓦时，为线路两端中最高价格。如果从远端母线上购买 500MW 的电量，则成本是 0.2+

0.02×500/100 元/千瓦时，即 0.30 元/千瓦时。

利用输电权价格的结论，容易得出输电权的价格上限是（0.46-0.30）元/千瓦时，即 0.16 元/千瓦时，结合灵敏度值，则此运行状态下线路输电权价格为 0.11 元/千瓦时，需要说明的是，这些价格都是在一个完全竞争的、非集中控制的双边市场中形成的，没有被集中优化处理。

表 7-2 中列出了竞争性的区域电价及相应的输电权价格。

表 7-2　竞争性的区域电价及相应的输电权价格

商品	符号	价格（元/千瓦时）
蒙古国锡伯敖包母线侧的电能（母线 1）	p_1	0.30
中国河北母线侧的电能（母线 2）	p_2	0.46
从母线 1 到母线 2 的输电权	p_{12}	0.11

当电网系统运行点发生变化时，发电端和负荷节点组间的电能交易对线路功率增量的影响也随之改变，即计算得出的灵敏度值改变，相应的输电权价格也发生变化。

四、跨境电力贸易市场一般均衡模型

一般均衡（General Equilibrium, GE）思想来源于亚当·斯密著名的"看不见的手"的论断：在一个分散决策的经济中，追求个人最优的行为会在价格调节下实现社会资源的有效配置。洛桑学派的领袖——法国经济学家瓦尔拉斯（Leon Walras）在 1874 年发表的论著《纯粹经济学要义》中首次提出一般均衡的概念，他把亚当·斯密"看不见的手"的思想表达为一组方程式，认为：消费者和生产者的最优化行为，在一定条件下，能够并将导致该经济体系中每个产品市场和生产要素市场的需求量和供给量之间的均衡。在 20 世纪六七十年代，一般均衡领域的一些主要的经济学家对一般均衡解的存在性、唯一性、稳定性的理论进行了发展和完善，代表人物有约翰森（Johansen）、斯卡夫（Scarf）、肖温（Shoven）和惠利（Whalley），形成了一般均衡模型。1960年 Johansen 提出了一个多部门增长模型，该模型包含了 20 个成本最小化的生产部门和一个效用最大化的家庭部门。在 GE 模型中，经济主体的行为有了明确的设定，即在各自的约束下，他们的行为是理性的，生产者在给定的生产函数下选择产出，使利润最大化或成本最小化，消费者在预算约束下通过效用函数确定消费需求。

现阶段，GE 模型已发展成为一个标准的模型。由于 GE 模型能够全面地分析政策变量或外部环境变化所产生的影响，它可以帮助政策制定者了解其政策实施后的潜在结果，或在外部环境变化时帮助其选择恰当的政策，因此它不仅能成为政策制定者和分析人员之间对话的桥梁，而且可以在试验的环境内对政策可能带来的利弊进行评估，从而避免政策实施所造成的巨大社会成本和风险。

在一般均衡模型中，可以用一组方程来描述经济系统中的供给、需求以及各类市场的均衡关系。在这组方程中，既有外生变量（一般表示经济系统所受到的冲击），又有内生变量（一般表示经济系统的商品、要素等的数量和价格）。外生变量的变化对经济系统任何一部分所造成的影响将波及整个系统，导致商品、要素的数量和价格发生普遍变动，使整个经济系统从一个均衡状态过渡到另一个均衡状态。通过求解 GE 模型，即可得到在这过渡过程中，各个市场供给与需求都达到均衡时的一组数量和价格。

在一个 GE 模型中，经济主体一般包括生产者、居民、企业、政府和世界其他地区，相应地，模型方程也就是对生产行为、消费行为、政府行为以及贸易行为等的描述。其基本思想是：生产者和消费者的生产和消费决策由非线性的一阶最优化条件决定。生产者根据利润最大化原则，在资源约束的条件下，确定各种商品的最优供给量和对生产要素的需求；消费者根据效用最大化原则，在预算约束的条件下，确定对各种商品的需求量；当最优供给量与最优需求量相等时，经济达到最稳定的均衡状态，同时由均衡的供应量和需求量求出一组商品的均衡价格。方程组也包含一些整个系统必须满足的约束条件，这些约束包括对政府预算赤字规模的约束，对贸易逆差的约束，对劳动、资本和土地的约束，对储蓄—投资、其他国家收入支出等一些宏观经济总量平衡的约束，以及处于环境考虑的约束等。但这些约束对任何行为个体并不必要。广义地讲，工资、汇率都可称为价格。从全面均衡的角度讲，GE 模型是在一定的资源约束和行为准则下，遵循瓦尔拉斯定律，在组成经济系统的各个市场上建立一般均衡系统，求解出均衡价格。因此不同于系数固定的投入产出模型和社会核算矩阵模型，GE 模型中生产者为使利润最大化，根据商品和要素的价格决定其产出和各种投入。

"一带一路"沿线已经累计建成中俄、中蒙、中吉等 10 条跨国输电线路，已初步进行邻域跨境电力贸易，其中，简化经济主体为贸易参与售电商、输电商以及购电商。双方售电商根据利润最大化原则，在资源约束的条件下，确定电力商品的最优供给量；购电商根据效用最大化原则，在经济约束的条件下，确定对电力商品的需求量；当最优供给量与最优需求量相等时，经济达到最稳定的均衡状态，此时双方用户消费电力的价格即为当前情况下的均衡价格。整个系统必须满足的约束条件包括输电商利益的满足和能力的供给约束。

基于邻域电力贸易简单系统的实际情况，忽略外生变量对系统的影响，对该实例进行变量设置，表 7-3 为变量类型及含义。

表 7-3　变量类型及含义

变量名	变量含义	变量个数
EO_i	第 i 个售电商供电能力	i
EN_i	第 i 个用户用电需求	i
TN_i	第 i 个输电商输电需求	i
PN_i	第 i 个用户电力需求价格	i
PO_i	第 i 个售电商供电价格	i
PT_i	第 i 个输电商输电权价格	i
SO_i	第 i 个售电商供电能力变化	i
SN_i	第 i 个用户电力需求变化	i
ST_i	第 i 个输电商需求变化	i

均衡情况可用式（7-15）~式（7-20）描述：

$$EO_i = EN_i \tag{7-15}$$

$$EN_i = f(PN_i, PO_i, PT_i) \tag{7-16}$$

$$TN_i = f(EN_i, PT_i) \tag{7-17}$$

$$SO_i = f(EO_i, PN_i, PO_i, PT_i) \tag{7-18}$$

$$SN_i = f(EN_i, PN_i, PO_i, PT_i) \tag{7-19}$$

$$ST_i = f(TN_i, SN_i, PT_i) \tag{7-20}$$

在前文所述的蒙古国锡伯敖包—中国河北跨国输电项目中，根据一般均衡理论，在该实例中，经济主体为两个售电商、一个输电商以及两个购电商，售电商和购电商分别包含中国河北及蒙古国。双方售电商根据利润最大化原则，在资源约束的条件下，确定电力商品的最优供给量；购电商根据效用最大化原则，在经济约束的条件下，确定对电力商品的需求量；输电商利益的满足和能力的供给作为约束条件。

当中国河北地区用户购电商需求需要被满足时，产生了蒙古国—中国河北的电力贸易活动。电力生产消费需要时刻满足的均衡条件为电力供给与消费的平衡，其受到售电商、购电商以及输电商的多方面影响，在使三者利益达到最大的不同均衡状态间相互转变。

可以看到，实例中母线 1 处电力成本最大为 0.2+0.02×800/100 元/千瓦时，即 0.36 元/千瓦时，这一成本低于母线 2 并且可以从母线 1 中购买所有所需的电量。当前情况下，河北用户的电力消费行为带来了自身经济效用以及蒙古国售电商利益的最大化，若无输电容量的限制，此时贸易双方达到一个均衡状态，当前电价即为均衡价格。但依据输电商约束，输电线路只有的 500MW 输电容量可供使用。此时虽然中国河北电价高于区域内发电商提出的电价，但是区域内消费者却不得不从本地发电商那里购买无法满足的 300MW 需求。此种情况下，消费者、售电商及输电商间各自经济效用达到另一个均衡状态，产生了另外的均衡价格。

从收入效应角度分析，蒙古国—中国河北跨域电力贸易活动中，河北电力用户面对本地价格更高的电力商品，如果选择购买，则对于价格更低的蒙古国电力商品来说，同等收入水平购买到的电力商品更少，购买力降低，这意味着用户如果要保证同样的电力需求量，则必须付出更多的代价，导致用户对电力商品的需求量减少。反之，用户面对价格更低的蒙古国电力商品时，同等收入水平可以购买到的电力商品数量更多，换言之，只要付出较少的代价即可满足同等的电力需求，则会使用户的电力需求增加。

上述实例中，对于中国河北的用电用户来说，一方面，蒙古国的电力商品对中国河北本地的电力商品有替代作用，用户可以通过跨域电力贸易的方法从蒙古国购电，用以替代本地价格更高的电力，满足自身用电需求。此时，用户对蒙古国电力的需求变大，对本地电力的需求变小。另一方面，当输电线路发生阻塞，输电商增加了对跨域电力贸易活动的约束时，中国河北本地售电商提供的电力商品则对蒙古国售电商提供的电力商品产生了替代作用。此时，用户对本地电力的需求量增加，对蒙古国电力的需求降低。

在双方电力商品对用户的作用相互转变的过程中，起作用的是电力商品的价格及约束条件。可以看到，在一个均衡状态向另一个均衡状态转变的时候，经济和安全方面的约束对此过程起到关键作用。

五、跨境电力贸易供电优势对比分析

在世界各国电价水平研究分析中，本书针对东南亚地区和北非地区的两个典型国家进行了供电成本的对比分析，为了更好地展示跨境电力贸易对能源互联和区域经济的贡献，本节继续选取东南亚地区和北非地区的两国进行电力贸易的假设下，分别从双边交易和集中交易两种方式对其电力贸易优势进行分析。

（一）双边交易下电力贸易优势的分析

东南亚地区的越南河流众多，水能储备非常丰富，可开发的装机容量为2500万千瓦左右。对水能的合理开发，可以提升电力利用水平和能力，大幅提高电力生产水平。而埃及地处非洲，油气储量丰富，该国电力95%依靠天然气和柴油发电，可再生能源发电以及水力发电方式所占比重极少。

在前文中，"一带一路"沿线东南亚地区蕴含丰富的水资源，且水力发电方式的供电成本处于较低水平，可以很好地发挥其地势条件，同时又兼顾了电力工业的持续健康发展，其2016年全国平均供电成本为0.312元/千瓦时；而在北非地区，过于依赖化石能源的埃及供电成本则处于较高水平，全国平均供电成本为0.726元/千瓦时。

因为有电力成本的差距空间存在，倘若越南和埃及可以建立电力商品的贸易关系，双方进行双边电力交易，则可以解决埃及电力供应不足的问题，且可以扩大越南的电力出口。按照双边交易的出清过程，埃及与越南互通电力供求信息，通过磋商来确定双边交易合同中的交易价格和数量。

双方采用无套利定价方法制定双边交易中长期电量交易价格时，不论采取使售电商自身利益最优的期望电价，还是采取使购电商自身利益最优的期望电价，都需要基于实时电价对另一方进行补偿，因此，本节忽略此过程，以合同电量为2015年埃及全国总发电量的5%（79.5亿千瓦时），合同电价为0.5元/千瓦时为例，着重研究电力贸易的全局过程和供电优势分析。

电力贸易双方在双边交易中都实现了自身利益的最大化，对于售电商越南来说，凭借较低的电力生产成本与购电商形成了成本差，完成双边交易后，出口电力达 79.5 亿千瓦时，创收 14.95 亿元；对于购电商埃及来说，因为其本身较高的电力生产成本，通过电力互联互通向具有发电优势的售电商购电，在国内电力消费没有下降的前提下，实现了缩减开支 17.97 亿元。

以上为不计输电成本及辅助服务成本的分摊情况下的分析，对于双边贸易双方所得利益的估算略高。事实上，在电力互联互通工程逐渐开展，甚至建成完善的输电网络及相关辅助服务配套设施后，市场参与者越来越多，输电成本和辅助服务费用则会进一步降低，上述分析虽为简单的估算，但也有一定的合理性。

（二）集中交易下电力贸易优势的分析

在越南与埃及进行的电力贸易中，不仅包含中长期电量交易，还应针对埃及发电形式中约 90% 来自于燃油燃气这一特点，充分利用其可调节性强、可参与调峰的特点，进行实时现货交易，与越南形成需求互补，发挥两国各自资源优势，促进两国电力贸易的双向往来。

以埃及作为售电商参与越南电力调峰为例，电力价格按照集中交易的统一出清模型得到，越南在产生调峰需求时，可将埃及作为其电力供应者之一，通过将埃及电力报价和电量与本国生产电力的报价和电量进行同等排序，按照价格从低到高完成购电计划，缓解用电高峰的供电压力。随着"一带一路"建设的逐步推进，能源互联互通工程发展到新的阶段，埃及国内风力、光伏发电大力发展，能源结构得到更好的调整时，两国电力需求互补显得更为重要。由于时差的存在，埃及和越南两国用电高峰期不会发生重合，两国可以利用调节性良好的水力发电和燃油燃气发电互相支持对方进行调峰调度。

在"一带一路"沿线国家中，由于资源本身的差异性，使各国供电成本差异很大，而为了使沿线国家电力工业能够得到很好的发展，缩小供电差异成为"一带一路"建设中的重中之重，这也是"一带一路"沿线国家进行电力互联互通的必要之处，通过资源的合理利用，满足各方利益需求，使各国的发展都有了保障。另外，电力需求方也须针对自身资源和电力生产方式做出改进，对发电资源的粗犷利用始终不是健康发展的要求。以埃及为例，虽然平均供电成本处于较高水平，但仍蕴含巨大的风力和光伏发电发展空间，可以将本国电力工业向清洁高效的运行方式推进，增大风力和光伏在能源使用中的比重，大力调整能源结构，走绿色高效的持续发展道路。

第二节 宏观视角模型构建[①]

一、双边电力贸易市场出清模型构建

本书构造理论模型的思想主要来源于 Antweiler（2016）所提出的针对跨境电力贸易的相互负荷平滑模型。本书在该模型的基础上，主要讨论影响电力贸易的潜在因素。

（一）模型设定

1. 成本函数

考虑单向贸易情况，假设各国面临相似的发电成本函数形式，表述为：

$$C(v(t)) = \alpha + \beta v(t) + \eta v(t)^2 / 2 \qquad (7-21)$$

式中，$v(t)$ 为 t 年电力需求量，其服从随机正态分布 $v(t) \sim \Psi(\bar{v}, s^2)$，$\alpha$ 为固定成本，β 和 η 分别为可变成本的一次项系数和二次项系数。尽管电力商品存在实时平衡的特点，峰值负荷短期内将会存在大量波动，但从长期而言，本书假设电力生产函数曲线符合式（7-21）所描述的关系。

2. 利润最大化问题

假定一国电力供给能力为 G，国内电力总需求为 $v(t)$，多余的产能 $G-v(t)$ 便可用来出口。基于利润最大化考虑，一国出口电力商品必须满足收入大于成本的基本条件，即出口 x 电力商品的贸易收入 px 应大于或等于出口商品生产成本 $C(v+x) - C(v)$，以及伴随着贸易发生而产生的贸易成本 $k(x)/2$（本书模型

---

① 本节系作者 2019 年为《全球能源互联网》期刊撰写的论文，本节为发表前的原稿，内容和标题有调整。

的贸易成本由贸易双方均分)。同理,对于进口国而言,进口-x电力商品的支出 $p|x|$ 应小于或等于国内多生产 x 电力商品所需的成本 $C(v)-C(v-|x|)$,以及伴随着贸易发生而产生的贸易成本 $k(|x|)/2$。因此,以出口电力商品的出口国为例,利润最大化函数可以表示为:

$$Max\pi^x = px - [\beta + \eta(v+x/2)]x - k|x|/2 \tag{7-22}$$

式中,$k|x| = \lambda kx$,当贸易方向为出口时($x>0$),$\lambda = 1$,反之($x<0$),$\lambda = -1$。

(二)模型求解

1. 贸易均衡价格

一国可以在其产能范围内选择贸易量从而达到利润最大化目标,对式(7-22)求一阶导数,可解得:

$$x = \frac{p - \beta - \lambda k/2}{\eta} - v \tag{7-23}$$

贸易均衡下,将式(7-23)代入进口等于出口的贸易均衡条件 $x^h + x^f = 0$,可得均衡贸易价格。因此,对于进口国与出口国而言,均衡时贸易价格满足:

$$p = \frac{(v^h + v^f)\eta^h\eta^f + \beta^h\eta^f + \eta^h\beta^f}{\eta^h + \eta^f} + \frac{k}{2}\left|\frac{\eta^f - \eta^h}{\eta^h + \eta^f}\right| \tag{7-24}$$

式(7-24)体现了市场均衡时的贸易价格决定。一般而言,贸易均衡价格与双边电力总需求成正比,与贸易成本成正比,还受到边际成本的影响。显然,贸易成本 k 是价格构成因素不可忽视的变量之一,也是本书想要探讨的关键问题。从模型求解结果可以看出,贸易成本越大,均衡时贸易价格也越高。

2. 单向贸易假设下的贸易量

将式(7-24)回代到式(7-23),以出口国的出口贸易量为例,表达式为:

$$x^h = \frac{(\beta^f + \eta^f v^f) - (\beta^h + \eta^h v^h) - \lambda k}{\eta^h + \eta^f} \tag{7-25}$$

从式(7-25)可知,一国的电力贸易量受贸易双边的电力生产相对边际成本影响,当本国边际成本小于外国边际成本时,该国倾向于出口电力商品,反之,则进口电力商品;此外,式(7-25)还体现了一国的电力贸易量还受贸易成本的影响,无论进口还是出口,贸易成本的增加都将削减电力贸易量。

由于成本函数的二次项系数 η^i 可以理解为国家间的产能差异，假设 G^i 为可观测部分（实证检验中可以理解为供给能力），则二次项系数可以表示为 $\eta^i = \tilde{\eta}/G^i$，其中 $\tilde{\eta}$ 为各国电力生产相同的部分。式（7-25）还可以进一步化简为：

$$\frac{x^h}{G^{hf}} = \frac{1}{2}\left[\frac{v^f}{G^f} - \frac{v^h}{G^h} + \frac{\beta^f - \beta^h - k}{\tilde{\eta}}\right] \quad (7-26)$$

其中，$G^{hf} \equiv \dfrac{2G^h G^f}{(G^h + G^f)}$ 为贸易双边发电能力的调和平均值。

3. 双向贸易假设下的贸易量

针对长期电力贸易中双边的贸易方向可能发生改变甚至反复改变的情况，依据 Antweiler 提出的相互负荷平滑假设，并沿用 Brander 处理产业内双向贸易的方法将双向贸易纳入理论模型中，假设贸易双边的电力总需求服从以下分布：

$$\begin{bmatrix} v^h(t) \\ v^f(t) \end{bmatrix} = \Psi\left(\begin{bmatrix} \bar{v}^h \\ \bar{v}^f \end{bmatrix}, \begin{bmatrix} (s^h)^2 & \rho s^h s^f \\ \rho s^h s^f & (s^f)^2 \end{bmatrix}\right) \quad (7-27)$$

依据正态分布的特点，可以求得双向贸易假设下的贸易量（以出口贸易量为例）：

$$X^h \equiv \int_{x^h > 0} x^h(t)\,dt = \left[\mu^x + \sigma\frac{\phi(\mu^x/\sigma)}{\Phi(\mu^x/\sigma)}\right]T \quad (7-28)$$

其中 μ 和 σ^2 分别为式（7-28）分布的均值与方差，表达式分别为：

$$\mu \equiv \tau\{x^h\} = \frac{(\beta^f + \eta^f \bar{v}^f) - (\beta^h + \eta^h \bar{v}^h) - \lambda k}{\eta^h + \eta^f} \quad (7-29)$$

$$\sigma^2 \equiv \xi\{x^h\} = \frac{(\eta^h s^h)^2 - 2\eta^h \eta^f s^h s^f \rho + (\eta^f s^f)^2}{(\eta^h + \eta^f)^2} \quad (7-30)$$

结合式（7-29）和式（7-30）可知，引入双向贸易假设后，电力贸易量仍然与贸易成本呈负相关关系，与单向贸易理论分析结果类似，贸易成本越高，贸易量越低，同时也与双边电力总需求、电力需求波动差异等因素存在相关关系。

综上所述，本书通过模型推导给出了潜在影响电力价格与电力贸易因素的理论判断，至于实际经验数据是否支持该判断，是需要进一步实证检验来解答的。

二、实证分析

（一）计量模型、变量说明和数据来源

1. 计量模型

根据前文讨论的理论模型，本书以研究电力贸易的潜在影响因素为主要内容，实证考察电力需求与供给、以运输成本为代表的贸易成本、电力需求波动差异等因素对双边电力贸易量的作用方向和影响程度。针对理论模型各研究变量取自然对数，本书的计量模型可以表述为：

$$\ln\left(\frac{X_{ijt}}{G_{ijt}}\right)=\theta_0+\theta_1\ln\left(\frac{\bar{v}_{jt}}{G_{jt}}\right)+\theta_2\ln\left(\frac{\bar{v}_{it}}{G_{it}}\right)+\theta_3\ln(k_{ij})+\theta_4\ln\left(\sqrt{\left(\frac{s_{jt}}{G_{jt}}\right)^2-2\rho_{ijt}\frac{s_{jt}s_{it}}{G_{jt}G_{it}}+\left(\frac{s_{it}}{G_{it}}\right)^2}\right)+\varepsilon_{ijt}$$

$$(7-31)$$

式中，X_{ijt} 为 i 国出口到 j 国的电力贸易量；k_{ij} 为双边电力贸易的运输成本，本书将采用地理距离来作为运输成本的代理变量，后续考虑到输电技术水平对运输成本的影响，故进一步加入平均线损率作为运输成本的代理变量；$\frac{\bar{v}_{jt}}{G_{jt}}$ 和 $\frac{\bar{v}_{it}}{G_{it}}$ 分别为 j 国的电力需求产能之比和 i 国的电力需求产能之比；$\sqrt{\left(\frac{s_{jt}}{G_{jt}}\right)^2-2\rho_{ijt}\frac{s_{jt}s_{it}}{G_{jt}G_{it}}+\left(\frac{s_{it}}{G_{it}}\right)^2}$ 为双边贸易国间的需求差异，由国内需求波动 s_{it}、s_{jt} 和国家间需求相关系数 ρ_{ijt} 计算所得；G_{it} 和 G_{jt} 分别为 i 国和 j 国的电力供给能力，G_{ijt} 为双边电力供给能力的调和平均值；θ_0 为常数项，一定程度可以捕捉不同国家间的比较优势特征，但方向是不确定的；ε_{ijt} 为误差项。

2. 变量说明和数据来源

"一带一路"沿线区域的电力贸易并不像北欧市场那样广泛和普遍，因此被解释变量双边贸易量的选择范围局限于数据的可得性。本书被解释变量选取了电力出口量、电力进口量与双向电力贸易量作为度量指标（见表7-4），分别用 Export、Import 和 Both 来表示，原始数据来源于联合国商品贸易（COMTRADE）

数据库的双边电力贸易数据（HS 编码 271600）。为了获得相对丰富的贸易数据，本书选取了"一带一路"官网发布的"一带一路"沿线 65 个国家（包含中国在内）作为研究对象，样本时间为 2001~2014 年，所覆盖的沿线国家数量为 65 个（包含中国在内），至少有一条原始数据记录的双边贸易国家多达 278 对。

表 7-4　被解释变量的定义和数据来源

变量类型	变量	变量名	度量指标	数据来源
被解释变量	电力贸易量	Export	"一带一路"沿线国家双边电力贸易的出口贸易电量（兆瓦时）	联合国的 COMTRADE 数据库（商品编码：271600）
		Import	"一带一路"沿线国家双边电力贸易的进口贸易电量（兆瓦时）	联合国的 COMTRADE 数据库（商品编码：271600）
		Both	"一带一路"沿线国家双边电力贸易的进出口贸易电量（兆瓦时）	联合国的 COMTRADE 数据库（商品编码：271600）

本书选取了 6 个主要解释变量（见表 7-5）：①进口国需求产能比 $\dfrac{\overline{v}_{jt}}{G_{jt}}$。使用进口国"电力总需求/电力供给能力"度量，其中电力供给能力是采用贸易国电力总供给以 3 年为窗口期进行滚动平滑计算所得，电力总需求和电力总需求数据来源于联合国能源数据库（Energy Statistics Database）。②出口国需求产能比 $\dfrac{\overline{v}_{it}}{G_{it}}$。使用出口国"电力总需求/电力供给能力"计算所得。③贸易成本。使用地理距离 D_{ij} 和平均线损率 tr_{ij} 为度量指标，2 个指标分别来源于 CEPII 数据库的地理双边距离和 Worldbank 数据库的电力输配电损失占供给的比率，平均线损率是对双边贸易国的线损率，采用"算术平均法"计算得到。④双边需求差异用 V_{ij} 表示，使用双边国内电力需求标准差 s_i、s_j 和双边需求相关系数 ρ 按矩阵方差公式计算所得，用以表示双边贸易国的电力需求波动水平，以上数据均采用样本各国电力总需求为原始数据计算。⑤是否接壤虚拟变量 Border。1、0 分别表示邻国和非邻国，用以表示样本国的空间地理位置，数据来源于 CEPII 数据库。⑥工业发展水平 Industry。由第二产业产值与国民生产总值 GDP 之比计算所得，一定程度上代表了一国的经济发展水平，数据来源于 Worldbank 数据库。

表 7-5　被解释变量的定义、预期符号和数据来源

变量	变量名	度量指标	预期符号	理论含义	数据来源
电力需求水平	v_i	i 国国内的电力总需求	-	反映本国电力需求越大，潜在的电力出口量越少	联合国能源数据库
	v_j	j 国国内的电力总需求	+	反映外国电力需求越大，潜在的电力出口量越多	联合国能源数据库
电力供给能力	G_i	i 国国内的电力总供给	+	反映本国电力供给能力越大，潜在的电力出口量越多	联合国能源数据库
	G_j	j 国国内的电力总供给	-	反映外国电力供给能力越大，潜在的电力出口量越少	联合国能源数据库
	G_{ij}	双边电力总供给调和平均值	-	双边电力总供给能力越强，自给自足可能性越高，潜在贸易可能性越小	由笔者计算所得
双边求差异	s_i	i 国电力需求标准差	+	反映 i 国电力需求波动越大，潜在的电力贸易可能性越高	由笔者计算所得
	s_j	j 国电力需求标准差	+	反映外国电力需求波动越大，潜在的电力贸易可能性越高	由笔者计算所得
	V_i	双边电力总需求波动	+	反映双边电力需求差异越大，潜在贸易量越多	由笔者计算所得
外国需求产能比	$\dfrac{v_j}{G_j}$	j 国需求负荷率	+	反映 j 国需求产能占比越大，潜在的电力出口量越多	由笔者计算所得
本国需求产能比	$\dfrac{v_i}{G_i}$	i 国需求负荷率	-	反映 i 国需求产能占比越大，潜在的电力出口量越少	由笔者计算所得
双边需求相关系数	ρ_{ij}	双边电力需求相关系数	-	反映双边电力需求相关系数越大，潜在的电力出口量越少	由笔者计算所得
贸易成本	D_{ij}	"一带一路"沿线国家双边地理距离	-	反映双边国家输电距离越大，潜在的电力贸易量越少	CEPII 数据库
	tr_{ij}	平均线损率（算术平均值）	-	反映双边国家输电损耗率越大，潜在的电力贸易量越少	Worldbank 数据库
是否接壤	Border	空间地理虚拟变量	+	反映双边是否拥有共同边界	CEPII 数据库
工业发展水平	$Industry_i$	i 国工业发展水平	+	反映本国工业发展水平越高，潜在的电力贸易量越大	Worldbank 数据库
	$Industry_j$	j 国工业发展水平	+	反映外国工业发展水平越高，潜在的电力贸易量越大	Worldbank 数据库

3. 描述性分析

本书数据所覆盖的 65 个国家相关变量数据的描述性统计如表 7-6 所示，可以看出，不同双边贸易国的需求、供给、地理距离和平均线损率皆存在较大差异，国家间要进行电力贸易无法避免地会受到这些因素的影响。这意味着要促进"一带一路"沿线区域的电力贸易互联互通网络建设，中国应该深入了解这些影响因素对国家间跨境电力贸易的影响程度。

表 7-6　样本主要变量的描述性统计

变量	观察值	均值	标准差	最小值	最大值
贸易量/TWh	2116	3.300	55	0	2300
地理距离/km	120000	5004	3466	85.94	19276
电力需求/TWh	120000	69.86	150	0.117	1300
电力供给/TWh	120000	7.48	170	0.117	1300
平均线损率/(%)	110000	3.200	2.000	0.007	9.900
是否接壤	120000	0.050	0.210	0	1
工业发展水平/（% of GDP）	120000	29.00	17.00	0	98.00
电力需求相关系数	120000	0.490	0.670	-1	1

（二）实证检验

本书应用混合 OLS 模型对 2001～2014 年"一带一路"沿线 65 个国家（含中国在内）的双边电力总贸易、出口和进口贸易进行回归。根据已设定的计量模型，采用贸易量作为被解释变量检验，分别检验基本回归方程和扩展回归方程。对比表 7-4、表 7-5 和表 7-6 的估计结果可知，回归结果中各项变量均符合理论模型中分析的预期方向，且均具有较高的显著性水平。

1. 总贸易模型分析

"一带一路"区域国家间的双边电力总贸易量回归结果见表 7-7。由基本回归方程结果可知（列 1），基本模型中的主要变量如进口国需求产能比、出口国需求产能比、地理距离、双边需求差异皆与 Antweiler 的理论模型预期结果吻合。本书除了采用地理距离这一传统代理变量来考察模型中的贸易成本因素，还引入了电力特殊变量——平均线损率作为贸易成本的另一代理变量，因此列 2 为在基本回归方程基础上加入了平均线损率变量后的估计结果。列 3 为扩展回归方程估计结果，新加入的考察变量回归系数与预期也大体一致。由于平均线损率在列 3 中不显著，本书剔除该变量后形成了最终估计结果（见列 4）。

从表 7-7 的第（4）列可以看出，"一带一路"沿线国家间的电力贸易量与进口国的国内总需求与总供给之比呈正相关、出口国的国内总需求与总供给之比呈负相关、地理距离呈负相关、双边需求差异呈正相关、是否接壤呈正相关、工业发展水平呈正相关，表明进口国的国内电力需求上升（或对电力进口贸易需求量越大）、出口国的国内电力需求下降（或可供出口的电力供给量越大）、贸易双边国间地理距离越近、双边电力需求波动同步率越低、双边国存在共同边界、工业发展水平越高，越有利于扩大电力双边贸易量。对比各变量的系数可知，贸易双边国的国内电力需求供给能力、地理距离以及是否接壤为影响电力贸易量的主要因素，其中电力需求供给能力每变化 1%，将平均带动电力贸易量变化 2.06%~2.24%。同时，贸易双边国的电力需求波动和工业发展水平对电力贸易量也存在显著影响，但影响系数较小。

表 7-7　"一带一路"沿线国家间电力贸易影响因素的实证结果

变量		(1)	(2)	(3)	(4)
外国需求产能比	$\ln\left(\dfrac{\bar{v}_{jt}}{G_{jt}}\right)$	2.165*** (9.55)	2.855*** (13.93)	2.666*** (12.99)	2.062*** (9.57)
本国需求产能比	$\ln\left(\dfrac{\bar{v}_{jt}}{G_{it}}\right)$	-2.025*** (-8.98)	-1.848*** (-6.94)	-2.110*** (-7.85)	-2.238*** (-9.84)
地理距离	$\ln(D_{ij})$	-0.550*** (-6.96)	-0.516*** (-6.29)	-0.452*** (-5.74)	-0.490*** (-6.60)
双边需求差异	$\ln(V_{ij})$	0.121*** (2.63)	0.109** (2.35)	0.150*** (3.21)	0.157*** (3.43)
平均线损率	$\ln(tr_{ij})$	—	-0.170* (-1.81)	-0.063 (-0.66)	—
是否接壤		—	—	1.170*** (7.59)	1.325*** (8.94)
本国工业发展水平		—	—	0.049** (2.49)	0.051*** (2.60)

续表

变量		(1)	(2)	(3)	(4)
外国工业发展水平		—	—	0.030 (1.40)	0.033 (1.53)
常数项	_cons	4.977 *** (9.95)	8.422 *** (3.78)	3.168 (1.34)	1.835 ** (2.06)
观测值		1867	1824	1804	1847
R^2		0.111	0.124	0.155	0.150
调整后的 R^2		0.109	0.122	0.151	0.147

注：括号内为 t 值（显著性检验 t 检验的结果），＊、＊＊ 、＊＊＊ 分别表示通过 10%、5%、1% 水平下的显著性检验。R^2 为回归平方和与总离差平方和的比值，表示总离差平方和中可以由回归平方和解释的比例；调整后的 R^2 同时考虑了样本量和回归中自变量的个数的影响，可与 R^2 共同表示变量拟合效果评价。

2. 出口贸易模型与进口贸易模型分析

为了考察各变量对电力出口贸易和进口贸易的影响，本书对进口贸易样本与出口贸易样本分别进行了估计，结果见表 7-8、表 7-9。由表 7-8 和表 7-9 的第（4）列可知，本书假设的各因素对电力进口和出口贸易的作用方向与总贸易模型估计结果大体相同，此处不再赘述。值得注意的是，进口贸易更容易受地理距离的影响，究其原因是电力进口国由于迫切的电力需求，在贸易决策时相比出口国更在意贸易成本带来的影响；出口贸易更容易受双边国是否有共同边界影响，考虑到电力贸易属于能源贸易的范畴，不可避免地涉及国家间战略合作计划，因此该结果可能是由于出口国在贸易决策时优先考虑周边邻国所致。此外，无论出口贸易还是进口贸易，电力贸易量都主要受到进口国的国内工业水平影响，即进口国的工业水平越高，电力贸易量越高。

表 7-8 "一带一路"沿线国家间电力出口贸易影响因素的实证结果

变量		(1)	(2)	(3)	(4)
外国需求产能比	$\ln\left(\dfrac{\overline{v}_{jt}}{G_{jt}}\right)$	2.162 *** (6.60)	3.203 *** (12.64)	2.976 *** (11.50)	2.046 *** (6.63)
本国需求产能比	$\ln\left(\dfrac{\overline{v}_{jt}}{G_{it}}\right)$	-2.008 *** (-6.15)	-1.974 *** (-5.04)	-2.207 *** (-5.45)	-2.197 *** (-6.48)

续表

变量		（1）	（2）	（3）	（4）
地理距离	$\ln(D_{ij})$	−0.440 ***	−0.336 ***	−0.278 **	−0.384 ***
		（−3.95）	（−2.89）	（−2.51）	（−3.73）
双边需求差异	$\ln(V_{ij})$	0.111 *	0.159 **	0.205 ***	0.151 **
		（1.78）	（2.52）	（3.32）	（2.52）
平均线损率	$\ln(tr_{ij})$	—	−0.073	0.062	—
			（−0.54）	（0.45）	
是否接壤		—	—	1.434 ***	1.616 ***
				（6.57）	（7.66）
本国工业发展水平		—	—	−0.000	0.006
				（−0.01）	（0.32）
外国工业发展水平		—	—	0.065 **	0.067 **
				（2.35）	（2.40）
常数项	_cons	4.410 ***	5.320 *	−0.411	1.297
		（6.25）	（1.66）	（−0.12）	（1.10）
观测值		946	923	911	934
R^2		0.101	0.134	0.177	0.156
调整后的 R^2		0.098	0.130	0.170	0.150

注：括号内为 t 值（显著性检验 t 检验的结果），* 、** 、*** 分别表示通过10%、5%、1%水平下的显著性检验。R^2 为回归平方和与总离差平方和的比值，表示总离差平方和中可以由回归平方和解释的比例；调整后的 R^2 同时考虑了样本量和回归中自变量的个数的影响，可与 R^2 共同表示变量拟合效果评价。

表7-9 "一带一路"沿线国家间电力进口贸易影响因素的实证结果

变量		（1）	（2）	（3）	（4）
外国需求产能比	$\ln\left(\dfrac{\bar{v}_{jt}}{G_{jt}}\right)$	2.076 ***	2.387 ***	2.298 ***	2.042 ***
		（6.58）	（7.14）	（6.92）	（6.73）
本国需求产能比	$\ln\left(\dfrac{\bar{v}_{jt}}{G_{it}}\right)$	−2.027 ***	−1.807 ***	−2.085 ***	−2.254 ***
		（−6.49）	（−4.89）	（−5.72）	（−7.41）
地理距离	$\ln(D_{ij})$	−0.663 ***	−0.686 ***	−0.617 ***	−0.596 ***
		（−5.86）	（−5.83）	（−5.47）	（−5.58）
双边需求差异	$\ln(V_{ij})$	0.147 **	0.123 *	0.148 **	0.170 **
		（2.12）	（1.76）	（2.07）	（2.44）

续表

变量		（1）	（2）	（3）	（4）
平均线损率	$\ln(\text{tr}_{ij})$	—	−0.278** (−2.13)	−0.199 (−1.51)	—
是否接壤		—	—	0.884*** (4.07)	1.030*** (4.95)
本国工业发展水平		—	—	0.093*** (2.90)	0.092*** (2.88)
外国工业发展水平		—	—	−0.006 (−0.16)	−0.004 (−0.12)
常数项	_cons	5.553*** (7.75)	11.673*** (3.77)	7.107** (2.17)	2.550* (1.92)
观测值		921	901	893	913
R^2		0.121	0.121	0.145	0.152
调整后的 R^2		0.117	0.116	0.137	0.146

　　注：括号内为 t 值（显著性检验 t 检验的结果），*、**、***分别表示通过10%、5%、1%水平下的显著性检验。R^2 为回归平方和与总离差平方和的比值，表示总离差平方和中可以由回归平方和解释的比例；调整后的 R^2 同时考虑了样本量和回归中自变量的个数的影响，可与 R^2 共同表示变量拟合效果评价。

3. 稳健性检验

　　尽管在上述回归结果中，本书验证了影响"一带一路"沿线区域电力贸易的主要因素，但仍然存在以下不足：一是由于部分双边贸易国家对（trade-pairs）在检验时间跨度内缺失一些年份的数据信息，但为了覆盖更多的"一带一路"沿线国家，前文的计量模型采用了所有双边电力贸易统计数据记录一条以上的非平衡面板样本集进行回归检验，因此可能影响回归结果的稳健性；二是本书采用的模型不同于以往文献研究进出口贸易影响因素所常用的经典引力模型，传统引力模型一般采用贸易额作为被解释变量进行回归，而本书模型则主要采用贸易量作为被解释变量进行回归，尽管本书实证检验结果与Antweiler（2016）的研究结果十分相似，但难免会对模型本身的有效性和适用性产生怀疑。因此，基于以上两点研究缺陷，本书将分别从筛选实证时间跨度内数据更完整的双边贸易国家数据集来缩减样本观测值、提高样本质量，以及采用传统引力模型进行回归检验等方式，进一步对结果进行稳健性检验。

表 7-10 汇报了对样本进行更为严格筛选的回归结果。表 7-10（1）列~（3）列分别汇报了总贸易模型、出口贸易模型和进口贸易模型的估计结果。从表 7-10 中的结果可以看出，缩小样本观测值、提高样本质量后，运输成本的系数依然显著为负。这表明，覆盖更多的"一带一路"沿线国家的样本集得出的影响电力贸易主要因素的结果总体十分稳健。

表 7-10　稳健性检验

变量		（1）	（2）	（3）
外国需求产能比	$\ln\left(\dfrac{\bar{v}_{jt}}{G_{jt}}\right)$	2.060 ***	1.886 ***	2.457 ***
		（7.28）	（5.29）	（5.90）
本国需求产能比	$\ln\left(\dfrac{\bar{v}_{jt}}{G_{it}}\right)$	−1.810 ***	−0.998 **	−2.230 ***
		（−6.61）	（−2.36）	（−7.09）
地理距离	$\ln(D_{ij})$	−0.459 ***	−0.234 **	−0.671 ***
		（−5.56）	（−2.17）	（−5.48）
双边需求差异	$\ln(V_{ij})$	0.216 ***	0.172 **	0.222 ***
		（3.83）	（2.24）	（2.66）
是否接壤		1.163 ***	1.325 ***	1.070 ***
		（5.67）	（3.91）	（4.34）
本国工业发展水平		0.091 ***	0.043 **	0.119 ***
		（4.27）	（2.22）	（3.75）
外国工业发展水平		0.020	0.077 **	−0.044
		（0.87）	（2.11）	（−1.63）
常数项	_cons	1.594 *	0.073	3.560 ***
		（1.66）	（0.05）	（2.71）
观测值		1071	544	527
R^2		0.146	0.100	0.218
调整后的 R^2		0.141	0.088	0.208

注：括号内为 t 值（显著性检验 t 检验的结果），*、**、*** 分别表示通过 10%、5%、1% 水平下的显著性检验。R^2 为回归平方和与总离差平方和的比值，表示总离差平方和中可以由回归平方和解释的比例；调整后的 R^2 同时考虑了样本量和回归中自变量的个数的影响，可与 R^2 共同表示变量拟合效果评价。

4. 以 "一带一路" 倡议为节点的分阶段模型分析

基于中国 2013 年提出 "一带一路" 倡议这一事实，本书最后尝试讨论该倡议的提出对 "一带一路" 沿线国家间电力贸易的影响，以进口贸易为例构建了倡议提出前（2001~2012 年）和倡议提出后（2013~2014 年）两个分样本进行检验，结果见表 7-11。从进口贸易看，倡议提出后，电力进口国更倾向于与地理距离更近的国家进行贸易，形成局部集聚，符合区域电力贸易网络发展的初期特征；而是否接壤变量的系数值略微下降，说明倡议提出后一定程

表 7-11　2001~2012 年、2013~2014 年分阶段模型实证结果

变量		(1)	(2)
外国需求产能比	$\ln\left(\dfrac{\bar{v}_{jt}}{G_{jt}}\right)$	1.973*** (5.80)	2.223*** (3.03)
本国需求产能比	$\ln\left(\dfrac{\bar{v}_{jt}}{G_{it}}\right)$	-2.114*** (-4.97)	-1.712*** (-2.86)
地理距离	$\ln(D_{ij})$	-0.604*** (-4.98)	-1.507*** (-4.32)
双边需求差异	$\ln(V_{ij})$	0.174** (2.33)	0.224 (1.11)
是否接壤		1.285*** (5.37)	1.211** (2.07)
本国工业发展水平		0.087** (2.53)	0.058 (0.67)
外国工业发展水平		0.034 (0.88)	-0.274* (-1.75)
常数项	_cons	1.704 (1.19)	14.293*** (3.08)
观测值		781	168
R^2		0.152	0.260
调整后的 R^2		0.144	0.228

注：括号内为 t 值（显著性检验 t 检验的结果），*、**、***分别表示通过 10%、5%、1%水平下的显著性检验。R^2 为回归平方和与总离差平方和的比值，表示总离差平方和中可以由回归平方和解释的比例；调整后的 R^2 同时考虑了样本量和回归中自变量的个数的影响，可与 R^2 共同表示变量拟合效果评价。

度上促进了电力进口国与非接壤国家更多的电力贸易合作，初步显现出倡议所带来的平台效应。

5. 政策建议

本书在 Antweiler（2016）提出的电力贸易相互负荷平滑模型的基础上，构建了电力贸易的价格形成机制，从理论上分析影响电力贸易价格的主要潜在因素。电力贸易的价格主要受贸易双边电力总需求、贸易成本、双边需求差异的影响。为了进一步考察这些变量对电力贸易的影响程度，本书试图以"一带一路"沿线 65 个国家（含中国在内）为研究对象，利用 2001～2014 年联合国商品数据库（UNCOMTRADE）的双边电力贸易数据，引入平均线损率、是否接壤、工业发展水平等变量构建计量模型，以电力出口贸易作为被解释变量探讨双边电力总需求、贸易成本、双边需求差异对电力贸易的影响及影响程度。研究结果表明，双边电力总需求对电力贸易具有较大的影响，对出口贸易而言，本国电力需求越大，潜在的电力出口量越少；外国电力需求越大，潜在的电力出口量越大；贸易成本和双边电力需求差异对电力贸易影响较小，贸易成本显著阻碍了电力贸易，而双边电力需求差异越大，电力贸易越大。

在"一带一路"倡议的背景下，现阶段是能源互联互通合作的关键时期，本书的发现对推进"一带一路"沿线区域电力互联互通具有重要启示：

第一，深入了解各国电力供需现状与潜能，合理规划贸易网络建设时序。供需能力差异、地理距离差异对电力贸易网络形成的阻碍背后反映的是贸易形成的自然阻碍因素，距离较远的国家间需要克服更大的运输成本，这是不可避免的。区域电力互联的发展战略应落足于以现阶段"一带一路"沿线国家间电力贸易网络中的聚集中心为核心，由近及远地推进电力贸易网络建设。

第二，加强建设区域连接性电力输电基础设施，减少电力运输成本。电力贸易网络可以更高效地利用电力产能，实际上是有前提的，必须克服区域连接性电力输电基础设施落后或者缺失带来的输电损耗。一个很好的解决途径便是通过加强此类设备与输电线路的建设来减少运输过程中电力的损耗，健全且高节损能力的输电网络是电力贸易网络建设的重要支撑。

第三，促进区域电力贸易调度中心建设，实现贸易供需双边有效对接。调度中心可以高效快速地提供电力供需匹配平台，促进电力需求国与电力供给国进行有效对接。本书发现需要进行电力贸易进口时国家选择贸易对象更为谨慎，因此一个开放透明的贸易平台和调度中心可以较大程度地提供最优贸易伙伴或最优贸易路径，降低国家的考察成本。

本章小结

本章分别从微观与宏观两个层面提出了跨境电力贸易市场的出清电价计算模型和一般市场均衡模型。

（1）微观层面以现货市场中较为常见的集中交易模式和中长期市场中较为常见的双边交易模式为分析对象构建出清电价计算模型，从输电权溢价的角度分析影响输电权定价的因素及影响程度，并选取"一带一路"沿线典型国家，通过其供电能源形式的不同，结合前文构建的模型进行"一带一路"沿线国家的供电优势比对分析，以展示跨境电力贸易对能源互联和区域经济的贡献。

（2）宏观层面以"一带一路"沿线国家为研究对象，构建双向电力贸易模型，识别影响长期电力贸易价格的潜在因素，实证检验这些因素对电力贸易的影响，并提出发展"一带一路"沿线国家跨境电力贸易的政策建议。

第八章 "一带一路"沿线国家电力贸易经济效应评估模型构建及求解*

基于上文研究，报告拟采用政策效应评估方法中最为常用的双重差分（Difference In Difference，DID）模型，以"一带一路"区域国家 2000～2017 年的跨国面板数据为样本，系统评估"一带一路"倡议对"一带一路"国家电力贸易的经济收益的影响。一方面，基于 2017 年"一带一路"国家名录对应的 2000～2017 年的数据样本，根据是否发生区域内贸易的准则，划分实验组与对照组，描述性统计两组样本关于电力贸易与经济水平的趋势性特征的组间差距，从定性上描述"一带一路"电力贸易产生的经济效应。另一方面，创新性地将评估政策效应的经典实证模型——双重差分法（DID 模型）用于"一带一路"倡议对"一带一路"国家电力贸易经济收益的评估上，从定量角度剥离出"一带一路"倡议的实际影响力，更客观地考察"一带一路"国家因"一带一路"电力贸易而获得的经济收益，从而为"一带一路"沿线国家跨境电力贸易的经济效应的实证研究提供先验性的借鉴与参考。

第一节 计量模型设计

双重差分模型（简称 DID 模型）对于政策分析和工程评估是非常实用且惯常使用的一种计量方法。其原理是基于一个反事实的框架来评估政策发生和不发生这两种情况下被观测因素 y 的变化。如果一个外生的政策冲击将样本分

---

* 本章部分内容系作者 2019 年为期刊撰写的论文，本章内容和标题较发表原稿有调整。

为两组——受政策干预的 Treat 组和未受政策干预的 Control 组，且在政策冲击前，Treat 组和 Control 组的 y 没有显著差异，那么就可以将 Control 组在政策发生前后 y 的变化看作 Treat 组未受政策冲击时的状况（反事实的结果）。通过比较 Treat 组 y 的变化（D1）以及 Control 组 y 的变化（D2），就可以得到政策冲击的实际效果（DD＝D1－D2）。假设单一冲击时点的双重差分的基准模型如下：

$$Y_{it} = \beta_0 + \beta_1 D_{it} + \beta_2 T_{it} + \beta_3 D_{it} \times T_{it} + \varepsilon_{it} \tag{8-1}$$

式中，T_i 为时间虚拟变量；D_i 为政策虚拟变量；$T_i \times D_i$ 为两者交互项；β_3 为双重差分估计量。

$$\begin{aligned}
\Delta 1 &= E(Y \mid D=1, T=1) - E(Y \mid D=1, T=0) \\
&= (\beta_0 + \beta_1 + \beta_2 + \beta_3) - (\beta_0 + \beta_1) = \beta_2 + \beta_3 \\
\Delta 2 &= E(Y \mid D=0, T=1) - E(Y \mid D=0, T=0) \\
&= (\beta_0 + \beta_2) - (\beta_0) = \beta_2
\end{aligned}$$

政策冲击的实际效应：$\Delta\Delta = \Delta 1 - \Delta 2 = (\beta_2 + \beta_3) - \beta_2 = \beta_3$

进一步地，以图示表现：

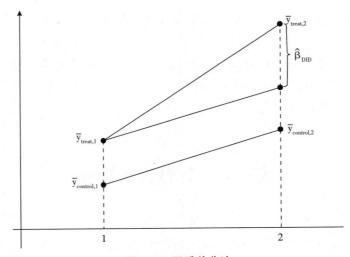

图 8-1 双重差分法

图 8-1 中，与 Control 平行的 Treat 线表示 DID 中最为重要和关键的前提条件——共同趋势（Common Trends），也就是说，处理组与对照组在政策实施

之前必须具有相同的发展趋势；$\hat{\beta}_{DID}$ 为由于政策实施带来的冲击净效应。

当样本为面板数据时，基准模型也会做出相应的调整，从而得到一个双向固定效应模型：

$$Y_{it}=\beta_0+\beta_1 D_{it}+\beta_2 T_{it}+\beta_3 D_{it}\times T_{it}+\lambda_i+\nu_t+Z_{it}+\varepsilon_{it} \tag{8-2}$$

式中，λ_i 为个体固定效应；ν_t 为时间固定效应。通过引入双向固定效应，一定程度上可以减轻遗漏变量造成的偏误；而控制变量 Z_{it} 的引入进一步消除了不可观测的非时变因素，从而使回归结果更加准确。

因此，为评估"一带一路"倡议实施以后对区域内部电力贸易带来的经济收益，本书构建了一个两阶段的 DID 模型，分别估计倡议实施之前及倡议实施之后的样本，基准模型形式设定如下：

$$\ln ER_{it}=\beta_0+\beta_1 time_{it}+\beta_2 dummy_{it}+\beta_3 time_{it}\times dummy_{it}+\alpha_i+\varepsilon_{it} \tag{8-3}$$

式中，$\ln ER_{it}$ 为 i 国在 t 时期的经济收益增长，本书选取 GDP 与人均 GDP 作为 ER 的代理变量；$time_{it}$ 为时间虚拟变量，第一阶段（2013 年之前，不包括 2013 年）取值为 0，第二阶段（2013 年之后，包括 2013 年）取值为 1；$dummy_{it}$ 为分组虚拟变量，"一带一路"国家与区域内其他任意国家发生电力贸易的取值为 1，反之，未与区域内其他任意国家发生电力贸易的取值为 0；α_i 为国家个体的固定效应，考虑到不同国家存在不随时间变化而变化的自身差异，引入 α_i 控制由此产生的影响。

根据 DID 模型的基本含义（见表 8-1）：假设实验组与对照组在政策并未实施时具有相同的趋势，通过测算政策实施前后实验组与对照组之间的差异，可以观察到双重差分政策实施的净效应。由此，系数 β_1 度量了"一带一路"全部国家在"一带一路"倡议实施前后电力贸易带来经济收益的变化，即时间效应；β_2 度量了"一带一路"国家是否发生区域内电力贸易的影响，即区域效应；β_3 即双重差分估计值，度量了"一带一路"倡议实施对"一带一路"国家区域内电力贸易经济收益的影响，即政策净效应，是本书考察的重点。

表 8-1　Difference in Difference

	"一带一路"实施前	"一带一路"实施后	Difference
实验组	$\beta_0+\beta_2$	$\beta_0+\beta_1+\beta_2+\beta_3$	$\beta_1+\beta_3$
对照组	β_0	$\beta_0+\beta_1$	β_1
Difference	β_2	$\beta_2+\beta_3$	β_3（D-in-D）

由于式（8-3）仅考虑了实验组与对照组由"一带一路"倡议产生的经济收益的差异，没有考虑其他实际情况的影响。事实上，本书的研究重点旨在分析"一带一路"倡议对电力贸易产生的经济收益的影响。为准确地度量这一影响，不仅需要加入测算电力贸易的代理指标，还需要控制其他与电力贸易密切相关的异质性变量的影响。因此，在式（8-4）的基础上，进一步引入 X_{it} 与 Z_{it}，分别表示电力贸易与一系列控制变量，由此可形成下式：

$$\ln ER_{it} = \beta_0 + \beta_1 time_{it} + \beta_2 dummy_{it} + \beta_3 time_{it} \times dummy_{it} + \beta_4 x_{it} + \gamma Z_{it} + \alpha_i + \varepsilon_{it} \quad (8-4)$$

第二节　变量与数据说明

考虑到"一带一路"国家电力贸易的发展时限与数据可得性问题，本书以截至 2017 年的"一带一路"国家名录为基准，选取了该区域包括中国在内的"一带一路"国家从 2000～2017 年的面板数据样本进行实证检验。各指标含义和数据来源如表 8-2 所示。

表 8-2　变量说明与数据来源

变量名	定义解释	预期	数据来源
GDP（Y_1）	国内生产总值		World Bank
GDP per capita（Y_2）	人均国内生产总值		World Bank
Trade value（X）	与世界发生电力贸易的总额	+	UNComtrade
Consumption per capita（C）	人均电力消费额	+	World Bank
Population density（PD）	人口密度，每平方千米人口数	+	World Bank
Transmission loss（TL）	电力运输途中产生的线损	−	World Bank
Industry of GDP（IG）	工业产值占 GDP 的比重	+	World Bank
D	分组虚拟变量：D=1 实验组；D=0 参照组		
T	时间虚拟变量：T=1，"一带一路"倡议提出以后；T=0，"一带一路"倡议提出以前		
D×T	实验组在"一带一路"倡议提出前后产生的经济效应变化-实验组不受"一带一路"倡议影响产生的经济效应变化	+	

（1）因变量。本书重点考察"一带一路"倡议提出对该区域电力贸易带来的经济收益，选取以 GDP 与人均 GDP 为代理指标的经济收益作为基准回归的因变量。不仅是相关文献中最重要的，也是最常被学者考察的项目（车维汉等，2008；胡鞍钢等，2009；王守坤等，2017），同时解决了该区域统计薄弱、样本不全等问题。

（2）自变量。具体来说，自变量包括两个变量：①电力贸易，"一带一路"各国与世界发生电力贸易的总数据（进出口总和）；②衡量政策效应的虚拟变量交互项，即"一带一路"倡议实施前后的时间虚拟变量及是否与"一带一路"国家发生贸易的分组虚拟变量，从而分解出由"一带一路"倡议带来的电力贸易经济收益，即政策净效应。

（3）控制变量。考虑到电力作为贸易品的特殊性，本书控制了"一带一路"国家在经济基础、物理基础等可能影响电力需求与电力贸易进行的主要因素，包括人均电力消费、人口密度、电力运输途中产生的线损以及工业产值占 GDP 的比重。其中，人均电力消费额、人口密度、工业占比反映一国的电力需求，而线损同时反映距离与基础设施建设等物理基础产生的贸易成本。预期假定，人均电力消费、人口密度、工业占比会拉动电力贸易带来的经济增长，而线损则会产生负向作用。

由于实证分析的需要，将样本分为实验组与对照组。其中，"一带一路"国家与"一带一路"区域内任意国家发生国电力贸易，则作为实验组；"一带一路"国家发生区域内贸易，则被分为对照组。本书认为，"一带一路"倡议的提出有利于区域内电力贸易的产生，这部分新增的电力贸易可以进一步促进"一带一路"国家经济收益的增长。

表 8-3 给出了实验组与对照组就经济发展水平与电力贸易概况的简单对比，可以发现："一带一路"倡议提出以后，实验组的电力贸易总额、GDP 的绝对量都要高于对照组。尽管人均 GDP 的组间差距数额在 2013 年是负值，但 2017 年实验组的人均 GDP 高出对照组近 1000 美元。由此可见，"一带一路"倡议有效地推动了区域内电力贸易的发展；从经济规模的角度来看，实验组的 GDP 绝对值在倡议提出后的两个时期都高于对照组，但增长幅度略微呈现缩小的趋势；从经济发展状况来看，两组间人均 GDP 的差距较之前有了大幅增长，实验组水平远高于对照组。

表8-3 实验组与对照组就经济发展水平与电力贸易概况的简单对比
（2000年、2013年、2017年）

年份	电力贸易总额（百万美元）			GDP（十亿美元）			人均GDP（美元）		
	实验组	对照组	组间差距	实验组	对照组	组间差距	实验组	对照组	组间差距
2000	87.65	159.48	71.84	118.65	281.38	-162.73	5953.53	5931.90	21.62
2013	608.01	34.98	573.04	486.98	178.26	308.72	9547.97	20330.63	-10782.66
2017	558.04	181.93	376.10	642.61	471.17	171.44	10405.15	9409.80	995.34

资料来源：UNComtrade，World Bank。

第三节　实证结果分析与讨论

基于上文中的模型设定和研究思路，本书采用多种计量模型进行DID回归的实证分析，回归结果如表8-4和表8-5所示。

一、GDP衡量经济收益

在表8-4中，逐级加入电力贸易指标及电力相关控制变量，模型（1）~模型（3）由OLS回归得出；模型（4）由固定效应的面板回归模型得出。其中，模型（1）仅包含时间效应、分组效应以及交互效应的影响；模型（2）在前者的基础上加入电力贸易额变量；模型（3）进一步加入人均电力消费额、人口密度、电力运输途中的线损、工业占比等控制变量。

表8-4 GDP作为因变量的回归结果

	因变量：GDP			
	模型（1）	模型（2）	模型（3）	模型（4）
D	-0.140 (-0.60)	-1.288*** (-3.52)	-1.378*** (-4.82)	-1.467** (-2.27)
T	0.567** (2.54)	-0.550 (-1.40)	-1.176*** (-3.79)	-1.336*** (-2.87)

续表

	因变量: GDP			
	模型（1）	模型（2）	模型（3）	模型（4）
D×T	−0.070	0.904 **	1.258 ***	1.340 **
	（−0.24）	（2.07）	（3.67）	（2.58）
lnX	—	0.190 ***	0.244 ***	0.248 ***
		（5.15）	（7.39）	（2.82）
lnC	—	—	0.185	0.206
			（1.31）	（0.60）
lnPD	—	—	0.091	0.092
			（1.28）	（0.35）
lnTL	—	—	−0.863 ***	−0.839
			（−5.20）	（−1.64）
lnIG	—	—	2.683 ***	2.722 ***
			（10.45）	（2.91）
Constant	24.761 ***	22.415 ***	12.789 ***	12.489 **
	（142.91）	（30.95）	（6.17）	（2.31）
观测值数量	638	481	369	369
R-squared	0.023	0.076	0.472	0.476

注：括号里为 t 值，* 表示 p<0.1，** 表示 p<0.05，*** 表示 p<0.01。

　　结果表明，电力贸易额变量的系数显著为正，即"一带一路"国家电力贸易额与本国 GDP 显著正相关，基准 OLS 回归系数为 0.244，在 1% 的统计水平上显著，该结果也得到了固定效应面板回归模型的进一步验证；同时，交互项系数在模型（3）、模型（4）中均显著为正，基准回归系数值为 1.258。这表明，"一带一路"政策推行以来，区域内电力贸易相对样本国自主电力贸易带来的经济收益有了显著的提高。同时，其余变量不变，实验组的 GDP 比参照组的 GDP 高出 1.258%，符合上文的预期假设；在控制变量中，电力消费额、人口密度、工业占比系数为正，而电力运输途中的线损系数为负。同样证明了预期假设，电力消耗与本国 GDP 正向相关，远距离的电力运输会增加贸易成本，从而削减电力贸易带来的收益。另外，控制变量中线损与工业占比系数在 1% 的统计水平上显著，而电力消费额与人口密度的系数尽管不显著但 t

值也在一个较高的水平，因此也证明了其与 GDP 的相关关系较强。

综上所述，可以得出以下结论：第一，结合趋势性特征的描述与交互项的系数结果，"一带一路"倡议的提出不仅大幅增加了"一带一路"国家的电力贸易额，而且显著促进了区域内电力贸易所带来的经济收益。也就是说，对于"一带一路"国家来说，与内部成员国发生电力贸易相比与其他外部国家发生更有利于本国的经济增长，这一评估结果高度符合"一带一路"倡议实施的初衷。第二，以 GDP 反映经济收益的代理指标来看，电力贸易有着显著促进经济收益增长的引领作用。第三，在电力贸易的经济收益评估模型中，电力消费额、人口密度、工业占比起到了正向的促进作用，而既包含距离因素又具有电力贸易特色的线损指标对贸易国的经济增长有负向的阻碍作用。

二、人均 GDP 衡量经济收益

作为稳健性检验，表 8-5 给出了以各国人均 GDP 变化为解释变量的回归结果。与表 8-4 相似，模型（1）~模型（3）是由 OLS 回归得出；模型（4）由固定效应的面板回归模型得出。其中，模型（1）仅包含时间效应、分组效应以及交互效应的影响；模型（2）在前者的基础上加入电力贸易额变量；模型（3）进一步加入人均电力消费额、人口密度、电力运输途中的线损、工业占比等控制变量。

表 8-5　人均 GDP 作为因变量的回归结果

	因变量：GDP			
	模型（1）	模型（2）	模型（3）	模型（4）
D	0.467 ***	0.353 *	−0.404 ***	−0.429
	(3.32)	(1.80)	(−3.48)	(−1.49)
T	0.579 ***	0.512 **	−0.345 ***	−0.336
	(4.28)	(2.43)	(−2.74)	(−1.54)
D×T	−0.304 *	−0.245	0.442 ***	0.477 *
	(−1.72)	(−1.05)	(3.18)	(1.96)
lnX	—	0.011	0.006	0.003
		(0.54)	(0.43)	(0.11)

续表

	因变量：GDP			
	模型（1）	模型（2）	模型（3）	模型（4）
lnC	—	—	1.219***	1.224***
			(21.22)	(9.79)
lnPD	—	—	0.072**	0.073
			(2.50)	(1.12)
LnTL	—	—	−0.275***	−0.279
			(−4.07)	(−1.61)
lnIG	—	—	−0.034	−0.041
			(−0.32)	(−0.16)
Constant	8.154***	8.070***	−0.363	−0.287
	(77.61)	(20.83)	(−0.43)	(−0.15)
观测值数量	638	481	369	369
R-squared	0.056	0.035	0.705	0.707

注：括号里为 t 值，* 表示 p<0.1，** 表示 p<0.05，*** 表示 p<0.01。

从结果上看，第一，电力贸易与人均 GDP 正向相关，但相关关系不显著，本书认为这是由于"一带一路"国家基本国情造成的。根据趋势性特征描述，"一带一路"很多国家尚处于电力短缺状态，电力供应与普及是首要问题。因此，电力贸易目前主要弥补的是"一带一路"国家的生存需求，与人均国内生产总值关系较弱，与现实情况相符。第二，从交互项系数来看，政策净效应在 1% 的统计水平上显著，进一步验证了本书的核心假设，"一带一路"倡议可以显著促进电力贸易在"一带一路"国家带来的经济收益。第三，从控制变量来看，在基准 OLS 回归中，人均电力消费、人口密度与电力贸易带来的经济收益显著正相关，线损则与之显著负相关，符合本书的预期假设，并且显著性优于前文的基准回归。然后，工业占比的系数为负值，但相关关系不显著，本书认为这也是由于电力贸易的目标标的的原因。

本章小结

本章利用 2000~2017 年的跨国面板数据，创新性地采用双重差分法（DID模型）的分析框架，从定性与定量的双重维度，引入电力贸易品的特征性指标，利用固定效应的面板回归模型，解释"一带一路"倡议的提出是否能够促进"一带一路"国家的电力贸易，从而改善该地区的经济发展水平。结果表明：

（1）从电力贸易指标的回归系数来看，基准 OLS 回归与固定效应的面板回归结果均为正，进一步证明了对于处于任何国情的国家而言，电力能源对一国国民经济的发展都具有显著的促进作用。

（2）从时间效应与分组效应虚拟变量的回归系数可以看出，与"一带一路"区域内部国家发生电力贸易的实验组，在"一带一路"倡议提出以后，经济增长水平相比于实验组高出 1.25% 左右。由此证明，"一带一路"倡议有效拉动了区域内电力贸易所能带来的经济增长。

（3）从控制变量的回归系数来看，电力运输途中产生的线损是唯一阻碍电力贸易带来经济增长的因素，而工业占比、人均电力消费等因素则有不同程度的促进作用。由此，"一带一路"电力互联规划应综合考虑"一带一路"国家的实际情况，优先联动工业发展及电力需求水平较高的国家，建立多中心的互联平台，以此合理规划基础电力设施的建设，从而减少贸易成本，最大限度地惠及"一带一路"沿线各国的国民经济发展。

第九章 区域电力互联平台和贸易中心的建设路径与时序研究

根据上文所述，"一带一路"倡议的提出整体上显著促进了"一带一路"国家的经济发展水平。那么，是否每个"一带一路"国家都能得到"一带一路"倡议带来的经济收益？如何决定"一带一路"电力规划的建设时序？因此，本书对区域电力互联平台和贸易中心的建设进行研究，本章首先对国内外区域电力互联平台情况和贸易中心建设进程情况进行讨论分析，总结可借鉴的现有经典案例的建设经验；其次通过构建"一带一路"国家电力互联贸易潜力指标评估体系，计算"一带一路"国家电力互联贸易潜力综合得分，来刻画区域电力互联平台和贸易中心的建设路径与时序。

第一节 国内外区域电力互联平台情况和贸易中心建设进程情况

区域电力互联互通，实现电源、负荷差异的互补，共享联网效益，提高能源安全水平是世界各国的共识。全球范围内，在各国政府、区域经济共同体和国际组织共同努力下，跨国区域电力合作机制已经广泛建立，电力联网已经使各国普遍互惠互利。本节通过回顾亚洲与欧洲两个区域电力互联的经典案例，为"一带一路"电力互联平台和贸易中心的建设提供实践经验借鉴。

一、北欧电力互联

北欧电力市场被誉为全球第一个真正意义上的跨国电力市场，其作为区域电价解决区域间阻塞的典范一直都是研究电力市场的绝佳样本。此外，由于"一带一路"倡议旨在尝试打破区域壁垒，北欧电力市场在其各个阶段都是重点研究借鉴的电力市场模式。

北欧地区包括挪威、瑞典、芬兰、丹麦和冰岛五个国家，除冰岛外，其他四个国家均已实现电网互联，形成统一运行的北欧电力市场。北欧四国的发电构成具有以下特点：在丹麦和芬兰的装机容量与发电量中，火电所占比重较大；挪威几乎完全依靠水力发电；而瑞典的水电、火电和核电的装机容量与发电量均占一定比重。因此，从电源结构上看，北欧四国间具有一定的互补性，国与国之间存在电力交换的潜在需要。

具体来看，北欧电力市场的发展包括4个主要的发展阶段：

（一）1991~2000年：四国聚首，市场形成

20世纪90年代是北欧电力市场形成的主要时间，相较于欧洲其他地区，北欧的电改开始得较早。1991年挪威议会决定解除对电能交易市场的管制，正式开始电改。

1993年Statnett Marked（Nord Pool的前身）作为StatnettSF（挪威输电网公司）的附属公司成立，对所有满足交易条件的市场参与者均开放。Statnett Marked运营日前市场（EL Spot）。除了在Nord Pool的自愿交易外，市场参与者还可以在场外交易市场（OTC）达成双边合作。

1995年Statnett Marked向挪威议会提交北欧联合电力市场协议框架，挪威能源监管机构（NVE）颁布跨境交易许可证，成为挪威跨境市场交易的基础。

1996年，挪威—瑞典联合电力交换成立，被命名为Nord Pool ASA，瑞典电网公司Svenska Kraftnät获得Nord Pool ASA 50%股份。

1996年，芬兰开始运营一个独立电力交易中心EL-EX。

1998年，芬兰电力交易中心也加入Nord Pool ASA，同年Nord Pool在丹麦也开设了办公室。

1999年，Elbas作为芬兰和瑞典用于电力平衡调整的独立市场推出。

2000年，丹麦全网正式加入交易，北欧电力市场形成。

（二）2001~2007年：现期分离，剑指德国

2002年，Nord Pool的现货市场活动独立为单独的公司Nord Pool Spot AS，

与期货市场分离。

2004 年，丹麦东部加入 Elbas 实时平衡市场。

2005 年，Nord Pool Spot 在德国开设了第一个价区，该价区使德国北部的 Vattenfall EuropeTransmission 控制的电网区域能够从地理上进入北欧市场。

2006 年，Nord Pool Spot 在德国推出 Elbas 实时平衡市场。

2007 年，丹麦西部加入 Elbas 实时平衡市场，新的现货交易系统 SESAM 投入使用。

（三）2008~2013 年：现货为王，四国来朝

2008 年，该年的交易换手率和市场占有率都达到了新高，北欧现货市场的 Elspot 交易量占市场电量的 70%。在欧洲大多数地区还在主打中长期合约的时候，北欧现货已经成为主流。

2009 年，挪威加入日内市场平衡。欧洲电力市场耦合公司于 11 月 9 日重新启动丹麦—德国之间的联络线交易。当年 Nord Pool Spot 还在 Elspot 现货市场规定了负电价的底线。

2010 年，Nord Pool Spot 和纳斯达克 OMX Commodities 推出英国 N2EX 市场。Nord Pool Spot 在爱沙尼亚开设竞价区，为立陶宛新电力市场提供技术解决方案。波罗的海四国开始正式向 Nord Pool 靠近。

2011 年，Elbas 被 APX 和 Belpex 市场授权为荷兰和比利时的日内市场。

2012 年，Nord Pool Spot 在立陶宛开设竞价区。

2013 年，Elspot 正式在拉脱维亚开展业务。同年 Elbas 的日内市场在拉脱维亚和立陶宛同步推出。

（四）2014~2017 年：技术输出，欧洲耦合

2014 年，Nord Pool Spot 独家拥有整个英国市场。西北欧电力市场通过区域价格耦合（PCR）项目进行耦合。同年，Nord Pool Consulting 成立，为其他多个国家的电力市场建设提供技术支持。

2015 年，Nord Pool Spot 推出了新的日前和日内市场的网站。Nord Pool Spot 被指定为以下 10 个欧洲电力市场的认证电力市场运营商（NEMO）：奥地利、丹麦、爱沙尼亚、芬兰、法国、英国、拉脱维亚、立陶宛、荷兰和瑞典。

2016 年，Nord Pool 被指定为比利时、德国、卢森堡和波兰的认证电力市

场运营商（NEMO）。Nord Pool 与 IBEX 一起开设了保加利亚电力市场，并与 Cropex 一起开设了克罗地亚电力市场。

2017 年，Nord Pool 宣布计划将电力市场引入爱尔兰。推出了新的清算和结算系统（CASS），以帮助简化欧洲区域的电力交易结算。IBEX 和 Nord Pool 宣布计划为保加利亚推出日内市场。同年，Nord Pool 承诺为创业公司提供免费市场数据。

二、东盟与大湄公河次区域

大湄公河次区域（GMS）和东盟区域相互交叠，包括东盟 10 国和中国的云南、广西，其中泰国、越南、缅甸、老挝、柬埔寨同属于东盟区域和 GMS 区域，而中国的云南和广西则属于 GMS 区域。大湄公河次区域是中国与东盟部分国家合作的重要平台，东盟和大湄公河次区域的电力互联，对该区域经济发展和构建东盟共同体与东亚一体化进程具有非常重要的意义。

（一）GMS 和东盟区域电力合作机制与发展

目前，东盟国家范围内有两个主要的电力合作机制。一个是覆盖整个东盟国家范围的东盟国家电力企业/机构领导小组（HAPUA）和 HAPUA 建立的东盟国家电网咨询委员会（APGCC）；另一个是大湄公河次区域（GMS）经济合作机制下的区域电力交易协调委员会（RPTCC）。其中，GMS 区域包括中国（云南和广西）、泰国、越南、缅甸、老挝、柬埔寨等国家（地区）。GMS 区域经济合作机制始于 1992 年，亚洲开发银行（以下简称"亚行"）作为 GMS 的发起者、协调人和主要筹资方，负责为 GMS 有关会议及具体项目的实施提供技术和资金支持。GMS 区域电力合作机制始于 1995 年，部长会议决定先建立非决策性质的交流机制——"次区域电力论坛"（Subregion Electric Power Forum，SEPF），主要交流相关情况，开展区域联网规划研究，提出与联网相关发输电项目的建议时序，推进合作，为建立实质性的区域电力合作机制做好准备。2002 年，GMS 国家领导人会议签署《政府间 GMS 区域电力联网与交易协定》（以下简称协定），决定成立区域电力交易协调委员会（Regional Power Trading Coordination Committee，RPTCC）。2004 年 RPTCC 正式成立，按照 2002 年的协定，RPTCC 做了大量准备工作，包括制定跨国联网规划、制定运

行和交易规则、研究电力市场相关问题，准备建立区域电力交易协调中心等。

东盟10个国家中，有5个国家处在GMS区域，东盟电力合作机制和GMS区域电力合作机制并不矛盾，而是相互交叠和相辅相成的。随着东盟的成立和一系列合作机制的建立，电力合作机制也在逐步发展。东盟电力领导小组（Heads of ASEAN Power Authorities/ Utilities，HAPUA）于1981年由印度尼西亚、菲律宾、马来西亚、新加坡和泰国发起成立，成员国逐步增加，合作内容也在不断丰富和深化。各成员国的代表基本来自国家级电力企业，因文莱和缅甸是政企不分的电力体制，故由政府主管部门代表。在2011年召开的第27次会议上，东盟10国均加入HAPUA。会议进一步完善了合作体系，原8个工作组合并为5个，包括发电、输电与东盟电网、配电与可靠性、政策研究与经营、人力资源等。2007年，东盟国家的能源部长在会议上签署了"东盟电网的谅解备忘录"，提出要加强合作，实现东盟国家间联网和电力交易，最终建立东盟电网；对技术、融资、税费与价格、监管与法律框架、电力交易和跨网交易等方面的合作作出原则性规定；明确HAPUA负责东盟电网的实施，并建立东盟电网咨询委员会（ASEAN Power Grid Consultative Committee，APGCC）及行动计划。

（二）GMS和东盟区域电力联网现状

表9-1为GMS和东盟区域电力联网现状。在GMS区域，电厂送邻国一般采用单独接入对方电网的方式，接带少量当地负荷，若有线路一般也开断，不进行同步联网；电网向邻国供电一般采用单带邻国地区负荷方式，同样不同步联网。只有越南南部向柬埔寨送电的1条230千伏线路接入柬埔寨230千伏电网，实现了同步联网运行。联网线路位于越南狭长的500/220千伏输电网末端，而且是低一级电压联网，柬埔寨侧机组跳闸曾引起过越南输电网的低频振荡。

表9-1　GMS和东盟区域电力联网现状（除注明直流以外，均为交流线路）

区域	现状
中缅	● 1回500千伏线路，2回220千伏，电厂送中国
中越	● 3回220千伏，3回110千伏线路，供电越南
中老	● 1回115千伏线路，供电老挝

区域	现状
泰老	• 2 回 500 千伏和 3 回 230 千伏线路，电厂送泰国 • 6 回 115 千伏，电量交换
越老	• 1 回 230 千伏线路，电厂送越南
越柬	• 1 回 230 千伏线路，供电柬埔寨
泰柬	• 1 回 115 千伏线路，供电柬埔寨
泰马	• 300 千伏直流 30 万千瓦、1 回 115 千伏线路
马新	• 2 回 230 千伏线路

为实施 2002 年的协定，亚行研究了在 GMS 区域分阶段实施协定的方案，将电力贸易合作分为以下 4 个阶段：

（1）阶段 1：大量存在发电厂按照购电协议单独向邻国供电或某国电网单带邻国部分负荷的情况，这两种情况均没有形成国家间电网的联网同步运行；

（2）阶段 2：跨国联网实现，任意两国可通过第三国的电网进行电力交易，但只能利用购电协议占用容量以外的富余容量；

（3）阶段 3：跨国联网进一步发展，第三方国家电网企业会允许其他国家利用其电网进行电力交易；

（4）阶段 4：实现多买多卖完全竞争的区域电力市场。

为进一步促进协定的实施，各国政府又分别于 2005 年和 2008 年在国家领导人会议上签订了两个政府间谅解备忘录 MOU-1 和 MOU-2，MOU-1 明确电力合作阶段 1 的主要原则和政策，MOU-2 则制定了实施阶段 1 目标的具体进度计划和阶段 2 的准备工作任务等。由于体制、技术和认知的不同，目前 GMS 电力合作仍处在阶段 1，RPTCC 正在为进入阶段 2 做准备。HAPUA 于 2010 年组织完成了东盟电网规划，目前按照规划目标逐步实施。

（三）东盟与大湄公河次区域电力互联的相关建议

尽管 GMS 各国陆地接壤，电源结构互补性强，但由于各国出于对各自平衡的考虑，对联网运行的技术观点未能一致。目前，GMS 区域提出的联网项目大都是双边和意向性的，而 TA6440（对 GMS 电力交易的内容全面的综合性研究课题）和 TA7764（对 GMS 区域电力发展对社会环境安全等影响的全面量化评估）也仅是在各国电力发展规划基础上进行初步优化后提出联网的规模，内容深度不够，均未进行实质性的联网规划。同时，由于缺乏统一的市场监管规则和体系等问题，GMS 区域尚未形成统一的互联电网。

但是，随着"一带一路"倡议的提出，东盟与大湄公河次区域电力的互联进程得到了进一步的深化。一方面，RPTCC 第 20 次会议确定了开展 GMS 区域联网规划的工作，并确定水平年为 2035 年。通过设立 RPCC 和加强联网规划，将有助于增加相互信任和共识，消除障碍。另一方面，我国云南水电大量富余，南方电网将云南电网用直流背靠背隔离的电网结构改造已经实现，届时云南与 GMS 国家联网将更具有可能性，有利于送出云南富余水电。自此，中国将逐步建立与东盟国家电力合作机制 HAPUA 的联系。

第二节　区域电力互联平台和贸易中心建设路径路线图

结合现有经典案例与"一带一路"区域电力贸易经济收益的实证检验证明，"一带一路"倡议的提出显著促进了"一带一路"国家电力互联贸易的经济收益，政策冲击的净效应显著为正。那么，"一带一路"沿线各国在电力互联贸易方面的潜力如何？哪些国家具备优先实施互联的基础？区域电力互联平台和贸易中心应该如何选址？鉴于此，本书构建了一套系统的贸易潜力测度指标体系，准确测度了"一带一路"沿线各国的贸易便利化水平，从而深刻把握"一带一路"区域实现电力互联贸易建设的时序路径，对于"一带一路"沿线各国加强电力合作具有重要意义。

一、"一带一路"国家电力互联贸易潜力评估的指标选择与具体含义

本书选取"一带一路"沿线地区构建电力互联市场关于电力因素、经济表现、制度与环境、金融与商务环境的四个维度、共计 25 个子指标，构建"一带一路"国家电力互联贸易的潜力评价指标体系（见表 9-2）。

"一带一路"跨境电力贸易研究

表 9-2　"一带一路"沿线国家电力互联贸易的潜力评价指标体系

目标层	一级指标层	二级指标层	三级指标层	属性
	电力因素	电力贸易指标	现有双边电力贸易额	+
		电力领域开发潜力	电损	−
			电力禀赋程度	+
			电力富余程度	+
		电力领域基础设施	输电基础设施完善程度	+
			供电质量水平	+
	经济表现	经济规模与发展水平	GDP	+
			人均 GDP	+
		经济绩效成果	GDP 增长率	+
			通货膨胀率	−
		经济开放程度	投资开放程度	+
			贸易开放程度	+
		经济债务偿还能力	公共债务水平	−
	制度与环境	政治制度	表达与问责	+
			政府有效性	+
			政府稳定与无暴力程度	+
			监管质量	+
		法律环境	法制建设	+
			腐败控制	+
	金融与商务环境	金融服务水平	金融市场的发展水平	+
			金融服务的便利性	+
			金融服务的可供性	+
		商务投资运营水平	投资环境自由度	+
			商务环境自由度	+
			劳动力自由度	+

　　其中，电力因素分为三个二级指标，分别为电力贸易指标、电力领域开发
潜力、电力领域基础设施。二级指标下设三级指标，包括：电力贸易指标——
现有双边贸易额、电损；电力领域开发潜力——电力禀赋程度、电力富裕程
度；电力领域基础设施——输电基础设施完善程度、供电质量水平。

　　经济表现分为四个二级指标，分别为经济规模与发展水平、经济绩效成

果、经济开放程度、经济债务偿还能力。二级指标下设三级指标，包括：经济规模与发展水平——GDP、人均 GDP；经济绩效成果——GDP 增长率、通货膨胀率；经济开放程度——投资开放程度、贸易开放程度；经济债务偿还能力——公共债务水平。

制度与环境因素分为两个二级指标，分别为政治制度、法律环境。二级指标下设三级指标，政治制度包括表达与问责、政府有效性、政府稳定与无暴力程度；法律环境包括监管质量、法制建设、腐败控制。

金融与商务环境因素分为两个二级指标，分别为金融服务水平和商务投资运营水平。二级指标下设三级指标，包括：金融服务水平——金融市场的发展水平、金融服务的便利性、金融服务的可供性；商务投资运营水平——投资环境自由度、商务环境自由度、劳动力自由度。

二、电力贸易潜力评价指数的测算方法

由于各指标变量一般有两种不同的测算方式——绝对量与相对量，需对其进行标准化处理。标准化处理遵循了逻辑性、客观性和最后分数有区分度等原则。标准化处理指标所得总分设置为 100 分，按照数据类型，指标数据标准化处理方法主要分为三种：

（1）线性变换处理适用于无极端值的原始数据。将原始数据进行线性变化，使结果落入 [0，1] 区间，最后乘以该项满分 100 分。线性变换处理也适用于二手数据，但不同评分体系下的满分值不一样。采用线性变换处理后的分数可以直接应用于我们的评分体系。公式如下：

正相关指标：$A = \dfrac{(x-\min)}{\max-\min} \times 100$；负相关指标：$A = \dfrac{(\max-x)}{\max-\min} \times 100$

其中，A 为进行标准化后的分数，x 为原始数据，max 为样本数据的最大值，min 为样本数据的最小值。

（2）对数函数处理。对数函数主要应用于存在不同数量级的极端值的原始数据（极端值为与平均值的差大于三倍四分位距的数值）。这种数据若直接使用离差标准化，所得分数区分度不大，难以达到区分的目的。由于规模不同而导致的不同数量级的标准化，如 GDP 总量、对外直接投资总值等，直接使用离差标准化方法所处理的结果所得区分度较为不合理，故采取自然对数函数

处理之后，再对所得函数值进行离差标准化。公式如下：

正相关指标：$A = \dfrac{\ln(x) - \ln(\min)}{\ln(\max) - \ln(\min)}$；负相关指标：$A = \dfrac{\ln(\max) - \ln(x)}{\ln(\max) - \ln(\min)}$

（3）幂函数处理。幂函数主要应用于存在相同数量级的极端值或奇异值的原始数据（极端值为与平均值的差大于三倍四分位距的数值，奇异值为与平均值的差大于一点五倍四分位距的数值）。这种数据若直接使用离差标准化，所得分数区分度仍然不大，难以达到区分的目的。如进出口额占 GDP 比值等，直接使用离差标准化方法所处理的结果所得区分度较为不合理，故采取自然幂指数函数处理之后，再对所得函数值进行离差标准化。由于部分原始数据为负数，故选取的幂指数为 1/3 的幂函数，公式如下：

正相关指标：$A = \dfrac{x^{1/3} - \min^{1/3}}{\max^{1/3} - \min^{1/3}}$；负相关指标：$A = \dfrac{\max^{1/3} - x^{1/3}}{\max^{1/3} - \min^{1/3}}$

标准化处理后，还需确定各指标对应的权重。目前主要的权重确定方法有层次分析法（崔日明等，2016）、主成分分析法（马文秀等，2016）、德尔菲法（李宇等，2016）、随机前沿模型（李计广等，2016）、超效率数据包络分析法（田泽等，2016）等。与其相比，熵值法具有减少变量间信息的重叠、克服人为确定权重主观性等优点，是比较综合、全面、客观的一种测评方法。具体测算步骤如下：

（1）构建原始指标矩阵。设样本中有 m 个国家，n 项测评指标，则原始指标矩阵为

$$X = (x_{ij})_{m \times n} \quad (i = 1, 2, \cdots, n; \; j = 1, 2, \cdots, n) \tag{9-1}$$

其中，x_{ij} 为第 i 个国家 j 项指标。

（2）标准化处理。

（3）计算第 j 项指标下第 i 个国家指标值的比值，记为 P_{ij}

$$P_{ij} = X_{ij} \Big/ \sum_{i=1}^{m} X_{ij} \tag{9-2}$$

（4）计算第 j 项指标的熵值，记为 H_j

$$H_j = -K \times \sum_{i=1}^{m} P_{ij} \cdot \ln(P_{ij}), \text{其中}, K = 1/\ln(m) \tag{9-3}$$

（5）计算第 j 项指标的差异系数，记为 D_j

$$D_j = 1 - H_j \tag{9-4}$$

（6）计算各评价指标的权重，记为 W_j

$$W_j = D_j / \sum_{j=1}^{n} D_j \tag{9-5}$$

（7）计算第 i 个国家的风险综合得分，记为 RC_i

$$RC_i = \sum_{j=1}^{n} W_j \cdot X_{ij} \times 100 \tag{9-6}$$

三、电力贸易潜力评价指数的计算结果

将经过幂指数标准化处理后的指标变量代入上述方程，计算"一带一路"沿线各个国家电力互联贸易的潜力水平，权重与综合得分结果如表 9-3 所示。

表 9-3　"一带一路"沿线国家电力互联贸易的潜力评价指标所占权重

目标层	一级指标层	二级指标层	三级指标层	比重（%）
	电力因素	电力贸易指标	现有双边电力贸易额	19.74
			电损	6.09
		电力领域开发潜力	电力禀赋程度	5.86
			电力富余程度	1.02
		电力领域基础设施	输电基础设施完善程度	2.88
			供电质量水平	2.99
	经济表现	经济规模与发展水平	GDP	3.24
			人均 GDP	4.52
		经济绩效成果	GDP 增长率	0.66
			通货膨胀率	3.00
		经济开放程度	投资开放程度	2.13
			贸易开放程度	4.53
		经济债务偿还能力	公共债务水平	3.11
	制度与环境	政治制度	表达与问责	4.63
			政府有效性	2.73
			政府稳定与无暴力程度	2.70
			监管质量	4.21
		法律环境	法制建设	4.75
			腐败控制	4.48

续表

目标层	一级指标层	二级指标层	三级指标层	比重（%）
金融与商务环境	金融服务水平		金融市场的发展水平	2.13
			金融服务的便利性	2.77
			金融服务的可供性	2.29
	商务投资运营水平		投资环境自由度	2.84
			商务环境自由度	1.73
			劳动力自由度	4.96

从表9-3中的一级指标所占的权重来看，反映电力贸易品特殊性的电力因素对"一带一路"国家未来电力互联贸易的潜力水平影响最大，其次是制度与环境；具体到三级指标所占的权重来看，现有双边电力贸易额的影响远高于其余24个指标，占比高达19.74%。这一指标直接反映了"一带一路"国家双边电力贸易的现状，同时间接反映了这些国家电力基础设施的现状。也就是说，双边电力贸易额越高，发电、输电、用电的基础设备越完善，越有利于未来"一带一路"区域内电力互联的发生。因此，这一结果符合本报告的预期。同时，权重较高的为电损、电力富余程度，其原理与双边电力贸易额一致。除此之外，制度与环境指标层下的三级指标权重占比整体较高，这反映了"一带一路"沿线的区位特征。对于电力贸易品来说，项目规模庞大、资金数目高昂、项目周期漫长，一国政权不稳，极有可能对投资者造成毁灭性的损失。因此，制度与环境相关指标的权重较高。

表9-4给出了"一带一路"沿线国家电力互联贸易潜力计算的最终结果，"一带一路"沿线国家并不限定和划分范围，是个动态发展、开放包容的国际合作平台，考虑到分析数据的可得性和沿线国家的国际参与度等因素，此处选择计算部分国家的电力互联贸易潜力。从地区差异上观察，将"一带一路"沿线国家（出于对数据可得性的考虑）划分为中东欧（19国）、西亚北非（16国）、东南亚（7国）、南亚（6国）、中亚（3国）五个部分。其中，东欧19国综合得分远高于其余4个部分，除去数据统计上的误差，东欧国家经济发达、政权稳定、金融与商务渠道成熟，大幅降低了大宗投资的风险。而前文北欧经典案例证明，欧洲绝大部分电力互联平台与贸易中心的建设已经相对完善。从辐射效应来看，东欧国家的基础电力设施也较为发达，节约了该地区

进一步实现电力互联的经济与时间成本。同时，西亚地区综合评分为592.03，这是由于该地区石油等天然能源极其富裕，具有成为发电中心的先天优势。另外，东南亚7国综合评分为284.37。该地区不仅与中国相邻或相距不远，而且已具备与我国实施电力互联的丰富经验（大湄公河次区域电力合作项目），同样是我国进行"一带一路"电力互联合作的优先标的国。

表9-4 "一带一路"沿线国家电力互联贸易潜力排名

地区	国家	Country Name	电力因素	经济表现	制度与环境	金融与商务环境	综合	排名
中东欧（796.16）	捷克共和国	Czech Republic	16.13	11.53	17.74	12.53	57.92	2
	爱沙尼亚	Estonia	11.39	10.36	19.76	10.99	52.50	4
	波兰	Poland	14.72	10.60	17.13	9.67	52.13	5
	斯洛伐克	Slovak Republic	11.96	11.20	15.72	10.16	49.04	7
	斯洛文尼亚	Slovenia	12.83	10.25	17.18	6.83	47.10	10
	立陶宛	Lithuania	7.88	10.58	17.81	10.44	46.71	11
	匈牙利	Hungary	13.31	9.19	14.55	9.44	46.49	12
	拉脱维亚	Latvia	7.77	10.11	16.59	10.99	45.47	13
	保加利亚	Bulgaria	11.96	10.31	12.14	9.59	43.99	15
	罗马尼亚	Romania	11.51	9.77	12.89	9.48	43.65	16
	克罗地亚	Croatia	11.36	8.46	13.79	6.46	40.07	22
	俄罗斯	Russian Federation	15.60	10.37	5.65	6.96	38.58	25
	塞尔维亚	Serbia	10.08	8.31	11.39	8.26	38.04	26
	黑山	Montenegro	6.32	8.01	11.74	10.02	36.09	29
	马其顿	Macedonia, FYR	7.30	8.44	10.64	9.58	35.96	30
	波黑	Bosnia and Herzegovina	9.26	7.90	9.17	7.33	33.66	35
	阿尔巴尼亚	Albania	6.80	8.39	10.73	6.74	32.66	37
	乌克兰	Ukraine	11.95	7.50	6.12	4.21	29.77	40
	摩尔多瓦	Moldova	5.38	7.25	8.73	4.97	26.33	44
西亚北非（592.03）	阿联酋	United Arab Emirates	11.84	13.97	14.66	12.14	52.61	3
	以色列	Israel	11.34	10.39	16.99	10.71	49.43	6
	卡塔尔	Qatar	10.36	11.80	13.84	11.81	47.81	9
	巴林	Bahrain	10.50	10.12	10.59	12.83	44.04	14

续表

地区	国家	Country Name	电力因素	经济表现	制度与环境	金融与商务环境	综合	排名
西亚北非 (592.03)	沙特阿拉伯	Saudi Arabia	12.00	12.37	8.31	9.95	42.64	18
	格鲁吉亚	Georgia	9.37	8.52	13.88	10.83	42.60	19
	阿曼	Oman	9.17	9.89	11.69	11.11	41.87	20
	土耳其	Turkey	11.79	10.23	9.67	8.85	40.54	21
	科威特	Kuwait	9.19	11.71	9.47	8.29	38.65	24
	约旦	Jordan	9.16	7.64	10.74	10.01	37.55	27
	亚美尼亚	Armenia	8.12	7.10	9.05	9.04	33.32	36
	阿塞拜疆	Azerbaijan	8.44	9.05	5.58	9.23	32.31	39
	黎巴嫩	Lebanon	4.43	8.34	6.21	7.99	26.97	42
	埃及	Egypt, Arab Rep.	9.50	6.86	5.07	5.49	26.93	43
	伊朗	Iran, Islamic Rep.	10.21	7.96	4.32	2.69	25.18	46
	也门共和国	Yemen, Rep.	1.53	3.67	0.71	3.67	9.58	51
东南亚 (284.37)	新加坡	Singapore	12.19	14.36	21.44	16.55	64.54	1
	马来西亚	Malaysia	12.03	10.62	13.34	12.86	48.84	8
	泰国	Thailand	13.84	10.37	8.72	9.82	42.76	17
	菲律宾	Philippines	7.93	8.46	9.71	8.86	34.96	31
	印度尼西亚	Indonesia	9.54	8.82	9.35	7.21	34.92	32
	越南	Vietnam	11.24	9.65	7.52	5.92	34.33	33
	柬埔寨	Cambodia	3.58	8.02	5.44	6.98	24.02	47
南亚 (170.81)	不丹	Bhutan	10.73	5.37	13.27	7.99	37.36	28
	印度	India	10.73	7.54	10.23	5.75	34.26	34
	斯里兰卡	Sri Lanka	6.82	6.81	10.30	8.53	32.45	38
	孟加拉国	Bangladesh	5.96	6.83	5.79	7.27	25.85	45
	巴基斯坦	Pakistan	6.49	5.78	4.94	5.74	22.95	48
	尼泊尔	Nepal	1.15	5.63	6.37	4.78	17.93	50
中亚 (85.42)	哈萨克斯坦	Kazakhstan	11.68	9.81	7.49	10.05	39.03	23
	吉尔吉斯斯坦	Kyrgyz Republic	5.57	6.68	5.71	9.45	27.40	41
	塔吉克斯坦	Tajikistan	4.95	5.66	3.29	5.08	18.99	49

从单个国家来看，"一带一路"电力互联贸易潜力水平最高的是新加坡（64.54），其次是捷克共和国（57.92）、阿联酋（52.61）、爱沙尼亚（52.50）、波兰（52.13）。其中阿联酋属于能源资源富裕型，可作为该区域的集成发电中心，而新加坡与捷克共和国属于经济富裕型，可作为电力互联的区域贸易中心，负责电力的调度与分配。

根据"一带一路"电力互联贸易潜力评估的综合得分及前文所述，本书提出"一带一路"区域电力互联贸易的建设路径应为中东欧—西亚—东盟；其中，新加坡与捷克共和国可分别作为东盟与中东欧地区的区域调度中心，负责电力的规划与分配，而阿联酋应作为西亚地区的集成发电中心，负责集中区域能源资源进行二次能源——电力的转换。

根据自然资源保护协会发布的《"一带一路"电力综合资源规划研究》，开展与"一带一路"国家的电力合作，应考虑电力综合资源规划提出的安全高效、经济合理、绿色低碳和普遍服务的原则，综合考虑不同国家和地区的经济发展水平、电力需求和能源资源禀赋，兼顾环境生态保护及碳排放约束要求，因地制宜地选择不同类型电源来满足需求，包括清洁高效煤电以及水电、风电、太阳能、生物质等可再生能源。

首先，中东欧地区电源项目建设与电力规划正处于技术升级、深入互联的阶段。从该地区代表性国家来看，波兰煤矿资源丰富，煤电机组较多。但是，其输配电等基础设施急需现代化改造，每年有 100 万千瓦的机组需要改造升级。罗马尼亚是中东欧油气资源最丰富的国家，同时水力和风能资源丰富，但是罗马尼亚基础设施发展比较落后，火电发电厂超期服役严重，输电线路设备大多建于 20 世纪六七十年代，历年输配电损耗均在 10% 以上。埃及重视开发风能和太阳能，积极推进太阳能和风能发电项目，以使国家能源来源多样化。综合来看，对这一区域的合作建议是，跟踪关注清洁高效煤电、水电、核电、太阳能电、风电等电源开发项目；同时，中国应积极分享自身先进的电力生产运输技术，参与相关配套电网改造项目，同时借鉴其成熟的互联规划经验，进一步推动沿线国家电力互联升级。

其次，西亚地区电力资源极其富裕，高效煤电、水电、新能源发电尤为丰富。从代表性国家来看，阿联酋太阳能资源特别丰富，国家对于新能源和可再生能源保持积极态度，将大力发展太阳能等可再生能源和核电，对于可再生能源，阿联酋鼓励私营部门投入到新能源新项目中来，国家将会以合适的价格从私营企业购买电力。沙特阿拉伯已将开发可再生能源上升为一项国家战略。根据沙特阿拉伯新能源发展规划，沙方将在 2020 年前新能源发电装机达到 2390 万千瓦，2032 年达到 5410 万千瓦，以实现沙方能源多元化发展战略。土耳其煤炭、水能、风能等资源丰富，电力基础设施建设需求较大。综合来看，对这一区域的合作建议是，积极参与太阳能发电项目的市场开发，同时推动核电合作。

最后，东盟国家不仅自然资源丰富、地理距离占优，同时电力需求空间较小，电力资源富裕。从具体国家来看，老挝、缅甸得益于高低错落的地势，拥有丰富的水资源，水电开发潜力较大，由于经济社会发展落后、资金匮乏，电力出口是其经济发展的一个重要补充。印度尼西亚自然资源丰富，石油、天然气及煤炭的储存量大，在全球能源市场中占有重要地位。印度尼西亚水电资源同样丰富，目前开发程度较低。越南油气资源较丰富，同时拥有一定水电资源、煤炭资源和较大的可再生能源发展潜力。根据越南电力规划，越南将重点发展煤电、新能源等领域，同时将积极推进与包括中国在内的大湄公河次区域国家的电网互联互通。综合来看，对这一区域的合作建议是，积极参与清洁高效煤电及新能源项目建设、电网升级改造项目，并推进电力投资项目的开展。

本章小结

本章主要回顾了北欧与东盟两个经典的电力互联案例，并以此作为参考，提出"一带一路"区域电力互联贸易潜力评估的指标体系，从而得出"一带一路"电力互联区域平台的建设路径，主要结论如下：

（1）对电力互联贸易潜力影响最大的一级指标为电力因素，其中双边电力贸易额所占权重最大。另外，制度与环境因素位列第二，这是由于电力互联项目规模大、资金多、周期长等特质所决定的。

（2）得益于较高的经济发展水平、先进的电力基础设施与巨大电力需求市场，中东欧地区在"一带一路"沿线五个区域中的贸易潜力综合得分最高，而西亚北非由于丰富的自然资源位列综合得分榜第二。

（3）新加坡是"一带一路"沿线国家中电力贸易潜力综合得分最高的国家，其次是捷克共和国，具备相似国情的它们，可以分别作为东盟与中东欧地区电力互联平台的区域中心，负责电力的调度与分配。而综合得分第三的阿联酋可以作为西亚地区的集成发电中心。

第十章 结论与展望

第一节 主要结论

"一带一路"倡议提出已六年多，经济、贸易、能源、文化等领域的全方位合作对于沿线区域和国家的发展起到了非常积极的作用，我国正努力与沿线国家共同应对当前经济发展、贸易平衡、能源转型及环境保护等各种挑战和危机。电力合作作为基础设施建设项目，对于国家各方面的发展都有着极其重要的保障作用，特别是在东南亚、非洲等电力需求增长迅速的发展中国家，电力投资显得尤为重要。目前电力合作已经成为"一带一路"倡议的先行领域，成为引领我国企业"走出去"的风向标。因此，在这一背景下，本书首先主要梳理了"一带一路"现有电力投资项目的基本情况，同时回顾了北欧与东盟电力互联市场的经典案例。其次一方面，建立双重差分模型（DID 模型），选取相关电力指标，实证检验"一带一路"电力互联贸易的经济收益；另一方面，构建"一带一路"电力互联贸易潜力评估的指标体系，计算各"一带一路"国家的综合得分。最后根据上述研究成果，得出区域电力互联平台和贸易中心的建设路径。具体的研究结论如下：

（1）从双重差分（DID 模型）的经济效应评估模型来看，电力贸易对"一带一路"沿线国家的经济发展有显著的促进作用。尤其是"一带一路"倡议提出以后，区域内电力互联贸易为贸易伙伴国带来的经济收益相比于倡议提出之前高出近 1.25%。由此证明，"一带一路"电力互联贸易有利于推动"一带一路"国家的经济发展。除此之外，在控制变量的选取上，与电力能源相关的因素，包括工业占比、人均电力消费、电力运输途中的损耗，对于电力贸易经济收益的影响都是显著的，这也为指标体系的建立提供了实证依据。

（2）从"一带一路"电力互联贸易潜力评估的指标体系建立来看，影响"一带一路"国家电力贸易潜力的因素共计25个，划分为三个指标层次；一级指标层共有四个，分别为电力因素、经济表现、制度与环境、金融与商务环境。其中，电力因素与制度因素是评价"一带一路"国家是否具有建立区域互联平台的主要依据。一方面，电力因素反映了电力商品的特殊性，即发电、运输、用电等各个环节都需要完备的电力基础设施。现有双边电力贸易额高，则表明该国已具备电力贸易的基本条件与实践经验，有利于后续电力互联的推进。另一方面，电力项目规模庞大、资金占比高、建设周期长，一国政权稳定关系到电力投资的安全风险。因此，制度与环境相关指标也是评估电力互联潜力的关键要素。

（3）从指标体系的计算结果来看，中东欧是"一带一路"沿线五个区域（中东欧、西亚北非、东南亚、南亚、中亚）中综合评分最高的区域。这是由于一方面该区域经济发展水平高、工业发达、居民用电需求高，是典型的电力贸易需求方；另一方面北欧电力市场的互联互通，对该区域电力基础设施的建设有重要的辐射效应，推动了其电力市场的发展。同时，作为综合评分榜第二的西亚地区，主要仰仗于丰富的能源资源，是二次能源——电力生成的核心投入品，该区域即为典型的电力互联供给方。因此，本书提出了一条"一带一路"电力互联的建设路径：中东欧—西亚北非—东南亚。具体来说，第一阶段寻求参与中东欧国家的电源项目建设和电力升级改造和互联互通，推动沿线国家电力绿色升级，以及需求侧的响应。第二阶段针对能源资源丰富、未来电力发展潜力较大的西亚国家，优先开展新能源发电、电网互联互通等合作，促进电力绿色发展。第三阶段在总结已有绿色电力合作经验的基础上，进一步推动在电力发展基础较好、合作意愿较大的俄蒙、中亚和中东国家开展水电、电网互联互通、提高能效和清洁高效煤电等领域的合作。其中，新加坡和捷克共和国可分别作为东盟和西亚的区域电力互联平台和贸易中心，负责电力的调度与分配；而阿联酋可作为西亚地区的集成发电中心，负责收集一次能源并实现电能转换。

第二节 展望

作为基础设施与能源需求的重要组成部分，电力国际合作是"一带一路"建设国际合作的重点领域，中国与"一带一路"沿线国家在电源项目开发、电网互联互通、电力产能合作等方面都具有密切的合作愿景。那么，如此庞大的投资背后是否真实有效地推动了"一带一路"地区的电力输出与电力引进？扩张后的电力贸易是否为"一带一路"国家带来了实际的经济收益？如果需要解决这些问题，面对国情复杂的考察样本及较为特殊的贸易商品，又如何准确地评估"一带一路"电力贸易的经济收益？面对"一带一路"国家复杂的国情，如何合理确定区域电力互联平台和贸易中心的建设路径？这些都是本书关注的核心问题，也是当前"一带一路"电力合作的共同课题。

在研究与探索的过程中，由于某些方面的限制，本书仍有部分问题亟须后续研究：

（1）在"一带一路"电力贸易经济收益的实证检验阶段，本书仅验证了"一带一路"整体区域的经济效应，并未考虑经济水平、能源丰富度、电力基础设施等方面的差异，需要进一步的数据分析与样本调研。

（2）在"一带一路"电力互联贸易潜力评估的指标体系建设阶段，出于数据可得性的考虑，本书采用了"一带一路"沿线最初 65 个国家的数据进行分析，研究结果上存在一定的滞后性，需随着数据的公布进一步更新计算结果。

（3）在区域电力互联平台和贸易中心的确定阶段，本书仅解决了区位选择问题，并未提出具体的建设方案，需通过实地调研与数据分析进行深入研究。

参考文献

［1］李嘉图. 政治经济学及赋税原理［M］. 北京：商务印书馆，1976.

［2］亚当·斯密. 国民财富的性质和原因的研究［M］. 北京：商务印书馆，1974.

［3］姚曾荫. 国际贸易概论［M］. 北京：人民出版社，1987.

［4］张文泉. 电力技术经济评价理论、方法与应用［M］. 北京：中国电力出版社，2004.

［5］白雪艳. 黑龙江省对俄经贸合作问题研究［J］. 商业经济，2012（1）：8-9.

［6］蔡松锋，张亚雄. 跨大西洋贸易与投资伙伴协议（TTIP）对金砖国家经济影响分析——基于含全球价值链模块的动态 GTAP 模型［J］. 世界经济研究，2015（8）.

［7］车维汉，贾利军. 国际贸易冲击效应与中国宏观经济波动：1978～2005［J］. 世界经济，2008（4）.

［8］陈金. 电力市场下的辅助服务研究［D］. 贵州大学硕士学位论文，2009.

［9］陈梦竹. 火力发电企业广义成本效益研究［D］. 华北电力大学硕士学位论文，2014.

［10］陈燕武，吴承业. 台湾地区 GDP 和能源消费的长期均衡关系分析［J］. 华侨大学学报（哲学社会科学版），2003（3）：26-31.

［11］程秋琳. 基于价值链的风力发电企业成本分析研究［D］. 华北电力大学硕士学位论文，2014.

［12］迟秀凯. 风力发电企业成本控制研究［D］. 华北电力大学硕士学位论文，2011.

［13］刁广才．中国对俄罗斯电力贸易发展研究［D］．华北电力大学硕士学位论文，2006．

［14］樊勇明．从国际公共产品到区域性公共产品——区域合作理论的新增长点［J］．世界经济与政治，2010（1）：143-152．

［15］葛静．电力市场输电定价问题的研究［D］．华北电力大学硕士学位论文，2011．

［16］顾欣．中俄能源合作对两国经济增长影响的实证研究［D］．湖北大学硕士学位论文，2014．

［17］郭全英．中国风力发电成本研究［D］．沈阳工业大学硕士学位论文，2002．

［18］郭文喜．中国黑龙江与俄罗斯远东电力贸易发展研究［D］．哈尔滨工程大学硕士学位论文，2003．

［19］韩宝庆．对发展我国电力对外贸易的几点看法［J］．华北电力大学学报（社会科学版），2006（2）：35-38．

［20］韩宝庆．大湄公河次区域电力贸易安排与风险管理研究［D］．对外经济贸易大学硕士学位论文，2015．

［21］韩放，杨以涵，谢开等．在我国建立电力市场是必然趋势［J］．电网技术，1995（8）：61-65．

［22］何念如，朱闰龙．世界原油价格上涨对中国经济的影响分析［J］．世界经济研究，2006（2）：47-53．

［23］何金定，谢一工，朱欣春等．对跨国互联电网调度运行工作的思考［C］．2009年云南电力技术论坛论文集（文摘部分），2009．

［24］胡军峰．风电接入引致电网辅助服务成本分摊机制及模型研究［D］．华北电力大学博士学位论文，2014．

［25］黄河．区域性公共产品：东亚区域合作的新动力［J］．南京师范大学学报（社会科学版），2010（3）：62-68．

［26］黄玖立，李坤望．出口开放、地区市场规模和经济增长［J］．经济研究，2006（6）：27-38．

［27］黄娜．大湄公河次区域（GMS）电力互联互通合作状况及前景分析［J］．现代经济信息，2014（16）：456-456．

［28］冀腾飞．中国与中亚五国能源贸易研究——基于"一带一路"背景

［D］．天津财经大学硕士学位论文，2016.

［29］贾江华．电力跨国合作的地缘政治效应分析［J］．中国能源，2009，31（12）：36-37.

［30］蒋金荷，姚愉芳．中国经济增长与电力发展关系的定量分析研究［J］．数量经济技术经济研究，2002，19（10）：5-10.

［31］柯健．我国区域能源合作与区域经济增长的博弈分析［J］．西部经济管理论坛，2010，21（1）：1-5.

［32］柯善咨，郭素梅．中国市场一体化与区域经济增长互动：1995～2007年［J］．数量经济技术经济研究，2010（5）：62-72.

［33］李超，张庆芳．大湄公河次区域电力合作的可行性探析［J］．东南亚南亚研究，2009（3）.

［34］李春杰，张宇波，黄文杰等．区域电力市场中电力互联的经济效应数据包络分析［J］．工业技术经济，2008（8）：98-102.

［35］李晓峰．中国与GMS电力贸易及合作研究——次区域公共产品的视角［D］．复旦大学硕士学位论文，2013.

［36］林伯强．电力消费与中国经济增长——基于生产函数的研究［J］．管理世界，2003：18-27.

［37］刘季江．电力市场中火力发电厂计及脱硫成本的电价预测［D］．华北电力大学硕士学位论文，2006.

［38］刘剑峰，余燕春．中国能源贸易与经济增长关系的实证研究［J］．统计科学与实践，2008（2）：32-34.

［39］刘小伟．基于GTAP模型的我国新丝绸之路经济带核心区一体化发展评估［J］．产经评论，2015，6（3）：94-107.

［40］刘星．能源对中国经济增长制约作用的实证研究［J］．数理统计与管理，2016，25（4）.

［41］刘文革，庞盟，王磊．中俄能源产业合作的经济效应实证研究［J］．国际贸易问题，2012（12）：38-51.

［42］刘洋．发电厂成本分析与经济运行辅助决策系统的研究［D］．华北电力大学硕士学位论文，2001.

［43］龙晴，林春．关于我国参与大湄公河次区域电力合作的战略思考［J］．现代电力，2006，23（3）.

[44] 卢光盛，张励．后金融危机时代的中国与大湄公河次区域国家关系：一种区域性公共产品的视角［J］．国际展望，2010（3）：36-48.

[45] 路宏艳．火电厂发电成本分析及竞价上网策略研究［D］．浙江大学硕士学位论文，2008.

[46] 陆铭，陈钊．分割市场的经济增长——为什么经济开放可能加剧地方保护？［J］．经济研究，2009（3）：42-52.

[47] 吕重犁．中日"新能源"产业发展及经济贡献对比研究［D］．贵州财经学院硕士学位论文，2010.

[48] 毛其淋，盛斌．对外经济开放、区域市场整合与全要素生产率［J］．经济学（季刊），2012，11（1）：181-210.

[49] 梅天华，甘德强，谢俊．燃煤发电机组调停调峰成本的公平分摊［J］．电力自动化设备，2016（12）.

[50] 苗丽．大湄公河次区域水电能源合作与中国的功能定位［D］．上海师范大学硕士学位论文，2011.

[51] 皮薇．全寿命周期的分布式光伏发电的成本——效益研究［D］．华北电力大学硕士学位论文，2015.

[52] 齐先军，丁明．电力市场环境下旋转备用费用分摊的新方法［J］．中国电机工程学报，2009，29（16）：69-74.

[53] 盛斌，毛其淋．贸易开放、国内市场一体化与中国省际经济增长：1985~2008年［J］．世界经济，2011（11）：44-66.

[54] 史丹，聂新伟．电力贸易的制度成本与GMS电力合作中的中国选择［J］．财贸经济，2014，35（9）：124-136.

[55] 王涛，胥江成，韩宁．中俄边境地区电力贸易与经济发展研究［J］．统计与咨询，2007（6）.

[56] 王容博，张军．基于GTAP模型的中国—南盟自贸区经济效应研究［C］．AEIC Academic Exchange Information Centre（China）：International Conference on Humanities and Social Science Research，2018.

[57] 王玉．中日新能源合作发展与效应分析［D］．辽宁大学硕士学位论文，2013.

[58] 王悦，刘颖嘉，嵇灵等．全球电力贸易网络结构分析［J］．电力建设，2016，37（3）：129-136.

［59］魏玢，马莉．欧盟电力市场化改革最新进展及启示［J］．能源技术经济，2007，19（2）：14-18.

［60］许和连，亓朋，祝树金．贸易开放度、人力资本与全要素生产率：基于中国省际面板数据的经验分析［J］．世界经济，2006（12）：3-10.

［61］徐康宁，邵军，李大升．江苏经济增长与外贸依存度相关性研究［J］．现代经济探讨，2002（4）：35-37.

［62］徐磊，黄凌云．FDI 技术溢出及其区域创新能力门槛效应研究［J］．科研管理，2009，30（2）：16-25.

［63］徐蕾．中国与俄罗斯跨国输电合作研究［D］．哈尔滨工程大学硕士学位论文，2006.

［64］许勇．水电企业辅助服务成本分析及主辅联合优化研究［D］．四川大学硕士学位论文，2005.

［65］杨桂芬．云南建设境内外电力交换枢纽研究［D］．云南大学硕士学位论文，2011.

［66］杨瑞成，陈奕璇，左爱玲．关税壁垒对"中蒙俄"三国宏观经济的冲击效应研究——基于 GTAP 的模拟分析［J］．财经理论研究，2018（6）.

［67］尹勇晚，龚驰，李天国．中韩新能源产业合作的经济效应实证研究［J］．经济理论与经济管理，2011（4）：85-94.

［68］袁家海，丁伟，胡兆光．电力消费与中国经济发展的协整与波动分析［J］．电网技术，2006，30（9）：10-14.

［69］张博，安亚人．中国能源商品贸易与经济增长关系研究——基于1980~2012 年数据的分析［J］．税务与经济，2014（3）：48-53.

［70］张磊，徐琳．从区域性国际公共产品供给角度析东亚区域合作中的中韩自贸区建设［J］．上海对外经贸大学学报，2010，17（2）：64-70.

［71］张立光，郭妍．我国贸易开放度与经济增长关系的实证研究［J］．财经研究，2004，30（3）：113-121.

［72］张生玲．能源贸易影响经济增长的机理分析［J］．生产力研究，2007（24）.

［73］张翼霏．光伏发电项目的成本效益研究［D］．黑龙江八一农垦大学硕士学位论文，2017.

［74］赵晓丽，宋翠．我国能源贸易及其对经济可持续发展的影响［J］.

中国能源，2009，31（11）：38-42.

[75] 赵永亮，刘德学. 市场歧视、区际边界效应与经济增长 [J]. 中国工业经济，2008，35（12）：39-50.

[76] 涂强，陈洁. 中国与大湄公河地区国家的电力合作 [C]. 水电国际研讨会，2006.

[77] 朱立，汪戎. 能源供求失衡下的大湄公河次区域电力合作 [J]. 经济问题探索，2009（1）：14-19.

[78] 邹建平. 辅助服务的市场化定价与交易模式研究 [D]. 华北电力大学博士学位论文，2012.

[79] Abosedra S, Baghestani H. New evidence on the casual relationship between united states energy consumption and gross national product [J]. The Journal of Energy and Development, 1989（14）.

[80] Antweiler W. Cross-border trade in electricity [J]. Journal of International Economics, 2016（101）：42-51.

[81] Bahai H, Sauvage J. Cross-coder trade in electricity and the development of renewable-based electric power：Lessons from Europe [R]. OECD Trade and Environment Working Paper, 2013. http：//dx. doi. org/10. 1787/5k4869cdwnzr-en.

[82] Barro R J, X. Sala-I-Martin. Economic growth [M]. New York：Megraw-Hill, 1995.

[83] Bevan D, Collier P, Gunning J W. Trade shocks in developing countries：Consequences and policy responses [J]. European Economic Review, 1993, 37（2-3）：557-565.

[84] Cardell J B, Hitt C C , Hogan W W. Market power and strategic interaction in electricity networks [J]. Resource & Energy Economics, 1997, 19（1-2）：109-137.

[85] Cbarpentier J P, Scbenk K. International power interconnections [R]. World Bank, http：//www. worldbank. org/html/fpd/notes/.

[86] Cheng B S. An investigation of cointegration and causality between energy consumption and economic growth [J]. Journal of Energy and Development, 1995（21）.

[87] Coe D, Helpman E. International R&D spilovers [J]. European Eco-

nomic Review, 1995, 39 (5): 859-887.

[88] Decanio S J, Watkins W E. Investment in energy efficiency: Do the characteristics of firms matter? [J]. Review of Economics & Statistics, 1998, 80 (1): 95-107.

[89] Desai D. Energy-GDP relationship and capital intensity in LDCs [J]. Energy Economics, 1986, 8 (2): 113-117.

[90] Erola U, Yu E S H. Time series analysis of the causal relationship between US energy and employment [J]. Resources and Energy, 1987 (9).

[91] Fehr N H M V D, Sandsbråten L. Water on fire: Gains from electricity trade [J]. Scandinavian Journal of Economics, 1997, 99 (2): 281-297.

[92] Felbermayr G J, Jung B, Larch M. Icebergs versus tariffs: A quantitative perspective on the gains from trade [J]. University of Tuebingen Working Papers in Economics & Finance, 2013.

[93] Friedman B M, Kuttner K N. Another look at the evidence on money-income causality [J]. Journal of Econometrics, 1993 (57): 189-203.

[94] Ghoshray A. Trends, persistence, and volatility in energy markets [J]. Social Science Electronic Publishing, 2011, 275 (6): 697-711.

[95] Grossman G M, Helpman E. Qualityladders in the theory of growth [J]. Review of Economic Studies, 1991, 58 (1): 43-61.

[96] Hauch J. Eletricity trade and CO_2 emission reductions in the Nordic countries [J]. Energy Economics, 2003, 25 (5): 2330-2350.

[97] Keller W. Trade and the transmission of technology [J]. World Bank Economic Review, 2000 (14): 17-47.

[98] Kraft J, Kraft A. On the relationship between energy and GNP [J]. Journal of Energy and Development, 1978 (3).

[99] Krugman P R, Persson T, Svensson L E O. Inflation, Interest Rates, and Welfare [J]. Quarterly Journal of Economics, 1985, 100 (3): 677-695.

[100] Li H, Zhang P D, He C, et al. Evaluating the effects of embodied energy in international trade on ecological footprint in China [J]. Ecological Economics, 2007, 62 (1): 136-148.

[101] Madsen J B. Technology spillover through trade and tfp convergence:

120 years of evidence for the OECD countries [R]. University of Wisconsin-Madison Working Paper, 1997.

[102] Masih R, Masih A M M. Macoreconomic activity dynamics and granger causality: New evidence from a small developing economy based on a vector error-correction modeling analysis [J]. Economics Modeling, 1996 (13).

[103] Nomura R, Ohkawa T, Okamura M, et al. Does a bilateral FTA pave the way for multilateral free trade? [J]. Review of International Economics, 2013, 21 (1): 164-176.

[104] Ozturk I, Aslan A, Kalyoncu H. Energy comsumption and economic growth relationship: Evidence from panel data for low and middle income countries [J]. Energy Policy, 2010 (38).

[105] Pao H T. Forecast of electricity consumption and economic growth in Taiwan by state space modeling [J]. Energy, 2009 (34).

[106] Rafindadi A, Ozturk I. Effects of financial development, economic growth and trade on electricity consumption: Evidence from post-fukushima Japan [J]. Renewable and Sustainable Energy Reviews, 2016 (54): 1073-1084.

[107] Romer, Paul M. Increasing returns and long-run growth [J]. Journal of Political Economy, 1986, 94 (5): 1002-1037.

[108] Singh A, Jamasb T, Nepal R, et al. Electricity cooperation in South Asia: Barriers to cross-border trade [J]. Energy Policy, 2018.

[109] Stern D I. Energy and economic growth in the USA [J]. Energy Economics, 1993 (15).

[110] Tooraj J, Michael P. Benchmarking and regulation of electricity transmission and distribution utilities: Lessons from international experience [R]. Department of Applied Economics, University of Cambridge Working Papers in Economics, 2001.

[111] Yu E S H, Hwang B K. The relationship between energy and GNP, further results [J]. Energy Economics, 1984 (6).

[112] Yu E S H, Choi J Y. The causal relationship between energy and GNP: An international comparison [J]. Journal of Energy and Development, 1985 (10).

后 记

　　电能是"一带一路"倡议实施与推进必不可少的基础能源。电网建设是能源互联互通的基础平台，也是"一带一路"建设的重要环节和载体。一方面，跨境电力贸易可以借助"一带一路"沿线国家的区域合作，推进能源的共享和优化配置，也为各国的能源结构转型创造了契机。另一方面，在"一带一路"建设推动我国特高压输电等先进电力技术"走出去"的同时，更重要的是提供了一个示范性的国际产能模式。跨境电力贸易将在区域一体化的电力技术体系和互联市场的基础上，推动我国与沿线国家共同制定国际标准，构建区域能源合作格局。

　　诚然，电网互联问题具有全局性和广泛性，涉及各国的政治、经济、外交和国防，跨境电力贸易的推进也面临着不少实际的困难和障碍，任何一个国家都不能单独解决。但从能源互联的角度，面临可再生能源加快发展的历史机遇，也面临"一带一路"建设进入全面推进新阶段的契机。在沿线国家急需清洁能源供应、保障经济发展的同时倡议绿色低碳发展的情境下，电网互联与电力贸易应该引起各国重视和大力推进。

　　2019 年发生了很多事，对我个人、家庭和事业都产生了很大的冲击和影响，包括现在我都没能认为自己已经走出低谷，可以坦然面对现实。但在大历史的背景下，放在时间的长河里重新审视这些事件，它们都微不足道。于是乎，多少给了我继续生活和工作的勇气。我把热情重新投入工作，编撰和修改此书稿。我也深知，书中还有很多不尽如人意的地方，但还是希望过去两年的工作不能白费，能够出版面世和读者交流分享，也可借此获取有效的信息反馈，给我下阶段的工作指明方向。

　　本书在编写过程中，得到了国家电网公司 2018 年总部科技项目"一带一路"背景下我国跨境电力贸易格局与建设时序研究、国家自然科学基金面上

· 227 ·

项目中国与"一带一路"沿线国家跨境电力贸易的潜力评估、效应模拟与机制设计研究的课题组成员的付出和帮助，在此表示感谢。

最后，感谢经济管理出版社，谢谢。

顾 欣

2019 年国庆前于东南大学四牌楼校区